아산재단 연구총서 第352집

빈곤영유아의 발달과 적응

정익중 · 민성혜 · 박은미 · 신혜원 · 전혜정

집문당

머리말

최근 무상보육, 양육수당 등 영유아에 대한 사회적 지원이 점점 확대되어 가고 있지만 아직까지 우리 주변에는 부모의 제대로 된 돌봄을 받지 못한 채 하루의 대부분을 혼자 커가는 아이들이 무수히 많이 존재하고 있다. 보호자의 관심과 사랑 없이 방치된 아이들은 각종 범죄나 인진사고에 노출되기 쉬우며, 건강, 영양, 교육 여건 등을 제대로 보장받지 못해서, 건실한 사회인으로 성장하는 데 심각한 문제를 겪을 가능성이 높아진다.

방임은 아동학대의 여러 유형 중에 가장 높은 비율을 차지하지만 이를 인지하는 국민들은 많지 않다. 일반적으로 아이들은 극적인 학대의 상황보다는 일상적인 방임의 상황에 만성적으로 노출되어 있지만, 방임의 경우 학대보다 별 문제가 아니라고 생각하기에 사회적 관심도 쉽게 받지 못했고 적극적인 개입의 대상도 아니었다. 그러나 아동학대로 사망한 아동들 중 약 절반이 방임의 희생자로 간주할 수 있을 만큼 방임은 학대의 다른 유형들과 비슷하거나 그 이상으로 피해를 가져온다. 특히 방임은 가해자나 외부인에게 문제라는 인식자체가 전혀 없기 때문에 아이가 성장하여도 계속해서 누적되어 나타나기 쉽다. '조용한 폭행'인 방임은 타인과 관계를 맺거나 주변세계를 탐색할 의지가 사라지도록 천천히 지속적으로 아이들의 영혼을 잠식해 들어간다. 빈곤·방임부모로 인한 불안정 애착은 전 생애주기 발달에서 다양한 관계의 문제를 심각하게 일으킬 수 있다. 부부생활 적응과 부모의 역할 수행에도 어려움을 초래하여 세대를 이어가며 방임문제가 대물림되기도 한다. 따라서 빈곤·방임영유아에 대해서는 가족에게만 온전히 맡길 것이 아니라 사회의 지속적인 관심과 개입이 필요하다.

빈곤·방임영유아에 대한 체계적이고 적절한 지원이 가능하기 위해서는 기초자료가 충분해야 하지만 아직 우리 사회는 그 수준에 도달하지 못하고 있다. 본 연구는 이러한 상황을 개선하기 위해 빈곤·방임영유아를 직접 관찰하고 그 부모와 어린이집 교사를 대상으로 설문을 진행하면서 높은 질의 자료를 만들기 위해 노력하였다. 이번 연구를 통해 다행히 빈곤영유아의 심리정서적 발달 문제가 일반영유아에 비해 심각하지 않은 것으로 나타나 우리 사회가 향후 어떻게 개입하느냐에 따라 빈곤·방임영유아라도 건강하게 성장할 수 있다는 가능성을 보여준 점이 이번 연구의 가장 큰 성과라고 판단된다.

이번 연구의 성과를 바탕으로 어려운 환경에서 성장하는 빈곤·방임영유아들이 적절한 보호와 교육을 받을 수 있도록 빈곤정책이 발전할 수 있길 바라며, 더욱 많은 영유아들에게 체계적이고 적절한 지원을 펼칠 수 있는 제도적인 변화가 실현되기를 기대한다. 이 책이 이러한 변화를 이끌어내는 과정에 다소나마 도움이 되길 바라는 마음이 간절하다.

모든 집필진이 가능한 한 최신의 정보와 자료를 참고하여 집필하고자 노력하였으나 마무리를 짓고 보니 좀 더 깊은 논의를 하지 못했다는 아쉬움이 남으며, 내용면에서도 미진한 부분이 있음을 자인하지 않을 수 없다. 이 책이 미흡하지만 빈곤·방임영유아에 대한 현장과 학계의 관심을 더욱 증대시키고 빈곤정책이 바람직한 모습을 찾는 데 작은 힘이라도 될 수 있기를 바라며, 여러분께 내놓고자 한다. 저자들의 학문과 경험의 일천함으로 빚어진 부족한 부분에 대해서는 독자 여러분의 애정 어린 충고와 지도를 기대한다.

끝으로 학계에서 활동이 왕성한 연구자들이 함께 모여서 공동으로 집필하는 것은 결코 쉽지 않은 과정이었지만, 본 연구팀의 별칭을 '하하팀'으로 할 만큼 공동연구진끼리 호흡이 잘 맞는 팀으로서 즐거운 마음으로 마무리할 수 있었다. 이 자리를 빌려 공동연구진 한 사람 한 사람에게 감사한 마음을 전한다. 또한 이 과제의 연구진은 아니지만 함께 연구팀으로 참여해서 끊임없는 열정과 학문 정진의 길을 보여주신 민성길 연세대 의대 명예교수님(전 서울시립은평병원장), 참신한 아이디어를 많이 제공해주시고 유전자연구의 길을 열어주신 김은주 박사님께도 이 자리를 빌려 깊이 감사드린다. 더불어 연구의 시작과 끝을 함께 하며 진행과정의 세세한 부분에서 많은 도움을 준 숨은 공로자들인 안은미, 배승희 등 연구보조원들에게도 고마운 마음을 전한다. 마지막으로 이 연구를 지원한 아산사회복지재단 관계자 여러분, 이 책의 출판을 맡아주신 집문당의 임동규 사장님과 편집을 위해 수고해주신 심하나 선생님께 감사를 드린다.

2013년 7월

저자들을 대표하여

이화농산에서 정익중

차 례

제1장 서 론

제2장 이론적 배경

| 표 차례 |

| 그림 차례 |

제1장
서 론

1. 빈곤영유아 발달 연구의 필요성
2. 국내외 연구 현황과 문제점

제1장 서 론

1. 빈곤영유아 발달 연구의 필요성

1) 경제위기, 빈곤증가 및 영유아 발달

우리나라는 최저 생계비 이하의 가정에서 생활하는 아동의 비율이 1996년에 3.3%였던 것이 2004년에는 9.9%로 8년 만에 2.5배나 증가하였다. 65세 이상 노인과 18세 미만 아동으로 구성된 조손가구 중에서 아동이 절반가량(46.2%) 빈곤층에 머물러 있는 것으로 파악되었고, 이 중에서 특히 0~5세 영유아의 빈곤율은 11.5%로 가장 높았다(경향뉴스, 2009). 이러한 빈곤의 증대현상에서 가장 우려스러운 점은 빈곤의 부정적 영향이 성인 개인의 문제에 머무르지 않고 그 가족이 양육하고 있는 영유아에게까지 미친다는 점이다.

특히 경제위기가 날로 심각성을 더해가고 있는바, 약 100만 실업자에 취업준비자, 구직 단념자, 추가 취업희망자 등을 더하면 고용위기를 겪는 인구가 350만 명에 육박한다. 더욱이 정부통계 기준으로 545만 명에 달한다는 비정규직을 상기한다면, 실업자 수는 십 년 전 외환위기 시기의 149만 명에는 미치지 못하지만 안도할 수 없는 상태이다. 이번 경제위기는 지난 외환위기보다 영유아의 삶에 더 심각한 영향을 미칠 수 있다. 왜냐하면 대기업이나 금융기관 근로자 등 비교적 경제적인 안정층에 대한 영향으로부터 시작된 외환위기와는 달리 영세 자영업자, 중소기업 근로자, 비정규직 근로자 등 취약계층의 근로자로부터 위기가 시작되는 '아래로부터'의 위기의 성격을 띠고 진행되고 있기 때문이다(구인회, 정익중, 김광혁, 2009). 이 취약계층의 근로자들은 명예퇴직금을 기대할 수 없고 소득이나 재산도 낮아서 실직 등 고용위기가 바로 경제적인 불안정과 빈곤으로 이어질 수 있는 계층이다. 따라서 이번 경제위기가 가족과 영유아의 삶에 미치는 영향은 더욱 심각한 양상을 띨 것이다. 더욱이 이번 경제위기는 회복의 과정이 더디게 진행될 가능성이 크다. 지난 외환위기는 세계경제가 호조인 상태에서 발생하여 우리나라가 수출을 통해 위기에서 탈출하기가 매우 용이하였다. 그러나 이번 위기는 세계적인 불경기와 함께 진행되는 것이어서 수출에 크게 의존하고 있는 우리 경제로서는 탈출구를 찾기가 더욱 어렵다.

경제위기의 심화는 가족의 삶, 특히 아동의 복리상태에 중대한 영향을 미친다(구인회, 정익중, 김광혁, 2009). 경제위기는 가족 내 성인(가구주나 그 배우자)들의 실직이나 소득감소와 같은 경제적 불안정을 초래하고, 이러한 경제적 불안정은 영유아의 삶에 영향을 미치게 된다. 경제적인 지위 하락은 전반적인 가족생활의 변화를 초래하고, 이로 인해 부모의 경제적 스트레스가 증가하며, 부부관계나 부모와 자녀관계 등 가족관계에서 긴장과 갈등을 일으킬 수 있다. 또한 경제위기는 종종 적지 않은 가족을 빈곤한 상태로 빠뜨리고 빈곤한 가정에서 양육되는 영유아는 의식주와 같은 기본적인 욕구를 적절한 수준으로 충족할 수 없거나, 의료와 교육 같은 중요한 발달상의 욕구를 실현하는 데에 어려움을 겪을 수 있다. 경제적 지위의 하락이나 빈곤 상태가 영유아의 삶에 어떻게 영향을 미치는가에 관해서는 간단히 설명하기 어려운 복잡한 면이 있지만, 경제위기의 경험이 영유아의 이후 삶에 강한 흔적을 남긴다는 점은 분명하다.

빈곤은 이를 경험하는 모든 사람에게 악영향을 미칠 수 있지만 아동기, 특히 영유아기의 빈곤 경험은 특히 그 해악이 크다. 빈곤이 아동에게 미치는 영향은 발육부진, 발달지체 등과 같은 신체발달의 문제에서 저(低)지능, 학업부진, 학교중퇴 등과 같은 인지발달의 문제, 반사회적 행동, 집중장애 등과 같은 심리사회발달 문제에 이르기까지 광범위한 것으로 밝혀지고 있다(Brooks-Gunn & Duncan, 1997; 허남순 외, 2005). 이렇듯 아동기의 빈곤 경험은 발달단계상의 특성으로 인해 그 부정적 영향이 매우 우려될 뿐만 아니라, 그러한 영향이 평생의 복리수준에 누적적인 양상을 띠고 지속되는 것으로 알려져 있다(Elder, 1985; McLanahan & Sandefur, 1994). 다수의 연구들이 아동기의 문제는 청소년기와 성인기에 고교중퇴나 비행, 육체적·정신적 건강 문제, 실업 등으로 이어지고 있음을 밝히고 있다(Cairns, Cairns, & Neckerman, 1989; Pulkkinen, 1990; Seidman et al., 1994).

2) 영유아 방임문제의 심각성

일반적으로 아동은 극적인 학대 상황보다는 일상적인 방임 상황에 노출되기 쉽다. 미국의 아동학대 사례 중 약 반수가 방임과 관련되어 있을 정도로 방임은 아동학대의 가장 보편적 유형이다(Kempe, 1998). 우리나라에서도 방임은 전체 학대의 1/3에 해당할 만큼 학대 유형 중 가장 높은 비율을 차지한다. 하지만 가해자는 물론 일반인들도 방임을 심각한 문제로 인식하지 못하기 때문에 방임피해아동이 성장하는 동안 계속해서 피해가 누적되어 나타나기 쉽다(정익중, 2011).

아동기 방임과 관련해서는 특히 연령에 따른 결과가 보고되고 있는데, 신체발달이 급속도로 진행되고 심리·정서적 발달의 기초가 형성되는 시기인 영유아기 방임의 영향은 학령기에 비해서도 치명적일 수 있다. 주양육자와 안정적인 애착관계를 형성하는 것이 주요 발달과제인 영유아기에 부모로부터 정서적 보살핌을 받지 못하고 방임되면 이후 다양한 발달상의 문제를 초래하게 된다. 신생아 방임의 경우에는 이후 치료적 개입을 해도 성장문제, 인지능력 저하, 발달지체, 충동조절장애와 같은 사회·정서적 장애 등을 장기적으로 보이기도 한다. 2살짜리 영아의 예를 들어 비교하였을 때, 방임되지 않는 영아보다 방임된 영아가 대처능력의 손상·좌절·분노가 심하고, 학령전기 아동의 경우에도 자아존중감이 낮고 충동조절에 어려움이 있으며 긍정적인 정서는 덜 표현하는 반면에 부정적인 정서는 더 많이 표현하고 문제해결 능력도 부족하였다(보건복지부, 중앙아동보호전문기관, 2008). 특히 2세 이하의 영유아가 방임을 당할 경우 성장실패증후군(FTT: failure to thrive syndrome) 같은 치명적인 결과를 초래할 수 있으며, 적절한 시기의 예방접종, 즉각적인 의료적 치료의 소홀 등과 같은 의료적 방임은 건강한 아동 발달을 저해하여 심각한 건강상의 결과를 가져올 수도 있다(Kempe, 1998). 또한 신체적으로 방임된 42개월 정도의 유아는 의지나 열정이 부족하고 간단한 과제를 가르치고자 하는 노력에도 부정적으로 반응하거나 복종하지 않는 경향을 보이기도 한다(보건복지부, 중앙아동보호전문기관, 2008).

방임은 가장 극단적인 경우 아동의 사망까지 이를 수 있는데, 아동학대로 사망한 아동들 중 약 절반이 결국 방임의 희생자로 간주할 수 있을 만큼 방임은 학대의 다른 유형들과 같거나 그 이상으로 피해를 가져온다고 할 수 있다(Dubowitz, 1994; DePanfilis, 1996). 또한 방임은 아동학대의 다른 유형처럼 중대한 문제로 보이지는 않을지라도 학대와 마찬가지로 건강, 영양, 교육, 사회화, 심리·정서적 발달 등의 장애를 가져오기 때문에 성격발달과 행동상의 문제로 발전하여 청소년이나 성인의 비행 및 범죄의 주요한 원인이 되기도 한다. 그리고 방임은 성장 후에도 부부 생활적응과 부모의 역할을 수행하는 데 어려움을 초래하므로 세대를 이어가며 문제가 전습되기도 한다(정익중, 2011).

우리나라는 2000년에 개정된 아동복지법에 의거하여 부모가 아동을 적절하게 양육할 능력이나 의사가 없는 경우, 국가가 이에 대하여 적극적으로 개입할 수 있게 되었다. 아동학대 등으로 아동의 안전이 위협받는 상황이라고 판단되면 부모의 친권을 제한하고, 아동이 적절하게 양육되지 못하는 상황에서는 부모에게 직접적으로 개입한다. 하지만 이 같은 아동학대사업은 주로 학대의 상황에서만 유효하다. 아동보호전문기관은 절대 수 부족으로 학대관련 업무만으로도 업무량이 과중하기 때문에 상대적으로 '덜 위급해 보이는' 방임의 경우에는 도움을 요청하더라도 집중적인 개입을 기대하기 어렵다. 즉, 아동학대는 사회적 방임단계를 어느 정도 벗어난 것으로 보이지만 방임은 여전히 사회적 방임단계에 정체해 있다(정익중, 2011).

3) 빈곤과 방임의 누적위험과 적응유연성

빈곤은 영유아를 다양한 환경적 위험에 노출시키기 때문에 여러 가지 부정적 발달산물의 근본 원인 중의 하나로 간주되고 있지만, 모든 빈곤영유아들이 문제를 일으키는 것은 아니다. 빈곤은 상당히 복잡한 메커니즘으로 아동에게 영향을 미치는 것으로 설명되고 있다(Chung, 2004). 동일한 빈곤 상황에서도 상대적으로 적응 수준이 높은 영유아들이 있고, 유사한 서비스를 받고 있는 빈곤영유아가 상이한 적응 수준을 보이는 경우도 있다. 아동에 대한 빈곤의 영향에 관해서는 다양한 역동이 존재하고 있음이 몇몇 연구들을 통해 보고되고 있다. 빈곤 자체의 객관적 상황보다는 아동이 자신의 빈곤 환경을 어떻게 지각하는지가 발달에 더 중요한 영향을 준다는 연구(이순형·신양재·김영주, 1991)도 있으며, 다양한 위험요인과 보호요인이 함께 작용하는 바, 위험요인이 많을수록 적응유연성(resilience)이 떨어지는 반면, 보호요인이 많을수록 적응유연성은 높아진다고 보고한 연구(박현선, 1998)도 있다. 빈곤이 아동의 발달에 미치는 영향에 관한 연구는 일부 진행되고 있으나 아동기 중 특히, 영아기에 관한 연구는 충분치 않다.

일반적으로 빈곤 가정에서는 방임이 동시에 존재하기 쉽다. 방임피해아동 가족의 경제적 상황을 살펴본 결과, 월수입이 100만 원 미만인 가정이 전체 방임피해아동 가족의 약 반수(49%) 정도인 것으로 나타났다(정익중, 2005). 이를 통해 빈곤 상황이 방임에 미치는 영향이 상당함을 파악할 수 있다. 아동 발달에서는 개별 위험보다 누적된 위험이 아동 발달을 지연시킨다. 다시 말해 빈곤, 방임 각각의 개별 위험이 미치는 영향보다 빈곤과 방임이 함께 나타나 개별 위험들이 누적되면 그 영향이 훨씬 크다는 것이다. 위험이 누적될수록 그것이 미치는 영향은 더욱 더 극적으로 증가하기 때문에 위험요인의 개수 증가는 적응문제의 증가와 깊은 관련이 있다. 이러한 설명은 빈곤 가정에서 양육되지만 비교적 잘 성장하는 영유아들에 대한 설명을 가능하게 한다. 즉, 동일한 빈곤상황이라고 하더라도 어떤 영유아는 잘 기능하고 다른 영유아는 잘 기능하지 못한다. 잘 기능하여 적응유연한 영유아는 그렇지 않은 영유아에 비해 빈곤 이외에 다른 부정적 사건들을 경험하지 않기 때문이고, 반대로 잘 기능하지 못하는 영유아는 빈곤뿐 아니라 방임 등과 같은 다양한 부정적 경험들이 누적되었기 때문이다.

2. 국내외 연구 현황과 문제점

1) 빈곤과 영유아 발달에 대한 국내 선행연구의 한계

빈곤아동 문제를 다룬 국내의 대표적인 선행연구로는 빈곤영유아의 보육환경 실태를 중심으로 기술하고 분석한 연구(김경호, 1997; 안덕순 외, 1988; 유희정, 1996; 이영 외, 1995; 이경우, 1998; 이옥 외, 1991; 이경림, 1998), 빈곤아동의 심리사회적 환경이 아동의 적응에 미치는 영향에 대한 연구(황재성, 2001; 허인영, 1999; 박현선, 1998; 구인회・박현선・정익중, 2006; 김광혁, 2008) 등이 있다. 이외에도 소년소녀가정과 같이 특정 제도로 빈곤아동을 구분하고, 그들의 실태와 적응문제를 다룬 연구(김성이, 1992; 이병진, 1996; 오승환, 2000; 이상균・박현선, 2000) 또는 부모의 실직이나 경제적 어려움이 아동에게 미치는 영향을 논의하거나 분석한 연구(정혜경, 1999; 조성희, 1999; 이훈구 외, 1998) 등 다양하게 이루어져 왔다. 그러나 이러한 연구들은 대부분 다음과 같은 공통적인 한계를 가지고 있다.

첫째, 빈곤영유아에 대한 연구가 부족하고 그 내용이 제한적이었다. 앞서 언급한 바와 같이, 우리나라에서는 저소득층 영유아를 대상으로 주로 문제행동이나 부적응, 그리고 영유아 발달에 영향을 미치는 심리사회적 환경(김명순 · 김창복 · 이미화, 2001; 김영희, 1986; 김태현 · 조희선, 1991; 유희정, 1998)에 대한 연구가 제한적으로 이루지고 있을 뿐이다. 그런데 이들 저소득층 영유아에 대한 소수의 선행연구들은 주로 부모 보고의 질문지법을 사용하거나 영유아를 대상으로 구조화된 면접법을 사용하였다. 그러나 부모 보고만으로 조사하는 경우 성인의 선입견에 의해 결과가 다르게 나올 가능성이 있다(민성혜 · 임원신, 2007). 질문지의 경우 영유아의 문제행동을 경험하고 있는 부모가 보고 하는 것으로 축소 · 왜곡될 수 있기 때문이다. 또한 구조화된 면접법의 경우 영유아의 제한된 인지 및 언어 능력으로 인해 객관적인 자기보고가 어렵고 자신의 경험이 타인에게 부정적으로 보인다고 판단될 때 자신의 경험을 솔직하게 이야기하지 않으므로(Buchsbaum, Toth, Clyman, Cicchetti, & Emde, 1993) 구조화된 면접법만으로는 정확하게 영유아의 특성을 변별하기 어렵다. 따라서 빈곤을 경험한 영유아의 특성에 대한 객관적인 자료수집을 위해서는 영유아를 직접 관찰하고, 전문가가 영유아와 1대 1로 검사하고, 영유아에 대해 객관적인 관점을 가지고 있는 보육시설 교사가 평정하도록 해야 한다.

둘째, 빈곤의 인과적 기제에 대한 검증이 부족했다. 기존 연구에서는 빈곤에 대한 측정도 일회적이어서 빈곤 지위의 변화와 다양한 발달산물 간의 관계, 그리고 그 영향을 완충할 수 있는 변수들 간의 인과적 관계를 파악할 수 없었다. 선행연구 대부분은 횡단적 연구방법을 활용하고 있어 일회시점으로 관찰과 자료수집이 종료되기 때문에 빈곤과 발달 산물이라는 변수 간의 시간적 선후관계를 확인하고, 빈곤의 영향력을 장기적으로 예측하는 데 실패했다고 볼 수 있다(민경화, 2000; 김현아, 2000; 허인영, 1999; 이효숙, 1999). 최근 들어 패널연구의 증가로 인해 이러한 한계를 많이 극복하고는 있지만 여전히 이러한 연구는 영유아에 대한 것은 거의 없고 자기응답이 가능한 청소년에 국한되어 있는 편이다.

셋째, 빈곤의 유형과 빈곤력에 대한 고려가 결여되어 있다. 빈곤의 영향을 분석할 때, 일시적 빈곤과 지속적·만성적 빈곤은 분명히 구별되어야 할 것이다. 영유아 발달이라는 관점에서도 이러한 빈곤유형에 따른 차별적인 영향이 고찰되어야 한다. 실제로 일시적이고 급성적인 빈곤지위로 하강할 경우 자녀들은 외현화된 비행이나 공격성의 문제를 보다 많이 겪는 반면, 만성적이고 지속적인 빈곤층 자녀들의 경우에는 비행 등 일탈행위보다는 우울과 불안, 사회적 철회 등과 같은 내재화된 문제를 보다 많이 겪는다고 보고되고 있다(McLeod & Shanahan, 1993). 또한 이러한 빈곤의 지속기간(duration)뿐만 아니라 시기(timing)도 중요하게 간주되어야 한다. 아동기 빈곤과 청소년기 빈곤은 그 양상을 달리한다는 데는 의견이 일치되고 있으나 일관된 연구결과가 산출되지는 않고 있다. 따라서 빈곤의 영향을 보다 체계적으로 고찰하기 위해서는 한 시점에서의 소득만이 아니라 다양한 시점에서의 소득 변화와 같이 빈곤력에 대한 고찰이 동시에 이루어져야 한다.

2) 빈곤영유아 발달의 수수께끼

빈곤아동이 모든 면에서 부적응적인 양상을 보일 것이라는 일반인들의 예측과는 달리 국내연구에서는 빈곤아동과 일반아동과의 단선적인 비교에서조차 빈곤아동이 더 잘 적응하고 있는 것으로 나타나기도 한다. 소년소녀가정 아동의 심리사회적 특성을 일반아동과 비교한 연구(오승환, 2000a; 이상균 · 박현선, 2000)에서 소년소녀가정 아동들이 일반가정 아동과 비슷하거나 더 좋은 적응을 보여주고 있는데, 이는 빈곤아동이 보다 많은 문제를 경험하고 있다는 외국의 선행연구결과와도 차이가 있다. 그러나 이러한 양적 분석결과와 달리 질적 연구방법을 이용한 사례연구(부스러기사랑나눔회, 2003)는 빈곤아동이 심각한 문제를 경험하고 있음을 지속적으로 보고하고 있다. 이러한 상반된 보고는 모순된 정보의 제공이 아니라 동일한 빈곤상황에서도 개개인의 적응상 다양한 스펙트럼이 존재하고 있음을 보여주는 것이다.

따라서 빈곤아동 내에서 다양한 편차를 보이는 적응 수준을 어떻게 설명할 것인지가 최근 연구자들의 주요 관심사였다. 연구자들은 특히 빈곤한 환경에서도 건강하게 잘 성장하여 뛰어난 적응능력을 보이는 적응유연적인 아동을 통해 빈곤의 부정적인 영향을 보호해 주는 속성은 무엇인지를 경험적으로 고찰하였다. 자아존중감 같은 개인적 속성이나 민주적인 가정환경, 지지적인 학교 환경 등이 주요한 보호요인으로 보고되고 있다(박현선, 1999). 또한 이들이 사회적 관계망으로부터 제공받고 있는 사회적 지지의 양이 많았기 때문에 적응유연적인 것으로 해석하기도 한다(오승환, 2000a). 또 하나의 가능성은 사회복지서비스의 존재이다. 실천가들은 아동에 대한 빈곤의 부정적인 영향을 막기 위해 끊임없이 서비스를 제공함에도 불구하고 빈곤아동에게 제공되는 사회복지서비스는 당연히 주어지는 상수(常數)와 같은 것으로 간주되어 왔기 때문에 지금까지 그에 대한 분석상의 고려는 없었던 것이 사실이다. 동일한 빈곤상황에서도 제공받는 사회복지서비스에 있어 상당한 편차를 보인다는 것이 간과되고 있는 것이다(정익중 외, 2005). 같은 빈곤 상황이라도 사회복지서비스를 통해 집중적인 관심과 지원을 받고 있는 빈곤영유아들은 국가로부터 적절한 소득보장이나 민간단체의 지원을 전혀 받지 못하고 있는 빈곤영유아와는 적응 수준이나 문제의 양상 등이 매우 상이할 수 있다. 이렇게 빈곤하더라도 부모의 방임 속에서 자라지 않고 부모의 사랑이나 지역사회의 관심 속에서 성장할 경우 적응유연성의 가능성이 커진다. 반면 빈곤과 방임이 동시에 누적되어 나타날 때 문제의 심각성이 커질 수 있다. 본 연구는 이러한 가설적 주장을 다양한 자료를 이용하여 경험적으로 검증하고자 한다.

3) 영유아 방임에 대한 연구 부족

Wolock과 Horowitz(1984)가 '아동방임에 대한 방임'이라는 표현을 만들었을 정도로 일반인은 물론 연구자들도 방임 문제에는 관심을 두지 않고 있다. 물론 방임이라는 단어가 학대와 더불어 빈번히 사용되기는 하지만 방임은 주요 연구대상이 아니라 부수적인 경우가 많다. 방임에 관심을 가지지 않는 이유는 그것이 아동학대 유형 중 가장 극적이지도 생명에 위협적으로 보이지도 않기 때문이다(정익중, 2005, 2011). 또한 심각한 방임의 사례를 제외하고는 판정하기 애매모호하여 입증하는 데 많은 어려움이 따른다. 학대는 누가 봐도 명백한 경우가 많지만 방임에 대한 정확한 정의는 매우 미흡한 실정이어서, 실제 부모가 적절하게 양육 및 보호를 하지 못하거나 안하고 있는 아동을 원조하고자 할 때 과연 이 아동의 상황이 방임인지 혹은 양육의 일부분인지 판단하기 어렵다. 방임도 심각한 결과를 초래한다는 사실이 입증되고 있으나 발견이 곤란하고, 결과가 오랜 시간이 지난 후에 나타나기 때문에 방임만을 분리해 조사·연구한다는 것은 쉬운 일이 아니다. 따라서 방임에 대한 실증적인 연구결과를 찾기 힘든 상태이다.

서구에서는 외적 환경요인들 중 빈곤이 학대와 방임에 영향을 미치는 가장 중요한 요인으로 인식되고 있다(Pelton, 1989). 특히 아동방임은 가족의 빈곤상태와 높은 상관관계가 있는 것으로 밝혀졌다(Gil, 1970; Hampton & Newburger, 1985; Zellman, 1992; Lindsey, 1994; Ards, Chung & Myers, 1998; Waldfogel, 1998). 최근의 연구들은 외적 환경요인, 즉 가족적 요인, 지역사회적 요인, 사회경제적 요인, 문화적 요인 등이 아동학대에 미치는 영향에 주목하고 있다. 이렇게 서구에서는 빈곤이 아동학대에 미치는 영향에 대한 연구가 활발히 이루어지고 있다. 그러나 국내의 연구는 아직 아동방임의 다양한 원인이나 영향을 주는 복잡한 기제에 관한 연구는 거의 없으며, 아동방임 중에서도 영유아기의 방임을 주제로 한 연구는 거의 찾아보기 어려운 형편이다. 이러한 상황에서 본 연구는 상대적으로 소외되었던 방임문제를 제기하면서 방임의 독립적인 효과와 빈곤과의 누적 효과 등을 분리해서 살펴보고자 한다.

4) 한국적 특수성에 대한 고려 부족

일반적인 상황에서는 양친부모 가정의 아동이 한부모 가정이나 기타 유형의 가정(부모부재 가정, 조손가정 등)의 아동보다 훨씬 건강하게 성장하고 발달한다. 하지만 최근의 연구결과에 따르면 빈곤 가정의 경우 약간 다른 것으로 나타났다. 기타 가족구조의 빈곤 가정 아동의 가정생활이나 문화적인 경험은 양친부모 가정이나 한부모 가정 아동에 비하여 더 열악한 것으로 나타났음에도 불구하고, 심리사회적 적응 측면에서 별 차이가 없는 것으로 나타났고, 우울이나 불안 측면이나 학교폭력 등은 양친부모 가정의 아동이 더 높은 것으로 나타났다

(김혜란 외, 2004). 이러한 결과는 빈곤상황에서 부모의 부재는 기타 가정의 아동에게 더 큰 위험요인으로 작용하여 양친부모 가정의 아동보다 모든 면에서 부적응적인 행동을 보일 것이라고 예측했던 것과 차이가 있었다.

또한 이 연구의 조사대상 아동은 모두 빈곤아동으로 거주 지역이나 경제 상황이 큰 차이가 나지 않음에도 불구하고, 기타 가정의 아동이 지역사회에서 이웃끼리 협조하는 분위기를 훨씬 더 높다고 평가하였다(김혜란 외, 2004). 이렇게 기타 가정의 빈곤아동은 부모의 부재가 주는 위험 때문에 지역사회의 더 집중적인 관심과 지원을 받았을 가능성이 있다. 이와 같은 집중적인 관심과 지지가 기타 가정의 아동의 열악한 가정환경이나 문화적인 환경을 극복하고 적어도 다른 빈곤아동과는 차이 없이 성장하도록 만들었을 가능성을 생각해 볼 수 있다. 이는 동일한 빈곤상황이라도 부모가 있으면 그 부모가 책임지고 자녀를 보호·양육해 줄 것이라 생각하는데 반해 부모가 없으면 사회가 좀 더 관심을 보이기 때문이 아닐까 생각한다. 이것은 빈곤 가족에게도 우리나라의 철저한 가족책임주의가 투영되어 나타난 결과로 보인다. 이러한 가족책임주의를 통해 가족중심으로는 해결할 수 없는 구조적인 문제를 국가가 방관하게 되고 결국 국가책임이 약화되는 결과를 초래하게 된다. 이러한 결과는 외국의 연구와는 매우 다른 것이다. 이렇게 문화적 맥락에 따라서 결과가 많이 달라질 수 있음에도 불구하고 기존 연구에서는 외국의 빈곤아동과 우리나라와의 차별성이 충분히 고려되지 못했다. 본 연구는 한국적 특수성이 무엇인지 밝히고 이를 이론에 반영할 수 있는 기초자료를 생성하고자 한다.

제2장

이론적 배경

제2장 이론적 배경

1. 아동빈곤의 현황

우리나라는 공식적인 아동빈곤율 통계를 가지고 있지 않다. 최근 들어 한국보건사회연구원에서 빈곤통계연보를 비정기적으로 출간하고 있는데 이것도 매년 조금씩 다른 통계를 보이고 있어 신뢰성이 높지 않은 편이다. 빈곤통계연보(한국보건사회연구원, 2010)에 따르면 가구규모별 최저생계비 이하를 기준으로 설정한 우리나라의 절대아동빈곤율은 2003년에 9.0%이던 것이 2005년에는 9.5%, 2007년 7.9%, 2009년 7.7%로 증가추세가 주춤하고 있다. 상대아동빈곤율도 2003년 13.7%, 2005년 14.0%, 2007년 13.4%, 2009년 12.1%로 소폭 감소하는 것으로 나타나지만 여전히 높은 수준이다.

우리나라의 아동빈곤율은 다른 OECD 국가들과 비교했을 때도 높은 편이다. 〈그림 2-1〉에 제시된 바와 같이 아동의 빈곤화 경향

〈표 2-1〉 아동빈곤율

(단위: %)

연 도	아동빈곤율	
	절대아동빈곤율	상대아동빈곤율
2003	9.0	14.9
2004	8.6	13.8
2005	9.5	14.0
2006	8.4	13.1
2007	7.9	13.4
2008	7.8	12.6
2009	7.7	12.2

출처: 한국보건사회연구원. 2010. 빈곤통계연보.
절대빈곤율: 전체 인구 중 경상소득이 최저생계비의 100% 이하인 인구 비율.
상대빈곤율: 경상소득을 기준으로 전체 아동인구 대비 중위소득 50% 이하인 아동인구 비율(1인가구, 농어가가구 제외).

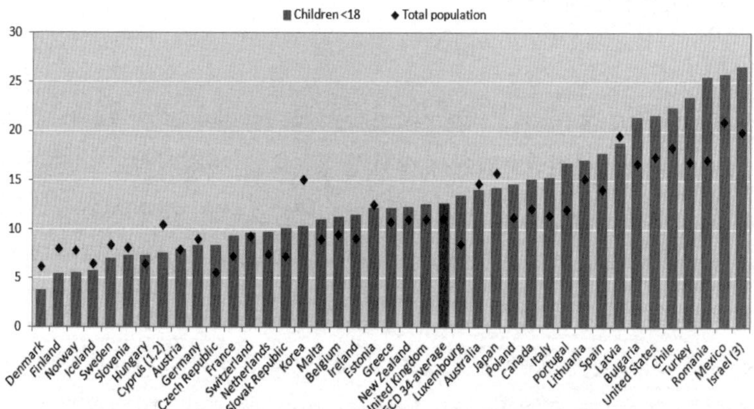

자료: OECD Income distribution questionnaire

〈그림 2-1〉 주요 OECD 국가의 아동빈곤율(중위소득의 50% 이하)

때문에 2001년의 경우 아동빈곤율은 미국 26.3%, 영국 21.3%, 이탈리아 21.2%, 호주 17.1% 등으로 선진국에서도 매우 높은 비율을

〈표 2-2〉 국민기초생활보장 아동수급률 (단위: 명, %)

연 도	수급아동 수	아동수급률
2003	366,519	2.9
2004	382,345	3.0
2005	413,137	3.3
2006	422,260	3.5
2007	419,230	3.5
2008	405,333	3.4
2009	408,973	3.5

출처: 2011년 보건복지통계연보.

보이고 있다. 2003년 한국의 경우 상대아동빈곤율은 14.9%이므로 국제적으로 보았을 때도 비교적 높은 편이다.

반면 국민기초생활보장 수급아동의 수는 약 3.5%로 연도에 따라 큰 차이가 없는 것으로 나타나고 있다. 즉, 절대 및 상대 아동빈곤율의 증가에 따른 수급아동 수의 증가는 이루어지지 않고 있다. 이는 지원의 사각지대에 있는 아동 수가 증가하고 있음을 보여주는 것이다.

2. 빈곤과 아동 발달에 대한 생태체계적 접근

거시적 차원에서 빈곤은 사회해체를 낳는 심각한 문제이다. 어느 지역사회에서나 다수의 빈민이 존재한다는 것은 빈곤하지 않은 다른 계층과 집단에게 심각한 위협이 될 수밖에 없다. 빈곤 때문에 발생되는 비행과 범죄의 희생자는 지역사회의 주민이 되는 것이고, 빈민을 구제하기 위해 유지해야 하는 사회복지제도와 서비스는 지역사회와 국가에 상당한 경제적 부담이 된다. 장기적인 안목에서 가장 우려할 만한 것은 빈민집단이 정치적 불안을 야기하고 결국은 사회체제를 전복시킬 수 있는 위험을 안고 있는 점이다(이소희 외, 2005).

미시적 차원에서 빈곤은 그 상황에 처해 있는 개인과 가족에게는 삶과 죽음이라는 인간생존 자체의 심각한 문제이다. 이들에게 빈곤은 먹을 것이 없고, 입을 것이 없고, 집이 없거나 집이 있다하더라도 불결하고 유해하며, 교육을 제대로 받을 수 없어서 경제활동에 참여할 수 없고, 부적절한 영양과 의료혜택을 받을 수 없어 심한 질병을 앓게 되거나 삶을 마감하게 되는 그러한 성질의 것이다. 또한 이들은 물질주의가 만연한 사회에서 항상 굴욕과 열등감을 갖고 대인관계를 유지할 수밖에 없으며, 심한 경우 사회의 도덕과 규범에 위배되는 행동을 하지 않을 수 없는 상황에 놓이게 된다. 빈곤 자체도 문제이지만 이것이 비행, 범죄, 알콜중독 등 수많은 병리현상의 원인이 되기 때문에 더욱 심각한 사회문제로 인식되고 있다. 특히 빈곤이 아동에게 미치는 영향은 발육부진, 발달지체 등과 같은 신체발달의 문제에서 저(低)지능, 학업부진, 학교중퇴 등과 같은 인지발달의 문제, 우울과 불안 등과 같은 내면화된 문제 및 공격성, 주의력 결핍 과잉행동장애(ADHD), 반사회적 행동 등과 같은 외현화된 문제 등을 포함한 심리사회발달 문제에 이르기까지 광범위한 것으로 밝혀지고 있다(허남순 외, 2005; 오정수 · 정익중, 2013). 예를 들어 아동기 결식문제에서 비롯된 영양의 불균형은 성인기에 골다공증(칼슘 부족), 위암, 뇌졸중(염분 과다섭취), 당뇨(비만) 등의 문제를 일으킬 수 있으며, 특히 철분 결핍성 빈혈은 인지능력의 저하와 관련된다는 보고도 있다(Pollite et al., 1985). 이런 연구들은 간접적이나마 빈곤계층 아동들이 장기적으로 열악한 건강수준을 가질 수 있다는 증거를 제공한다(성주헌, 2003). 또한 빈곤은 아동을 다양한 환경적 위험에 노출시키기 때문에 비행의 근본 원인 중의 하나로 간주되고 있다. 이러한 다양한 발달상의 문제는 곧 빈곤의 세대 간 전이가능성과 연결되므로 빈곤 가정에서의 아동 발달 문제는 매우 중요하다. 빈곤아동은 가정의 부적절한 환경으로 인해 사회·정서적인 어려움이나 학습·학교생활에서의 부적응 행동 등이 다른 계층의 아동보다 높게 나타나지만 아동기 초기에는 그 문제의 정도가 현저하지 않으므로 자칫 간과하기 쉽다. 이로 인해 청소년기에 더 큰 문제를 야기시키는 경우도 발생할 수 있다(Dubow & Ippolito, 1994; Garmezy, 1991).

1) 가족 내적 수준에서의 빈곤과 아동 발달

정보처리 이론(social information-processing theory)은 미시적인 수준에서 비행문제를 설명하는 이론으로 일개인이 사회적 자극에 대해 어떤 인지적 과정을 통해 일탈적 행동 반응에 이르게 되는지에 대해 설명해 준다(Dodge, 1991, 1993; Crick & Dodge, 1994; Chung, 2004). 정보처리 이론에 따르면 반사회적 행동은 개별 상황에서 갈등적이거나 일탈적인 해결책을 피하고 사회적으로 적절한 해결책을 찾아내기 어렵게 하는 인지적 능력의 결핍에서 나온다. 빈곤 가족에서 성장하는 아동은 이러한 인지적 능력을 개발할 수 있도록 지원하는 자원이나 기회를 획득할 가능성이 낮다. 즉 빈곤한 가족은 책, 장난감, 컴퓨터 등과 같은 물품을 구입할 수 있는 자원이 부족하기 때문에 빈곤 가족에서 성장하는 아동은 인지적으로 자극받을 수 있는 환경에서 성장할 확률이 낮아진다(Mayer, 1997, Downey, 1994, Gerard & Buehler, 1999;

Seccombe, 2000). 따라서 빈곤은 인지능력의 부족이나 학업성취의 실패를 가져오기 때문에 정보처리의 모든 단계에서 문제를 가져오게 된다.

일반적인 지적 능력을 살펴보면, IQ 및 표준화된 지능검사를 실시한 많은 연구에서 빈곤아동은 중산층 아동에 비해 유의미하게 낮은 IQ를 보임을 알 수 있다(Korenman, Miller, & Sjaastad, 1995; Peters & Mullis, 1997; Smith, Brooks-Gunn, & Klebanov, 1997; 한충효, 1982). 또한 빈곤아동은 수준 높은 말의 사용이나 글씨에 대한 흥미 등 언어적 측면의 발달이 매우 낮게 나타나는데, 이것은 빈곤 가정의 언어적 결핍을 확연히 보여주는 것이라 할 수 있다(이재연 · 백정재, 1997; 권중돈, 2000). 빈곤아동의 낮은 언어능력은 많은 수의 빈민지역 부모들이 저녁 늦게까지 근무를 해야 하는 등의 불규칙한 직업을 가지고 있으므로 기본적으로 시간이 없거나 피곤하거나 생활에 여유가 없어서 자녀들과 충분한 대화를 할 수 없거나 기피하기 때문이라고 설명되고 있다(이경우, 1988). 빈곤아동에게서 나타나는 낮은 언어발달은 이렇게 부모와 아동 사이의 상호작용 부족과 잘못된 양육태도에 기인한다고 볼 수 있으며(박소혜, 1995), 지역사회로부터도 바람직한 언어 모델을 제공받을 수 없기 때문에 아동들은 자연히 바람직한 언어를 발달시키기가 어렵게 된다.

언어적 능력이 개발되어 있지 않으면 갈등상황에서 언어적 방법을 통한 이해와 설득보다는 강압과 폭력과 같은 물리적인 방법으로 해결책을 마련하기 쉽다(이소희 외, 2005; 오정수 · 정익중, 2013). 그러나 인지능력이 개발되어 있으면 특정 갈등상황에서 여러 가지 해결책들을 생각해 내고 그중 사회적으로 적절하고 바람직한 해결책을 선택할 수 있다. 이에 반해 아동이 인지능력이 떨어지고 공격성이 높으면 상대방이 보내는 신호(cues)에 둔감할 뿐만 아니라 적대적인 신호에만 선별적으로 관심을 집중한다(Dodge & Newman, 1981; Gouze, 1987). 그리고 신호의 의도를 해석하는 데도 문제가 있으며, 무슨 신호든 그 의도를 적대적인 것으로 귀인시켜 버리는 편견(attributional bias)을 보인다(Dodge & Feldman, 1990; Dodge & Coie, 1987). 또한 초기 반응이 성공적이지 않았을 때 다른 종류의 반응을 찾아내는 것도 어려워한다(Rubin et al., 1991). 이러한 아동들은 반사회적 행동을 더 긍정적으로 평가하고, 가장 적절한 반응으로 선택할 확률이 높다(Garber et al., 1991; Dodge et al., 1990).

최근 연구에서 빈곤의 영향을 악화시키는 위험요인들과 빈곤의 영향을 완화하는 보호요인들이 점점 밝혀지고 있다. 빈곤이 아동에게 부정적인 영향을 미친다는 사실을 단순하게 받아들이면 모든 빈곤아동은 문제 있는 성인이 되어야 한다. 빈곤하지만 잘 적응하여 건강한 성인으로 자라나는 빈곤아동이 많이 존재한다. 빈곤 영향의 부정적 메커니즘만으로는 이들을 설명할 여지가 없다. 단순한 위험모델(risk model)에서는 빈곤아동이 잘 적응하지 못하는 이유가 빈곤하지 않은 아동들보다 더 많은 위험요인에 노출되어 있음을 강조한다(Huston, 1991; MaCormick & Brooks-Gunn, 1989; Parker et al., 1988). 즉, 빈곤아동들은 출생시 저체중, 부모의 낮은 교육수준, 실직, 모성의 우울, 사회적 지지의 결핍, 스트레스적인 생활사건, 또는 부적절한 양육행동과 태도 등과 같은 생물학적·환경적 위험요인에 노출되어 있고 이러한 빈곤 관련 요인들은 아동 발달과 부정적인 상관관계를 갖는다는 것이다(Brooks-Gunn, 1993; Huston, 1991; Liaw & Brooks-Gunn, 1993; McLoyd, 1990, 1998).

위험모델은 동일한 빈곤 상황에서도 경험하는 위험요인의 개수와 종류가 상이할 수 있음을 제시함으로써 빈곤아동 간의 적응정도 차이를 설명할 수 있다. 그러나 이러한 논리로는 위험에 많이 노출될수록 아동의 적응 수준은 떨어져야 한다. 현실에서는 빈곤이라는 매우 열악한 상황에서도 잘 적응해가는 아동이 존재한다. 위험모델은 이들의 존재를 설명할 여지가 전혀 없다. 특히 고위험의 상황에서도 더 높은 적응 수준을 보이는 적응유연성(resilience)을 설명하기 어렵다.

적응유연성은 위험과 어려움에도 불구하고 성공적으로 적응하거나, 스트레스 상황에도 불구하고 예기치 않은 성취를 보이는 것으로 개념화된다(진혜민, 2007). 빈곤 가정 아동의 적응유연성이라 하면 빈곤이 아동에게 미치는 부정적인 영향에도 불구하고 잘 적응하고 건강하게 발달하는 힘을 가졌음을 의미하고, 상처받기 쉬운 것에 대해 효과적으로 대처하는 능력을 가지고 불행으로부터 급속히 회복하여 성공적으로 적응하는 능력을 가졌음을 의미한다. 따라서 빈곤아동의 발달을 설명하는 이론에서 점점 보호요인의 역할이 강조되고 있다. 이는 빈곤이라는 상황에서 적응의 개인차를 보다 적절히 설명할 수 있는 장점을 가지고 있다(Hernandez, 1993). 적응유연성이 길러지는 것인지 선천적으로 가지고 태어나는 것인지에 대한 논쟁은 이어지고 있다. 그러나 적응유연성이 일개인의 삶에서 보호요인이 됨은 의심의 여지가 없다.

보호요인이란 취약한 환경조건하에서도 위험요인과 작용하여 발현되는 부정적인 발달산물의 가능성을 경감시키는 요소이다. 적응유연성은 대표적인 보호요인이 될 것이다. 특히 적응유연성은 가족의 환경과 연관되어 연구되어 왔다. 예를 들어 가족 중 적어도 한 사람과 밀접한 유대관계를 갖고, 어린 시절부터 양육자와 기본적인 신뢰를 통해 안정적인 애착관계를 형성했으며, 가족 내 역할에 서로 협조적이고, 통제와 애정이 적절하게 균형 잡힌 민주적인 양육태도가 이루어질 때 적응유연성이 발달할 가능성이 높다는 것이다. 또한 자녀와 부모가 가치를 공유하며, 부모가 자녀의 미래에 대한 낙관적인 견해를 가지고, 가족 내 의사소통이 적절하게 이루어지며, 가족응집력이 높고 부모 및 자녀의 역할이 잘 규정되어 있는 가정이 보호적인 기능을 하는 것으로 나타났다(Block & Block, 1980; Clark, 1983; Garmezy, 1991; Kirby & Fraser, 1997; Rutter, 1987; Werner, 1990; Werner & Smith, 1987).

미시적 수준에서 빈곤과 아동의 관계를 논할 때 부모 혹은 가족과의 관계는 주요 고려대상이다. 빈곤한 사람들 특히 여성은 자신이 처해 있는 환경을 스스로 통제할 수 없다는 불안감이나 필요한 재화나 서비스를 필요할 때 가질 수 없다는 무력감, 수치감, 혹은 자존감의 상실 등으로 스트레스나 우울증에 빠져들기 쉽다(김인숙, 1994; Adler et al., 1993). 이러한 부모의 스트레스와 우울은 부부 간이나 가족 간 갈등을 유발하는 동시에 부모의 양육행동과 태도에 영향을 준다(Conger et al., 1994; Liaw & Brooks-Gunn, 1995; McLoyd, Jayaratne, Ceballo, & Borquez, 1994; Brooks-Gunn & Duncan, 1997). 빈곤부모들은 아동행동 자체 혹은 아동이 어떤 친구들과 어디서 노는지 등에 대한 지도감독을 하지 못하고, 언어적인 훈계보다는 신체적인 체벌을 더 자주 사용하며, 자녀들과 질적으로 낮은 수준의 상호작용을 할 뿐만 아니라, 아동에 대한 정서적 지지의 수준 역시 낮다(McLeod & Shanahan, 1993; Hanson, McLanahan, & Thomson, 1997; McLoyd, 1998; Conger, Conger, Elder, 1997). 부정적인 부모-자녀관계는 학업성취에도 부정적인 영향을 미친다. 부모의 가혹한 대우나 거부적인 훈육은 자녀의 자기가치를 훼손하고 자기능력에 대한 신뢰감을 손상시킨다(Conger, Conger, & Elder, 1997). 이렇게 자기신뢰를 상실한 아동은 자신의 학

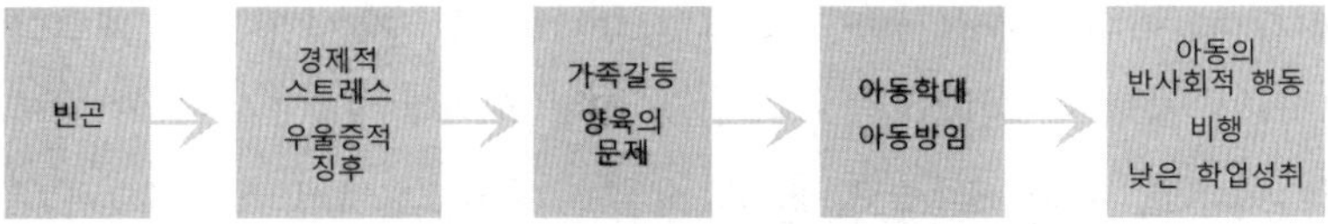

〈그림 2-2〉 **가족관계에서의 빈곤 영향**

구적 노력이 미래에 결실을 맺을 것이라는 확신이 없기 때문에 학업 성취에 방해를 받게 된다.

또한 부정적인 부모-자녀관계는 아동이 비행에 참여하는 것을 스스로 억제하도록 하는 자기통제 기능을 약화시킨다(Dubois, Eitel, & Felner, 1994). 반면 부모의 자녀 학업에 대한 격려와 관여는 자녀의 높은 학업성취에 영향을 미치는 요인으로 알려져 왔다(Steinberg, Lamborn, Dornbusch, & Darling, 1992). 부모의 자녀에 대한 일반적 태도가 비지지적이고 적대적인 상태에서는 자녀 학업에 대한 부모의 격려와 관여도 감소하게 될 것이다. 그리고 부모 사이의 갈등에 자주 노출된 아동은 상당한 심리적 스트레스를 경험한다(Brody, Stoneman, & Flor, 1995; Lempers & Clark-Lempers, 1997). 이러한 갈등적인 가족관계 경험은 아동의 자기통제력과 자신감을 떨어뜨리며 이는 낮은 학업 성취로 이어진다(Gutman & Eccles, 1999; McLoyd, 1989).

국내에서도 영세지역에 거주하는 아동 혹은 빈곤층의 자녀를 대상으로 자녀양육 실태가 연구되어 왔는데, 빈곤 가정에서 자녀에게 제공하는 환경적 자극의 질적 수준은 중산층 대상 연구결과와 비교했을 때 전체적으로 낮은 수준이었다. 양육행동에서도 '아이에게 소리지르기', '아이 때리기' 등의 직접적인 표현이 많았고, 부모 특히 어머니가 유아와 직접 상호작용하는 빈도가 적었다. 빈곤부모들은 중산층

부모에 비해 부정적인 상호작용을 많이 하는 편인 반면에 아동의 기능발달을 촉진시키는 상호작용은 적게 하는 것이 특징이다(이영·신은수·나종혜, 1995). 이러한 양육행동이나 양육태도는 비행의 증가를 가져오게 된다. 빈곤 가족 내에서 아동학대 특히 신체적 학대나 방임의 비율이 높다(변화순, 1988; Sedlak & Broadhurst, 1996). 예를 들어 여성개발원의 조사연구에 의한 영세지역의 빈곤부모가 일하고 있는 동안 주로 취하는 아동보육의 유형을 보면 준방치나 방치의 경우가 65.6%에 이른다(안덕순 외, 1988). 피학대, 방임아동은 나이가 들수록 학업성취가 떨어지고, 정서적 문제·성 문제·알콜 및 약물중독을 경험하며, 심각한 비행과 범죄를 저지를 확률이 높아진다(English, 1998; Starr, MacLean, & Keating, 1991). 또한 최근 연구는 경제적 상실과 아동 학업성취와의 관계에서 가족과정이 매개하고 있음을 밝히고 있다. 부모의 실직이나 소득상실 같은 경제적 상실은 경제적 어려움의 증대를 가져오고 이는 부모의 생활만족도를 떨어뜨리고 가족관계를 악화시켜 아동의 학력성취에 부정적 영향을 미치는 것으로 나타났다(구인회, 2003a, 2003b).

2) 가족 외적 수준에서의 빈곤과 아동 발달

아동이 성장하면서 또래관계는 가장 중요한 사회적 관계이다. 그런데 빈곤은 이러한 사회적 관계에 영향을 미친다고 보고되고 있다. 이를 도식화하면 〈그림 2-3〉과 같다.

빈곤아동은 아동학대를 경험할 가능성이 높다. 이러한 아동학대는 또래집단으로부터의 소외에 직접적으로 영향을 미칠 뿐만 아니라 공

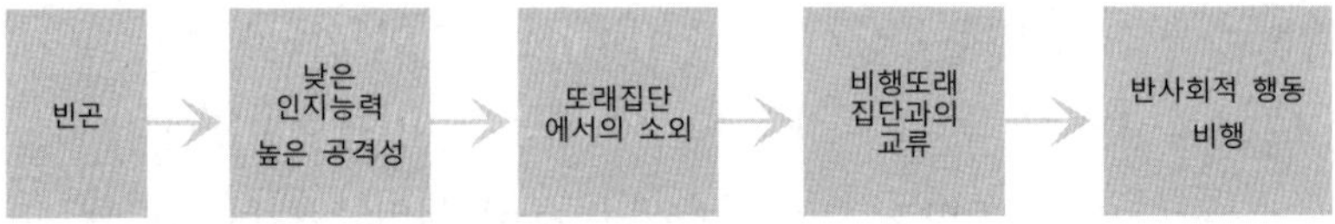

〈그림 2-3〉 또래관계에서의 빈곤 영향

격성의 증가와 인지학습능력의 저하를 매개로 하여 또래집단으로부터의 소외에 간접적으로 영향을 미쳤다(정익중, 2008). 공격성이 학대와 또래집단으로부터의 소외 간의 관계를 강력하게 매개한다는 것은 먼저 학습이나 모방의 효과로 설명할 수 있다. 피학대아동에게 제공된 성인 역할모델은 폭력을 통해 분노를 표출하는 행동을 보였기 때문에 공격적 행동을 학습하거나 모방하게 된다. 또한 학대부모에 대한 강한 적개심이 억압되어 있다가 분노가 터지면서 다른 대상에게 전이된다(정익중, 2008). 이렇게 형성된 공격적 행동은 타인과의 관계에서 갈등상황을 초래하여 피학대아동이 친구로부터 소외되는 악순환의 고리를 만들어낸다(고미영, 2004; Coie et al., 1991). 빈곤아동은 대인 간의 문제해결에서 언어적인 방법보다는 물리적 방법을 선호하고, 친구들을 때리고, 욕을 하고, 질서를 지키지 않는 등의 이유로 친구 및 교사들과의 관계가 원활하지 않다고 보고된다(유희정, 1996; 정익중 · 박현선 · 구인회, 2006). 또한 또래집단으로부터의 소외(peer rejection)는 좀 더 심각한 비행의 원인인 동시에 초기 부적응 행동의 결과이기도 하다(Coie & Miller-Johnson, 2001). 또래집단으로부터 소외된 공격적 아동들은 일반 공격적 아동보다 훨씬 더 만성적 비행에 빠져들 위험이 높다. 청소년기가 되면 소외받던 아동들끼리 비행 또래집단을 형성하게 되고, 이러한 또래집단은 심각한 비행의 좋은 훈련장소가 된다(Patterson & Bank, 1989; Patterson, Capaldi, & Bank, 1991).

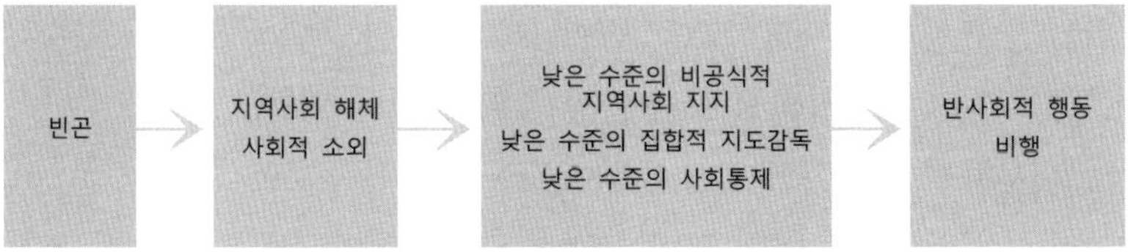

〈그림 2-4〉 지역사회에서의 빈곤 영향

정보처리 단계에서의 여러 형태의 결핍도 또래집단으로부터의 소외를 가져온다. 이러한 소외는 항상 타인의 신호를 적대적인 것으로 귀속시켜 버리기 때문에 좀 더 심각한 형태의 반응적인 공격성을 가져오게 된다. 귀속(귀인) 편견은 또래집단으로부터 소외된 아동이 다른 아동들의 행동에 좀 더 공격적이고 보복적인 방식으로 대응하도록 하고, 다른 아동들도 그 소외된 아동을 좀 더 심하게 집단따돌림시키도록 한다(Hymel, Wagner, & Butler, 1990; Perry, Kusel, & Perry, 1988). 이는 부정적인 정보처리의 모든 단계가 다시 한 번 반복되면서 좀 더 심각한 공격성으로의 증폭과 심각한 비행으로의 이행을 가져온다.

지역사회에서의 소외나 낮은 지지 등도 빈곤아동에게 영향을 미친다. 이를 도식화하면 〈그림 2-4〉와 같다.

빈곤부모들은 그들 가족이 살 지역사회나 자녀들이 갈 학교를 선택할 때 제한을 받게 되는 경우가 많다. 빈곤 때문에 지역사회 해체(social disorganization)나 사회적 소외(social isolation)로 특징 지워지는 지역사회에 거주하는 경우가 많다(Chung, 2004). 지역사회 해체는 범죄, 실업 등으로 그 지역사회에 사는 아동에 대한 집합적인 지도감독이 불가능하며 지역사회 구성원들 간의 비공식적인 네트워크가 부족한 경우를 말한다(Sampson, 1991; Sampson & Wilson, 1994). 사회적 소외는 주류사회를 대표하는 기관이나 개인과의 상호작용이나 접촉의 부족으로 그 지역사회에 사는 아동이 따를 만한 역할모델이 존재하지 않고 문화적 학습기회를 상실하는 것을 의미한다(Wilson, 1987, 1991). 이러한 지역사회에 살게 되면 긍정적 역할모델의 결핍과 부정적 역할모델의 과잉, 사회적 자본(social capital)의 부족과 사회규범의 약화 등으로 비행과 반사회적 행동에 빠져들 위험이 더욱 커지게 된다(Coleman, 1988; Hagan, 1994; Herrenkohl et al., 2001).

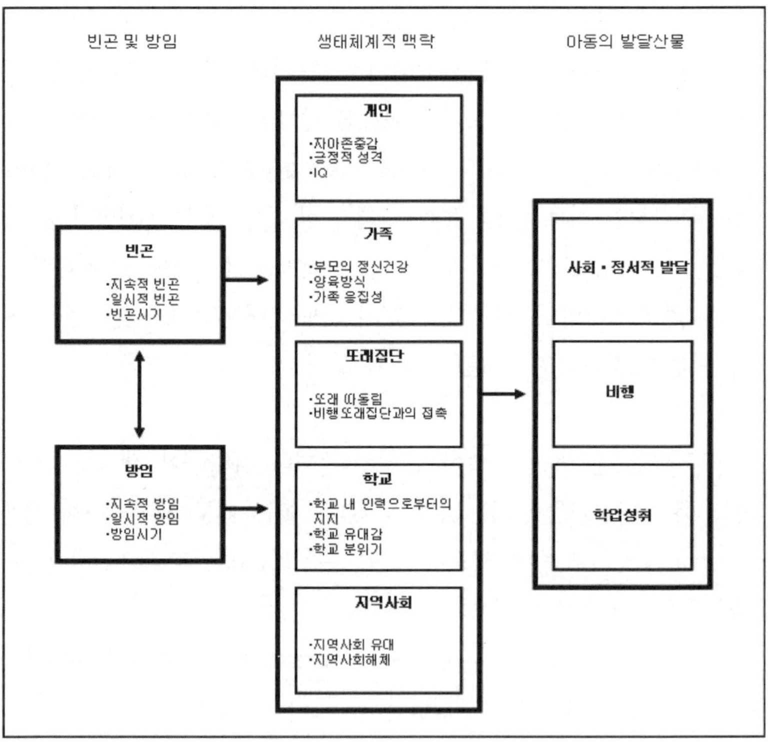

〈그림 2-5〉 빈곤 · 방임과 아동 발달 관계에 대한 이론 모형

결론적으로 본 연구에서는 빈곤방임아동은 개인적 특성, 가족, 또래집단, 학교, 지역사회 등의 차원에서 다른 일반아동과는 상이한 생태체계 속에 놓일 수 있다는 점을 고려할 것이다. 〈그림 2-5〉는 본 연구의 이후의 연구방향을 안내하는 잠정적인 이론적 틀이다.

3. 빈곤이 영유아 발달에 미치는 영향

1) 빈곤이 영유아의 사회·정서적 발달에 미치는 영향

생애 초기 단계는 건강한 발달의 초석이 되는 중요한 시기이다. 영유아기는 개개인의 전체적인 발달 속도가 급격하면서도, 한편으로는 환경으로부터의 영향에 가장 취약한 시기이기 때문이다. 영유아기 발달에 대한 기존의 선행연구들에 의해 생애 첫 5년의 경험이 아동의 사회·정서적 발달에 미치는 영향이 수없이 강조되었으며, 부정적인 초기 경험은 아동의 정신적 건강에 해를 끼칠 수 있음이 밝혀져 왔다. 그뿐만 아니라 부정적 초기 경험은 개인의 인지적, 행동적, 사회·정서적 발달에도 악영향을 미치는 것으로 나타나고 있다.

많은 요인들이 아동의 초기 발달에 영향을 미치는 것으로 밝혀지고 있지만, 그중에서도 가장 중요한 요인으로 간주되는 것은 가족환경이다. 특히, 영유아기가 신체·정서·인지 발달 등 모든 영역의 발달에 결정적 시기라는 점에서 가족환경에 기반한 아동의 빈곤과 그 영향에 대한 연구가 활발하게 이루어지고 있다. 아동은 성인에 비해 빈곤으로 인한 영향을 훨씬 더 크게 받고, 상대적으로 더욱 심각한 결과가 초래된다. 그 결과 낮은 사회적 지위를 가진 빈곤 가정에서 자란 아동은 사회적, 정서적 그리고 행동 문제에서 더 취약한 상태로 발달된다는 점이 밝혀지고 있다. 예를 들어, 부모의 알코올 중독, 부부 간 갈등, 부모의 폭력 등과 같이 빈곤으로부터 파생한 많은 위험 요인을 안고 있는 가정에서 자란 아동은 그렇지 않은 가정에서 자란 아동에 비해 공격성, 불안, 우울 등 더 많은 어려움을 경험하는 것으로 보고된다(Cooper, Masi & Vick, 2009).

아동빈곤의 영향에 대한 대표적 연구인 Brooks-Gunn과 Duncan (1997)의 연구에 따르면 빈곤아동들은 빈곤하지 않은 아동에 비해서 더 많은 정서적·행동적 문제를 겪는 것으로 나타났다. 이들은 빈곤 아동이 보이는 정서적 문제를 공격성, 싸움 그리고 행동화 등을 포함하는 외현화 문제행동과 불안, 사회적 격리, 우울 등과 같은 내현화 문제행동의 두 차원으로 분리하였으며 장기간 동안 지속된 빈곤과 단시간의 빈곤 경험이 아동의 정서적 결과에 미치는 영향을 비교분석하였다. 그 결과, 빈곤이 지속된 시간과 상관없이 빈곤을 경험한 아동은 그렇지 않은 아동에 비해 더 높은 수준의 내현화 및 외현화 문제행동을 보이는 것으로 밝혀졌다.

이외의 많은 연구들에서도 빈곤이 아동의 사회 및 정서적 발달에 유의한 영향을 미친다는 결과가 지속적으로 제시되고 있다. 빈곤한 환경에서 자란 아동들은 불순종, 충동성, 또래관계 형성의 어려움과 같은 행동 및 정서적 문제를 보일 위험이 훨씬 높은 것으로 나타났다. 가난한 환경에서 자란 아동들은 가난하지 않은 환경에서 자란 또래에 비해 순종 등을 포함하는 긍정적인 행동을 거의 보이지 않는 것으로 보고된다. 또한 저소득 가족의 아동은 한 번도 경제적 어려움을 겪어보지 못한 아동에 비해 더 부정적인 또래관계를 형성하거나, 더 낮은 수준의 자아존중감을 보이는 것으로 나타나고 있다. 한편, 빈곤의 장기적 영향을 살핀 종단 연구에서는 장기간에 걸친 빈곤이 아동의 내적 불안, 불행감, 의존감과 연관이 있으며 현재의 빈곤상태는 불순종 및 공격성과 연관이 있는 것으로 밝혀졌다(Moore, Driscoll, Zaslow & Redd, 2002).

그렇다면 빈곤은 어떠한 경로를 통해 아동의 발달에 영향을 미치는가? 선행연구들에 의해 제기된 경로 중 하나는 빈곤 가정 부모의 특성이 아동의 사회·정서적 발달에 좋지 않은 영향을 미친다는 것으로(Takeuchi, Williams & Adair, 1991) 이는 '가족과정모델(family process model)'이라고 불리기도 한다. 저소득 가정의 부모들은 낮은 경제 사회적 지위 혹은 가정의 경제적 어려움으로 인하여 높은 수준의 압박감 및 스트레스를 겪게 될 가능성이 높다. 이로 인해 빈곤한 가정의 부모들은 아동의 행동에 대하여 적절한 관리감독을 제공해 줄 수 있을 만한 여유를 가질 수 없다. 오히려 스트레스로 인해 더 강압적인 양육방식을 택하거나 아동에게 공격성을 표출하는 상황도 발생하게 된다. 생애 첫 5년 동안 부모와 형성하는 애착이 개인의 장기적인 발달에 미치는 영향에 대해서는 기존의 수많은 선행연구들에 의해 증명된 바, 적절한 양육행동에 대한 지식이 부족한 부모 밑에서 부모와 안정적인 애착을 형성하지 못한 아동들은 결과적으로 부모와 세상에 대한 불신 및 불안을 가지게 되고 사회·정서적으로 건강한 발달을 이루는 데 문제를 겪게 된다.

일부 연구자들은 빈곤아동이 많이 보이는 문제행동 중 하나인 행동화(acting out, 갈등이나 감정을 말이 아닌 행동으로 표현하는 것)를 부모요인과 관련시켜 설명하기도 한다. 이들에 따르면 빈곤아동의 행동화는 저소득 가정의 많은 부모들이 보이는 특성 중 하나인 낮은 수준의 정서적 반응성, 신체적 처벌의 잦은 사용 그리고 질이 낮은 가정환경

등이 반영된 것이라는 것이다(Eamon, 2000). 이에 더하여 빈곤아동이 보이는 공격성 및 또래부적응 또한 빈곤 가정의 특성과 연관시켜 설명할 수 있다. 저소득층 아동은 상대적으로 범죄와 같은 부정적이고 공격적인 환경에 노출될 가능성이 높다. 이러한 환경에서 자라는 아동은 자연스럽게 자신을 둘러싼 환경의 특징을 학습하게 되고, 이로 인해 장기적으로 정서적 · 사회적 적응에 많은 어려움을 겪게 되며 내면화 문제행동과 외현화 문제행동을 보일 수 있다.

빈곤이 아동의 발달에 미치는 영향은 생태학적 관점으로 설명되기도 한다. 발달 초기단계에서의 빈곤 경험은 그 영향이 더 치명적인 동시에 장기적으로 지속된다는 점, 아동기 빈곤으로 인해 생긴 발달상의 문제는 빈곤이 지속됨에 따라 더 심각해 질 수 있다는 점을 고려하였을 때 빈곤의 영향은 누적적이라 할 수 있다. 아동빈곤에 대한 생태학적 관점에서는 이러한 누적적 과정을 통해 빈곤은 아동을 둘러싼 여러 생태환경에 영향을 미치며, 결국 직간접적으로 아동의 발달에까지 영향을 주게 된다. 예를 들어, 미시적 맥락에서는 빈곤이 부모와 다른 성인 간, 그리고 부모와 자녀 간 상호작용 유형에 영향을

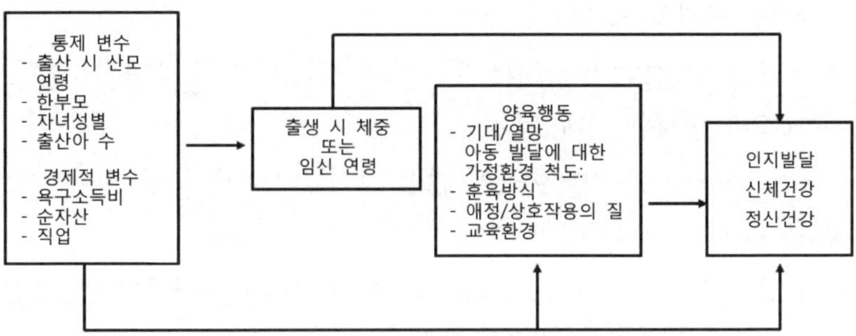

출처: Aber, Bennett, Conley & Li, 1997.

〈그림 2-6〉 빈곤이 아동 발달에 영향을 미치는 과정에 대한 모형

미칠 수 있으며, 거시적 맥락상에서는 빈곤상태에 따라 이웃 환경, 아동을 위한 교육 및 건강 서비스 접근 가능성, 부모의 직장 환경 및 취업 기회, 그리고 도움을 받을 수 있는 사회적 네트워크가 달라질 수 있다는 것이다(Aber, Bennett, Conley & Li, 1997).

2) 빈곤이 영유아의 신체 · 인지 발달에 미치는 영향

사회경제적 지위는 아동 발달 연구 분야의 주요 관심 주제 가운데 하나로 특히 아동의 신체 및 인지 발달 측면과 연관지어 연구되고 있다. 이러한 관심은 높은 사회경제적 지위를 가진 가족의 경우 자녀들에게 보다 나은 양육환경을 제공해 줄 여지가 크고 이는 아동의 발달에 긍정적으로 영향을 줄 것이며, 반대로 낮은 사회경제적 지위의 가정에서 자라는 아동의 경우 그렇지 않은 가정에서 자란 아동들에 비해 상대적으로 적은 자원과 경험을 제공받게 되고 이는 아동의 발달에 부정적인 요인으로 작용하게 될 것이라는 가설에서 비롯된 것이다(Brooks-Gunn & Duncan, 1997). 특히, 기존의 연구들은 사회경제적 지위가 아동의 건강 및 인지 발달과 관련이 있다고 밝히고 있으며 그 영향력은 출생이전 시기에서부터 성인기에 이르는 전 과정에서 지속적으로 영향력을 가지는 것으로 알려져 있다(Bradley & Corwyn, 2002).

빈곤과 아동의 신체적 건강의 관련성을 살핀 연구들은 빈곤이 아동의 부정적 신체건강과 연관이 있음을 밝히고 있다. 아동기 동안 사회경제적 지위는 치과 질환을 포함한 질병의 원인이 되는 것으로 밝혀졌으며(Johnston-Brooks et al., 1998) 특히, 낮은 사회경제적 지위에 있는 아동이 건강상의 문제를 겪을 경우 심각한 결과로 이어지는 경우가 많은 것으로 나타났는데, Parker와 그의 동료들(1988)에 따르면 낮은 사회경제적 지위의 가정에서 조산으로 태어난 아동이 부유한 집에서 태어난 아동에 비해 건강 및 발달의 측면에서 더 많은 어려움을 겪는다고 하였다. 특히 빈곤은 저체중 신생아와 관련이 있다고 보고되는데 저체중 신생아는 한 살 이하 영아의 사망률과 관련이 깊은 것으로 나타났다(Bradley & Corwyn, 2002). 생애 첫 3년 동안 빈곤하게 살아온 조산 아동의 경우 성장, 건강상태, 지능, 행동 면에서 더 많은 문제를 가질 가능성이 높고(Bradley et al., 1994) 가정의 낮은 사회경제적 지위는 불충분한 영양과 예방접종, 흡연에의 노출, 건강상태 관리에의 소홀과 같이 아동의 건강에 부정적 영향을 줄 수 있는 결과들과 연관된다(Pollitt et al., 1996, Sandel & Schrfstein, 1999). 즉 빈곤한 환경에서 자라나는 아동은 단·장기적으로 건강 문제에 직면할 위험이 높은데, 이러한 건강과 관련한 불이익한 요소들은 성인이 되고 나서 그들의 자녀들에게까지 전가될 가능성 역시 높은 것으로 보고된다(Najmana, Airda, Borb, O'Callaghanb, Williamsc, & Shuttlewooda, 2004).

한편, 선행연구들에 따르면 빈곤은 아동의 인지·언어 발달 측면에도 부정적 영향을 주는 것으로 나타나고 있다. 많은 연구 결과들이 제시하듯 낮은 사회경제적 지위의 어머니들에게서 태어난 아동은 그렇지 않은 아동에 비해 자라면서 인지 발달 문제를 보일 가능성이 더 높고 언어 이해력 면에서도 경제적으로 더 나은 환경에서 태어난 아동에 비해 현저하게 떨어지는 것으로 나타나고 있다(Najmana, Airda, Borb, O'Callaghanb, Williamsc & Shuttlewooda, 2004). 또 Duncan과 동료들(1994)이 영아 건강과 발달 프로그램(Infant Health and Development Program)에 대한 종단 연구를 통해 살펴본 결과에 따르면 어머니의 학력, 가족의 구조, 인종 그리고 고소득층과 저소득층의 다른 차이점을 통제하더라도 가족의 소득 수준과 빈곤 상태는 5세 아동의

IQ와 유의미한 상관관계를 가지는 것으로 밝혀졌다. 이와 함께 사회경제적 불이익이 아동의 초기 인지 기능에 주는 영향은 아동이 가정의 환경으로부터 받는 교육의 레벨과 학습적·언어적 자극에 의해 매개된다고 보고되었다(McLoyd, 1998).

최근의 연구에서도 아동의 빈곤이 인지발달에 미치는 부정적 영향은 계속해서 밝혀지고 있는데 Faraha와 그의 동료들(2006)의 연구 결과에 의하면 어린 시절의 빈곤은 신경인지적(neurocognitive)인 요소들과도 구체적인 상호관계가 있는 것으로 나타났다. 이 연구 결과에 의하면 사회경제적 지위가 낮은 가정의 아동이 인지적인 모든 면모가 취약한 것은 아니지만, 구체적으로 신경인지 시스템과 연관되어 있는 능력 면에서 불균형적으로 영향을 받고 있는 것으로 밝혀졌다. 이러한 불균형적 영향은 특히 언어와 기억력과 연관이 있는 것으로 나타났으며, 그에 비해 보상 시각적 인지와 같은 면에서는 사회경제적 지위 그룹에 따라 유의미한 차이가 없는 것으로 나타났다. 더불어, 빈곤아동의 학업성취가 그렇지 않은 아동보다 낮다는 주장이 제기되는데 이는 빈곤한 가정에서 자라는 아동은 건강상태 악화로 학교에 결석하는 날이 많아지고 이것은 점차 인지적인 결핍을 유발하기 때문이라는 것이다(Crooks, 1995, as cited in McLoyd, 1998).

요약컨대, 빈곤 가정의 아동들은 환경에서 오는 부정적인 영향들로부터 그들을 보호해줄 만한 보호막을 가질 가능성이 상대적으로 적다. 빈곤한 가족의 경우 가족이 갈등상황이나 긴상을 겪을 때 이를 다룰 수 있을 만한 능력을 의미하는 사회적 통제력을 가지기에는 자원이 충분하지 못하거나 취약하며(Moore, Redd, Burkhauser, Mbwana & Collins, 2009), 빈곤은 아동의 건강 및 인지 발달의 면에서도 불리하게 작용하는 요소이다. 또한 빈곤 가정의 아동이 빈곤으로부터 직간

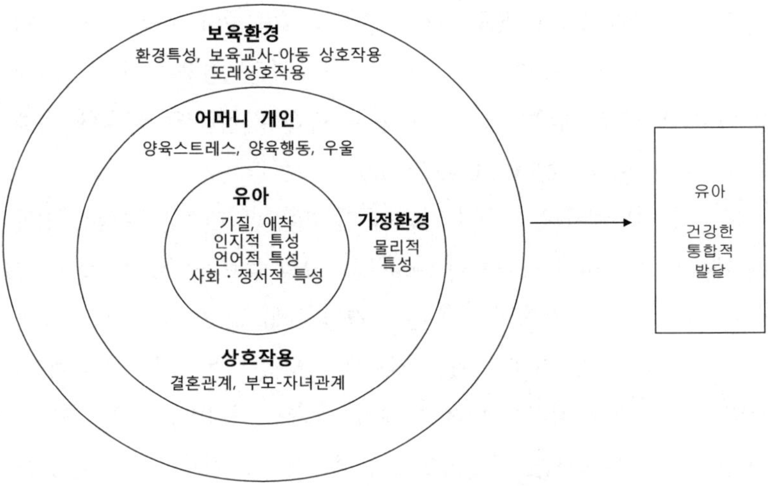

〈그림 2-7〉 건강한 영유아 발달을 위한 통합적 모형

접적으로 파생된 문제들로 인하여 겪는 어려움은 아동기 발달에만 영향을 미치는 것이 아니며 이들이 주요한 사회성원으로 역할하게 되는 성인기까지 그 영향이 장기적으로 유지될 수 있음을 고려할 때 빈곤가정 아동이 처한 각각의 특수한 상황에 맞는 적절한 개입과 중재전략으로 아동의 건강한 사회 · 정서적 발달을 도모하는 것이 중요하다.

4. 영유아 발달 관련 주요변수

1) 기질, 성격과 심리사회적 적응

영유아기는 매우 광범위한 심리적 발달이 이루어지고 그 과정도 매우 복잡하며 이후의 발달에 중요한 영향을 미치는 시기이다(Breger, 1974; 이정숙 · 문보경, 2010, 재인용). 신체발달이 급속도로 이루어지는 시기이며, 부모나 주양육자와의 의사소통, 애착경험, 애정 어린 관계를 통하여 자기에 관한 개념이 생겨나게 되고, 전 생애 과정 동안에 필요한 기본적인 지식이나 습관 등이 형성되는 시기이기도 하다. 영유아기의 신체 · 운동발달, 인지 · 언어발달, 사회 · 정서발달은 이후 발달과 적응에 누적적으로 영향을 주기 때문에 이 시기에 어떠한 발달 과정을 경험하는지가 중요하다.

특히, 영유아기 발달적 손상의 부정적 영향은 아동기와 청소년기를 거쳐 일생 동안 지속되며 다양한 문제를 일으킬 수 있다는 연구들이 지속적으로 보고됨에 따라(Shaw, Winslow & Gillom, 2000; 강지현, 2008, 재인용), 영유아기의 심리사회적 적응 문제에 관한 관심이 고조되고 있다. 대부분의 영유아는 출생 이후 별다른 어려움 없이 영유아기 동안 필요한 발달과제를 습득하며 생활하거나, 혹시 어떤 문제에 직면하더라도 일시적인 어려움을 겪은 후에 오히려 대처 능력이 형성되기도 한다. 그러나 간혹, 영유아기 동안에 경험한 어려움이나 문제가 아동기를 거쳐 청소년기, 성인기에 이르면서 더욱 심각한 양상으로 나타나기도 한다. 그런데 왜 어떤 아동은 출생 이후부터 순조롭게 적응하면서 발달하는데, 어떤 아동은 그렇지 못하는 것인까?

심리사회적 적응 문제에 영향을 주는 요인들은 다양하게 거론되어 왔다. 영유아의 심리사회적 적응에 영향을 주는 다양한 보호요인과 위험요인들이 탐색되고 있는데, 보호요인으로는 높은 지능이나 순응적인 기질, 위험요인으로는 주양육자의 양육 스트레스나 지나치게 허용적이거나 거부적인 양육행동, 빈곤 등이 있다고 보고되고 있다(남영옥, 2001; 노충래 외, 2008; 오승환, 2006; 허남순 외, 2005; 홍순혜 · 이숙영, 2009).

이 중에 특히 기질은 생의 초기에 출현하는 행동 경향성의 개인차로서 일정 시간이 지나도 상대적으로 안정적으로 나타나는 행동 양식이라고 이해되고 있는데, 기질의 차이에서 유래되는 개인 간의 차이가 적응과 문제행동에 관련이 있는 주요 요인으로 제시되고 있다(Bates, 1989). 기질은 유전적으로 태어날 때부터 갖게 되는 개인의 특성으로서 인성발달에 가장 크게 관여하는 요인으로도 알려져 있으며 아동은 기질을 바탕으로 환경과 상호작용하여 성격을 형성한다.

(1) 기질 및 성격

기질(temperament)이란 감정 반응, 기분 변화 그리고 자극으로 촉발된 반응성의 수준에서의 개인의 특정한 양상으로 정의되는데(Bates, 1989; Goldsmith, Buss & Plomin, 1987; 장원석 · 홍성도 · 정유숙, 2006, 재인용), 유전적 소인에 의해 태어날 때부터 가지게 되는 개인 고유의 특성을 말하는 것으로 감정적이고 충동적인 기질, 활달하고 사교적인 기질, 주도적이고 적극적인 기질과 같은 특징을 말한다(현성용 외, 2008: 278).

기질을 바탕으로 환경적 요인들과 상호작용하여 성격(character)을 형성하게 되는데, 성격이란 사회적으로 바람직하게 여기는 특성을 말하는 것으로 사회적 판단이 개입된 개념이다(현성용 외, 2008: 278). 기질이 시간이 지나도 크게 변화되지 않는 안정적인 속성을 갖는데 비해, 성격은 후천적으로 형성되며 일생 동안 지속적으로 발달한다. 체험하는 것에 대한 개인적 해석을 좌우하는 개인의 목적과 가치관에 관련되며 자기개념의 발달과 관계가 있다(오현숙, 2006).

기질과 성격은 인성(personality)을 구성하는 핵심적인 두 개의 구조이다. 기질은 유전적 경향성이 40~60%이며, 성격요인은 10~15%만 유전적이고 나머지는 자라면서 환경의 영향에 의해 형성된다고 한다(하지현 외, 2005).

(2) 심리사회적 적응

영유아기는 발달이 급속도로 진행되는 시기이며 전 생애발달의 기초가 이루어지는 시기이다. 이 시기 영유아의 발달상의 문제는 이후 지속적으로 영향을 주며 다양한 문제를 유발하게 된다. 특히, 아동기와 청소년기의 심리사회적 적응 문제가 사회적 관심사로 대두되면서, 효과적인 조기 개입을 위하여 영유아의 심리사회적 적응에도 관심을 갖게 되었다.

심리사회적 적응 수준을 파악하는 보편적인 관점 중의 하나는 내재화 문제행동과 외현화 문제행동의 축을 사용하는 것이다(Weisz, Suwanlert, Chaiyasit, & Anderson, 1988; 강지현, 2008, 재인용). 내재화 문제는 소극적이고 위축된 행동, 정서 불안, 신체 증상 등 내면화되고 지나치게 통제된 행동을 의미하며, 외현화 문제란 주의력 문제나 공격적인 행동 등 통제가 부족한 문제행동을 의미한다(오경자 · 김영아,

2009: 13). 특정 진단명이 아닌 이러한 광범위한 축(broad band)이 유용한 이유는 영유아기 및 아동기는 성인과는 달리 각 장애들이 명확히 구분되어 있지 않고 발달단계별로 양상을 달리하기 때문이다.

(3) 영유아의 기질 및 성격과 빈곤, 심리사회적 적응의 관계

인성 발달에 가장 크게 관여하는 요인 중 하나라고 보고되고 있는 기질은 영유아기의 심리적 적응과 밀접한 관련이 있다고 보고되고 있다(Rothbart & Bates, 1998; 이미애, 1995; 최영희, 2004). 기질은 유전적인 소인으로서 기질적 특성에 기초하여 환경과 상호작용하면서 성격을 형성하고, 개인마다 다른 기질과 성격으로 환경과의 상호작용 방식을 달리하면서 다른 수준의 심리사회적 적응을 해 나아간다는 것이다.

기질과 심리사회적 적응의 관계에 관해서 까다로운 기질은 아동의 정서 및 행동문제를 높이는 요인이며 이후 내재화와 관련된다는 연구가 있고, 또 까다로운 기질이 외현화 문제와도 관련이 있다는 연구도 있다(Bates & Bayles, 1988; 강지현, 2008, 재인용). 기질과 환경의 조화를 다룬 일련의 연구들은 예를 들어 활동성이 매우 높고 까다로운 기질을 가진 영유아의 경우 이러한 기질적 요구와 행동방식이 환경에 의해서 억압되고 거부될 때만 영유아와 환경 간의 갈등이 생김을 강조하였다. 지나친 통제와 거부를 당하지 않고 적절한 지도가 이루어지는 좋은 규율체계의 가정에 속한 까다로운 기질의 영유아는 거의 부적응 문제를 나타내지 않는다고 한다(오현숙, 2006).

한편, 4개의 기질과 3개의 성격 요인으로 기질 및 성격척도(JTCI)를 구성한 Cloninger(1987)에 따르면, 자극추구와 위험회피가 모두 높은 기질 유형은 높은 수준의 내재화 문제 및 외현화 문제와 관련 있다고 하였다. 또한 이정숙과 문보경(2010)은 기질과 문제행동은 정적 또는 부적 상관관계를 보이고 있다고 하였는데, 내재화 문제는 자극추구, 위험회피, 사회적 민감성과 유의미한 정적 상관이 있으며, 외현화 문제는 자극추구, 사회적 민감성과 상관관계가 있다고 보고하였다. 외현화 문제는 남아의 경우는 자극추구 기질 성향이 높을수록 인내력 기질 성향은 낮을수록, 여아의 경우에는 자극추구 기질 성향이 높을수록 외현화 문제 점수가 높게 나타났다.

영유아의 심리사회적 적응 수준에 영향을 미치는 기질 변인에 관한 연구 결과를 정리하면, '까다로운 기질', '낮은 수준의 적극적 통제', '높은 수준의 자극추구와 위험회피' 등의 기질 차원은 내재화 문제와 외현화 문제 모두와 관련되어 공통의 위험요인으로 작용한다고 보고되었다. 또한 '행동 억제 기질'은 주로 내재화 문제와, '두려움 없는 기질', '무정하고 정서가 깃들지 않은 기질'은 주로 외현화 문제와 관련되는 등 특정 문제행동 영역과의 관련성이 주로 보고되는 기질 차원도 있다. 아울러 유사한 기질적 속성이 두 문제 영역 모두에 대한 위험 요인이라는 연구와 어느 한 문제 영역과 주로 관련이 된다는 결과 등 서로 일치하지 않는 연구 결과도 있어서(강지현, 2008), 영유아기 내재화 문제와 외현화 문제에 관여하는 기질과 성격 특성 및 기제에 관한 연구가 더욱 활발히 수행될 필요가 있다.

2) 내적 표상(MSSB)

영유아들은 출생 후 주 양육자와의 관계 속에서 능동적이고 애정적이며 상호적인 애착관계를 형성한다(이영 · 조연순, 1993). Bretherton과 Munholland(1999)는 주 양육자가 이 관계 속에서 얼마나 역할을 잘 수행하는가에 따라 아동과 어머니와의 관계의 질이 결정되며 이런 상호작용 경험에 의해 애착대상에 대한 내적 실행 모델 즉 내적 표상이 형성된다고 하였다(민성혜, 2006, 재인용).

Bowlby(1982)는 내적 표상이 자아, 애착대상, 환경 그리고 이러한 요소들 간의 관계에 대한 가설적이고 내적인 정신적 표상이라 하였다(민성혜, 2006, 재인용). 즉 내적 표상은 출생 후 주 양육자와의 일시적인 관계에서 형성되고 확정되는 것이 아니라, 실생활에서의 상호작용 경험들이 저장되고 누적되면서 이루어진다. 즉 영유아들이 경험하게 되는 사건 표상들, 그리고 발달되는 자기 이해와 특정한 사건에 대한 기억의 발달, 맥락에 대한 이해 등이 결합되어 이루어진다는 것이다(민성혜 · 이영, 2006). 그래서 내적 실행 모델 즉 내적 표상은 해당 영유아들이 처한 맥락과 관련된다고 볼 수 있다. 이렇게 형성된 내적 표상은 통제 체계안에서 감각적인 투입과 인지적인 투입을 조절하는 기능을 하고 특정 대상에의 적응이라는 측면에서 특정 행동을 연결시키는 기능을 한다(민성혜 외, 2006). 다시 말해 내적 표상은 영유아들이 이후 성장과정에서 경험하게 되는 다양한 사회적 관계와 맥락 속에서 어떤 반응을 보일 것인가를 예측하게 한다고 볼 수 있다.

특히 최근에 내적 표상 연구들이 개인 지향적 접근(person-oriented approach)에 근거하여 군집화한 내적 표상의 유형을 보여줌으로써 보다 아동중심적인 통찰을 가질 수 있도록 하였다. 국내에서는 최근 10여 년 동안 일반 가정의 영유아들을 대상으로 내적 표상 연구들(민성혜, 2006; 민현숙, 2009; 신혜원, 2004; 정지나, 2006)을 지속해 왔다. 대체로 한국 일반 영유아들을 대상으로 한 내적 표상 군집 연구에서는 제한형(restricted type)이 가장 많이 나타나는 결과를 보여 다른 나라의 내적 표상 유형과 차이를 보였다. 이는 출생 후 각 영유아들이 경험하는 바에 따라 내적 표상의 차이가 있음을 증명해 주는 연구들이었다.

그런데 모든 영유아들이 출생 후 유사한 경험을 하는 것은 아니다. 어떤 영유아들은 자신을 낳아준 친부모와 살면서 관계를 맺고 그 관계 속에서 성장하면서 보살핌을 받지만 어떤 아동들은 그렇지 못하고, 어떤 영유아들은 안정된 가정환경에서 성장하지만 어떤 영유아들은 경제적 어려움으로 인해 보편적이지 않은 경험을 하면서 성장하기도 한다. 그렇다면 경험이 다른 영유아들이 형성하는 내적 표상에 차이가 있을 것이라 쉽게 예상할 수 있다. 실제로 이미 외국에서는 Page와 Bretherton(2001)은 이혼을 경험한 아동의 내적 표상을 연구하였고, Robinson과 Holmberg, Klute(2011)은 빈곤 가정 아동들의 내적 표상 연구, 학대 아동에 대한 연구(McCrone, Egeland, Kalkoske, & Carlson, 1994; Toth, Cicchetti, Macfie, & Emde, 1997)를 하여 경험이 다른 경우 내적 표상의 유형이 달리 나타남을 보여주었다. 국내에서는 가정위탁 영유아, 연장입양 유아에 대한 내적 표상 군집 연구들(민성혜 · 신혜원, 2006; 신혜원 · 민성혜, 2008)이 있어 왔다. 연구결과들은 일관적으로 영유아들의 외적 환경보다는 영유아들의 특정 경험이 내적 표상에 차이를 가져옴을 보여주었다.

빈곤 경험도 영유아에게 보편적이지 않은 경험을 하게 한다. Denver 지역의 빈곤아동을 대상으로 내적 표상을 연구한 Robinson 등(2011)은 빈곤 가정의 영유아들에게서 공격적 표상이 보다 많이 나타났다고 보고하였다. 그러나 빈곤층 영유아라 하더라도 Bowlby(1982)의 개념에 근거한다면 주 양육자인 어머니와 안정적인 애착을 형성한 경우 긍정적인 내적 실행 모델(internal working model)을 형성하여 늘 주 애착대상이 자신에게 반응적이고 유용하며 도움을 줄 것이라고 확신함으로 인해 다른 사람과의 관계에 긍정적인 기대를 가지게 될 것이고 그렇지 않은 경우 부정적 내적 표상을 형성할 것은 크게 다르지 않을 것이다. 그러나 우리나라에서는 이에 대한 연구가 전무하였다. 이에 본 연구에서 아동 스스로가 자기를 둘러싼 환경에 대해 느끼고 경험하며 인식하는 바 즉 아동의 내적 표상을 이야기를 통해 측정하여 아동을 이해하고자 하였다.

3) 어머니-영유아 정서적 가용성(EA)

어머니와 자녀의 관계의 질에 대한 중요성이 강조됨에 따라 관계의 질을 측정하기 위한 시도가 다양하게 시도되어 왔고, 이를 토대로 질문지에 의한 어머니의 행동과 태도를 측정하기보다는 실제 관계나 상호작용을 관찰하고 분석하는 방법이 더 효과적이라고 제시되고 있다. 즉, 어머니-영유아의 관계는 자발적인 행동이 일어나는 상황에서 상황의 전후를 고려하여 평가할 때 더 유용하다고 할 수 있다. 이에 어머니와 영유아의 관계의 질을 측정하기 위해 어머니의 행동과 영유아의 행동의 빈도수를 체크하거나 시간표집하는 방법들을 사용하였는데 이는 관계의 질적인 측면을 알아보기 어렵다(Clark, 1999).

한편, 영유아와 어머니의 상호작용에서 관찰되는 어머니의 여러 행동 중 정서사회화 행동은 특히 영유아의 사회·정서적 적응 수준과 밀접한 관계가 있어 이후 유아의 발달에 중요한 요인이다(권연희, 2002). Dumas와 LaFreniere(Dumas & LaFreniere, 1993) 연구에 의하면 사회적 적응을 잘하고 사회적 기술이 유능한 영유아의 어머니는 영유아의 행동과 정서에 맞추어 상호작용하였으며, 영유아에게 긍정적인 정서를 보이고 영유아를 훈육하거나 통제할 때도 부정적인 정서를 덜 나타내었다. 또한 사회적 기술 수준이 높은 영유아는 어머니의 긍정적인 시도에 긍정적으로 반응할 뿐만 아니라 어머니의 부정적인 시도에도 긍정적으로 반응함으로써 더 이상 부정적인 상호작용이 지속되지 않게 한다고 보고하였다. 따라서 어머니-영유아의 관계의 질은 영유아의 사회·정서적 발달에 영향을 미치는 정서적 행동 측면이 중요하다.

이에 Biringen과 동료들은(1998) 어머니와 영유아의 관계는 양방적이므로 어머니와 영유아 간의 이원체계를 하나의 분석단위로 하여 다양한 연령과 다양한 환경 내에서 상호적인 반응성과 즐거움 등 정서적인 관계의 질을 직접적으로 수량화하여 측정하는 정서적 가용성 척도(Emotional Availability Scale, 3rd edition)를 개발하였다. 이 방법은 어머니와 영유아의 상호작용 시 서로 주고받으며 갈등상황에서도 서로 조율하고 공유하는 이인체계를 평가하는 방법으로써 어머니-영유아 관계의 질을 알아보는 데 효과적이다. 어머니 정서적 가용성을 평가할 때는 단순히 반응성과 수용성만을 측정하는 것이 아니라 어머니의 적절한 반응성, 자녀 신호에 대한 정확한 인식, 타이밍, 융통성 등을 포함한다. 또한 어머니가 영유아의 놀이를 촉진시키고 비계 설정을 하는지, 영유아의 자율성을 존중하며 놀이에 적절히 개입하는지, 그리고 놀이 시 어머니의 정서적 분위기가 지루해 하거나 적대적인지 혹은 기쁜지 등을 통해 어머니의 정서적 가용성을 측정한다. 영유아의 정서적 가용성은 어머니와의 상호작용을 기뻐하는지 어머니에게 반응적이고 어머니를 자신의 놀이에 초대하는 행동을 통해서 측정한다. 이와 같이 측정된 어머니-영유아 정서적 가용성은 애착문제, 영유아의 문제행동·사회적 기술·사회적 적응 등을 결정하는 중요한 요인이 되고 있다(민현숙, 2009, 재인용).

제3장

연구방법

1. 연구대상
2. 자료수집 방법 및 절차
3. 측정도구
4. 분석 방법

제 3 장 연구방법

1. 연구대상

빈곤·방임과 영유아 발달의 관련 여부를 분석하고, 빈곤·방임과 영유아 발달의 관계를 매개하는 요인들을 규명하며, 시간의 흐름에 따른 빈곤·방임과 영유아 발달양상의 역동적 변화를 분석하는 것이 본 연구의 목적이다. 빈곤의 영향을 비교·분석하기 위하여 빈곤영유아와 일반영유아를 연구대상으로 설정하였으며, 영유아 발달양상의 역동적 변화를 분석하기 위하여 만 2세와 만 4세, 두 집단으로 연구대상을 구분하였다. 조사대상은 빈곤영유아를 정책적으로 다수 포함하고 있거나 빈곤지역에 위치하고 있는 보육시설에 재원하고 있는 영유아 중 조사를 시작한 시점인 2009년을 기준으로 만 2세와 만 4세에 해당되는 영유아로 선정하였다. 최종적으로 연구 참여에 동의하고 설문지와 개별검사 등에 응답한 영유아는 376명이며 이들 영유아와 부모가 본 연구의 대상이 되었다.

연구대상을 만 2세와 4세로 정한 이유는 본 연구가 2년 과정이므로 한 보육시설에서 생활하면서 지속적으로 관찰할 수 있는 연령으로 선택하기 위해서이다. 보육시설로 기관을 정한 이유는 비교적 용이하게 많은 수의 저소득층 자녀를 동시에 접근할 수 있다는 점 때문이다. 연구대상 모집을 위하여 2009년 1월 29일부터 7월 13일까지 빈곤영유아를 정책적으로 다수 포함하고 있거나 빈곤 지역에 위치한 어린이집을 대상으로 협조를 의뢰하고, 협조의사를 밝히는 보육시설 18개소를 먼저 선정하였다. 18개 보육시설 중 11개소는 서울시, 6개소는 경기도, 1개소는 인천시에 위치하고 있다. 이후 각각의 어린이집에 재원하고 있는 어린이 중에서 2009년 시점으로 만 2세에 해당하는 2006년 1월 1일부터 12월 31일에 출생한 영유아와 2004년 1월 1일부터 12월 31일에 출생한 만 4세 영유아의 부모 모두에게 연구 협조와 참여를 의뢰하는 안내문을 발송하였다. 마지막으로 협조의사를 밝힌 가정의 자녀를 연구대상으로 하였다.

2. 자료수집 방법 및 절차

1) 설문조사

연구에 협조하기로 자원한 어머니의 자녀들을 대상으로 설문지 조사를 실시하였다. 연구 참여 의사를 밝힌 학부모에게 2009년 5월 6일부터 28일까지 1차 설문지, 2009년 9월 2일부터 23일까지 2차 설문지를 18개 어린이집에 발송하였고 어린이집 교사를 통해 영유아의 부모에게 전달한 후, 부모가 집에서 설문에 응답한 후 다시 어린이집 교사에게 전달하도록 하였다. 시설별로 연구 참여 영유아는 6명부터 58명까지 다양하다.

영유아의 주 양육자가 응답하도록 하였으며, 1차 설문지는 일반적인 인구학적 변인 질문지와 영유아의 기질, 어머니 양육행동, 어머니 양육스트레스, 애착 등에 관한 질문으로 구성되었다. 또한 다소 예민할 수 있는 결혼만족도와 우울 질문지는 검사자들에 대한 신뢰가 쌓인 후 즉 약 6개월 이후에 2차 설문조사를 실시하도록 하였다.

1, 2차 설문조사를 통하여 376명의 영유아에 대한 자료가 수집되었다.

2) 관찰 및 1대 1 검사

연구의 1차년도의 1대 1 관찰검사는 각각의 도구에 대하여 훈련받은 전문 검사자가 영유아를 직접 대면하여 실시하거나 특정 상황에서 영유아와 어머니의 상호작용을 관찰하도록 하였다. 2009년 6월부터 10월까지 4개월에 걸쳐서 대상 영유아에 대한 개별검사인 K-WPPSI(유아지능검사), MSSB(유아 내적 표상) 검사가 실시되었다. 검사 실시 전에 12명의 검사자를 대상으로 6월 22일부터 6월 30일까지의 기간에 검사에 대한 지식, 구체적인 실시방법 등을 숙지하도록 하였으며, 실시 과정을 직접 해 보도록 훈련하였다. 훈련된 검사자들은 7월부터 9월까지 대상 영유아 중 만 4세 영유아를 대상으로 K-WPPSI, MSSB 검사를 실시하였다.

EA(어머니-영유아의 정서적 가용성)는 검사가 정확히 이루어질 수 있도록 11명의 검사자를 대상으로 2009년 9월 12일과 19일의 2차례에 걸쳐 EA 검사에 대한 지식, 구체적인 실시방법의 숙지, 예비실시 과정, EA 실시결과 평정과정을 훈련하였다. 훈련된 검사자들이 2009

년 9월부터 10월까지 영유아의 가정에 개별 방문하여 검사를 실시하였다. 검사자는 가정 방문 전에 전화를 통해 영유아의 어머님께 검사에 대한 설명을 드린 후, EA 검사를 위한 가정방문에 동의한 경우에 검사일정을 약속하고 가정방문을 통해 검사를 실시하였다. 전체 검사대상 376명 중에 155명이 검사에 동의하였으나 실제로 가정방문을 통해 검사가 이루어진 경우는 103개 가정이었다.

3) 표준화된 평정도구에 의한 검사

표준화된 평정도구를 사용한 검사인 한국판 JTCI-유아용(기질 및 성격검사)과 한국판 CBCL 1.5-5(유아행동평가척도)는 2011년 1월 21일부터 2011년 2월 10일까지 진행하였다. 이 두 개의 검사는 2009년 5월 6일부터 2011년 1월까지 진행된 모든 설문조사와 관찰조사에 참여한 영유아의 부모에게 검사의 목적과 내용을 설명하는 안내문을 보내서 부모가 검사에 동의한 영유아를 대상으로 하였고, 어린이집 교사를 통해 보호자에게 검사지를 전해 집에서 응답한 후 반송봉투에 밀봉하여 다시 어린이집 교사에게 전하도록 하였으며, 어린이집 별로 취합하여 연구진에게 전달되어 147명의 자료가 분석되었다. 연구대상자들은 만 4세, 만 6세가 되었다.

3. 측정도구

1) 기질 및 성격 측정(한국판 JTCI-유아용)

기질과 성격은 다양한 방법으로 평가되어 왔는데, 이 중 대표적인 것이 Cloninger에 의해서 개발된 기질 및 성격척도(Temperament and Character Inventory: 이하 TCI)이다. TCI는 생물심리적 요소를 감안하여 성인의 인성을 크게 7가지 요인(4개의 기질과 3개의 성격)으로 나누어 평가한다(Cloninger, Svrakic & Przybeck, 1993: 하지현 외, 2005, 재인용). 기존의 다른 인성검사들과는 달리 한 개인의 기질과 성격을 구분하여 측정할 수 있다는 장점이 있는데, 기질과 성격의 분리로 인해서 인성발달에 미친 유전적 영향과 환경적 영향을 구분하여 인성발달 과정을 이해할 수 있게 해 준다(오현숙 · 민병배 · 이주영, 2007).

1994년에 성인을 대상으로 성격장애의 발생 과정을 설명하고 진단하고 예측할 목적으로 개발된 TCI는 2000년에 Cloninger와의 협의하에 독일 프랑크푸르트 대학교의 Poustka 등에 의해 청소년에게 맞게 개정되었고(이하 JTCI: Junior Temperament and Character Inventory), 2005년에 같은 대학교의 Goth 등에 의해 성인용 단축형, 아동용, 유아용이 개발되었다. 한국판은 2004년에 JTCI가 오현숙과 민병배에 의해 표준화되었으며, 2007년에 오현숙, 민병배, 이주영에 의해 성인용, 아동용, 유아용이 개발되었다(마음사랑 홈페이지, 2012).

기존에는 유아의 종합적인 인성구조를 파악할 수 있는 평가 도구가 없었는데, JTCI는 기질과 성격을 인성을 이루는 두 개의 큰 영역으로 구분하여 측정함으로써, 개인의 타고난 속성인 기질과 그 기질을 바탕으로 발달한 성격을 동시에 구분 · 측정할 수 있어서 유용한 것으로 평가되고 있다(오현숙, 2006). 4가지 기질 척도와 3가지 성격 척도를 포함하여 총 7개 척도와 19개의 하위척도, 86개 문항으로 구성된 JTCI를 설명하면 아래와 같다(김지영 외, 2011; 오현숙, 2006; 오현숙 · 민병배 · 이주영, 2007).

(1) 기질 척도

Cloninger의 기질 차원은 행동의 세 가지 근본적인 기능, 즉 두뇌의 행동활성화, 행동유지, 행동억제를 조정하는 신경생물학적 시스템에 해당한다. 행동활성화란 새로운 자극이나 보상 신호가 있을 때 혹은 벌을 회피하고자 일어나는 시스템이며, 행동억제는 벌을 받게 될 것이라는 신호가 있거나 보상이 없을 때 작동된다. 행동유지는 한 번 보상된 행동이 강화 없이 일정 시간 동안 유지되는 경우를 의미한다.

기질의 4가지 차원은 서로 유전적 · 생물학적으로 분리되어 있고, 체형이나 머리 색깔처럼 유전적으로 타고난 것으로서, 시간이 지나도 크게 변화되지 않으며 안정적인 속성을 갖고 있고, 인성발달의 원재료이며 기본 틀이 된다.

① 자극추구(NS: Novelty Seeking)

자극추구는 흥분과 보상을 추구하는 탐색활동을 하고 처벌과 단조로움을 적극적으로 회피하는 성향을 측정한다. 두뇌의 행동활성화 시스템과 관련되며, 도파민(Dopamine)과 같은 신경전달물질의 방출과도 연관된다. 4개 하위척도, 15개 문항으로 구성되어 있다.

가. 탐색적 흥분 / 관습적 안정성

"소란스럽고 모든 일에 끼어들려 한다", "다른 아이들에 비해 가만히 앉아 있질 않는다", "쉽게 산만해진다", "흥미 있어 하던 게임이나 장난감 놀이도 하다보면 금방 싫증을 낸다" 등 4개의 문항으로 구성되어 있다.

나. 충동성 / 심사숙고

"원하는 게 있지만 당장 가질 수 없을 때, 참고 기다릴 수 있다", "어떤 일이 끝나거나 시작될 때까지 참고 기다리는 것이 매우 어렵다", "참을성이 매우 부족하다" 등 3개의 문항으로 구성되어 있다.

다. 무절제 / 절제

"원하는 것이 있으면 당장 갖고 싶어 한다", "어떤 것을 좋아하면, 만족할 줄 모르고 더 갖고 싶어 한다", "어떤 일이든 과장을 많이 하는 편이다" 등 3개의 문항으로 구성되어 있다.

라. 자유분방 / 질서정연

"같은 또래들에 비해 쉽게 성질을 내는 편이다", "사소한 일에도 쉽게 성질을 부린다", "다른 사람을 화나게 하거나 약 오르게 하는 것을 좋아한다" 등의 문항을 포함해서 모두 5개의 문항으로 구성되어 있다.

② **위험회피**(HA: Harm Avoidance)

위험회피는 처벌이나 위험이 예상될 때 이를 회피하기 위해 행동이 수동적으로 억제되며 이전에 하던 행동을 중단하는 성향을 측정하는데, 두뇌의 행동억제 시스템과 관련되며, 세로토닌(Serotonin)과 같은 신경전달물질의 방출과도 연관된다. 4개 하위척도, 16개 문항으로 구성되어 있다.

가. 예기불안 / 낙천성

"무서움을 많이 탄다", "낯선 상황에서는 부모에게서 떨어지지 않으려고 한다", "쉽게 놀란다" 등을 포함해서 모두 5개의 문항으로 구성되어 있다.

나. 불확실성에 대한 두려움

"새로운 상황에서도 별로 위축되지 않고 느긋한 편이다", "어떤 일을 실제보다 더 나쁘거나 위험한 것으로 상상한다", "비관적인 편이다" 등 3개의 문항으로 구성되어 있다.

다. 낯선 사람에 대한 수줍음

"새로운 사람을 만나는 것을 좋아한다", "수줍음이 많다", "낯선 사람과 친해지는 데 시간이 오래 걸린다" 등을 포함해서 모두 5개의 문항으로 구성되어 있다.

라. 쉽게 지침 / 활기 넘침

"피곤해도 빨리 원기를 회복한다", "쉽게 피곤해 하며, 휴식을 위해 중간에 자주 쉬고 싶어 한다", "다른 아이들에 비해 스트레스에서 더 빨리 벗어난다" 등 3개의 문항으로 구성되어 있다.

③ **사회적 민감성**(RD: Reward Dependence)

사회적 민감성은 사회적 애착에 대한 의존성에서의 개인차, 사회적 보상 신호와 타인의 감정에 대한 민감성에서의 개인차를 측정하고, 두뇌의 행동유지 시스템과 관련되며, 노어에피네프린(Norepinephrine)과 같은 신경전달물질의 방출과도 연관된다. 3개 하위척도, 12개 문항으로 구성되어 있다.

가. 정서적 감수성

"마음이 여리고 정에 약하다", "TV나 영화 속의 인물들이 보이는 기쁨이나 슬픔에 대해 동정심이 많다", "감정적으로 호소하면 아이를 설득하는 것이 쉽다", "다른 사람의 감정에 민감하다" 등 모두 4개의 문항으로 구성되어 있다.

나. 친밀감 / 거리두기

"다른 사물보다는 사람에 대한 관심이 더 많다", "다른 사람들로부터 동정심이 많다는 소리를 자주 듣는다", "아이에게는 다른 어떤 것보다 사람이 더 중요하다", "자신에게 무슨 일이 일어났고 감정이 어땠는지를 잘 이야기한다" 등 모두 4개의 문항으로 구성되어 있다.

다. 의존 / 독립

"주변 사람들로부터 확인받기를 원한다", "주변 사람들로부터 위안받기를 원한다", "다른 사람의 칭찬이나 비판에 영향을 많이 받는다", "주변 사람을 즐겁게 해 주려고 노력한다" 등 모두 4개의 문항으로 구성되어 있다.

④ **인내력**(P: Persistence)

인내력은 지속적인 강화가 없더라도 한 번 보상된 행동을 일정한 시간 동안 꾸준히 지속하려는 유전적인 경향을 측정하고 두뇌의 행동 유지 시스템과 관련된다. 2개 하위척도, 12개 문항으로 구성되어 있다.

가. 끈기

"다루기 어려운 장난감은 금방 포기해 버린다", "한 번 시작한 일은 꼭 끝마치려 한다", "한 가지 장난감을 오랫동안 가지고 논다" 등을 포함해서 모두 7개 문항으로 구성되어 있다.

나. 완벽주의 및 성취에 대한 야망

"하던 일을 끝내기 전까지는 그 일을 멈추지 않는다", "어느 정도는 완벽주의자라서, 어떤 일을 끝마칠 때까지 계속 그 일에 매달린다" 등을 포함해서 모두 5개 문항으로 구성되어 있다.

(2) 성격 척도

성격은 개인이 어떤 목표와 가치를 추구하는가, 개인이 자신을 어떤 사람으로 이해하고 동일시하는가를 포함하는 자기개념(self-concept)에서의 개인차와 관련되는데, 기질이라는 원재료를 바탕으로 환경과의 상호작용 속에서 형성되는 것으로서, 사회문화적 학습의 영향을 받으며 일생동안 지속적으로 발달한다. 성격은 3가지 척도로 구성된다.

① **자율성**(SD: Self-Directedness)

자율성은 자신이 선택한 목표와 가치를 이룰 수 있도록 상황을 만

들어 가는 능력으로서, 자기 행동에 대한 통제력·조절력·적응력과 관련되며, 성격장애 및 부적응 여부를 결정하는 중요한 요인 가운데 하나이다. 개인이 자신을 얼마나 자율적 자아로 바라보는지를 의미하는데, 자신을 '자율적 개인'으로 이해하고 동일시하는 정도를 측정한다. 2개 하위척도, 11개 문항으로 구성되어 있다.

가. 목적의식

"자기 혼자 힘으로 어떤 일을 하는 경우가 드물다", "익숙한 상황에서도 혼자서 하는 것에 자신 없어 한다", "많은 문제를 스스로 알아서 해결한다" 등을 포함해서 모두 7개 문항으로 구성되어 있다.

나. 자기수용 / 자기불만

"자신을 잘 믿지 못하는 것 같다", "자신감이 있다", "자신에 대해 만족하지 못하는 경우가 많다", "자신의 성취에 대해서 대개 만족한다" 등 모두 4개 문항으로 구성되어 있다.

② **연대감**(C: Cooperativeness)

연대감은 개인이 자신을 얼마나 사회의 일부로 바라보는지를 의미하며, 자신을 '인류 혹은 사회의 통합적 한 부분'으로 이해하고 동일시하는 정도를 측정한다. 타인을 수용하고 공감하는 데 있어서의 개인차를 보여준다. 2개 하위척도, 10개 문항으로 구성되어 있다.

가. 타인 수용

"다른 사람들에게 종종 명령을 내린다", "대장노릇을 하려 한다", "자기 방식대로만 하려고 해서 종종 싸움이 일어난다", "다른 사람의 욕구를 잘 받아들이지 못한다" 등 4개의 문항으로 구성되어 있다.

나. 공감 / 둔감

"때로 상대방을 존중하지 않고 무례하게 행동한다", "자신이 원하는 것을 얻기 위해 다른 사람을 방해하거나 침해한다", "다른 사람과 함께 하는 활동에서 제멋대로 하는 경우가 많다" 등을 포함해서 모두 7개 문항으로 구성되어 있다.

③ **자기초월**(ST: Self-Transcendence)

자기초월은 개인이 자신을 얼마나 우주의 일부로 보는지를 의미하고, 개인의 영성(spirituality)과도 관련되는데, 자신을 '우주의 통합적한 부분'으로 이해하고 동일시하는 정도를 측정한다. 2개 하위척도, 10개 문항으로 구성되어 있다.

가. 환상

"때로 독특한 복장이나 의상에 대한 공상을 한다", "다른 일은 상관도 않고 뭔가에 푹 빠져 있는 때가 많다", "눈에 보이는 듯 생생한 상상을 한다" 등을 포함해서 7개의 문항으로 구성되어 있다.

나. 영성

"죽음, 삶, 천사 등에 대한 생각을 많이 한다", "꼬마 철학자이다(가끔씩 추상적인 생각을 하는 것처럼 보인다)" 등을 포함해서 3문항으로 구성되어 있다.

(3) 신뢰도

본 연구에서 한국판 JTCI-유아용의 척도별 신뢰도는 기질척도의 자극추구의 신뢰도 계수(Cronbach's alpha) 값은 .788, 위험회피는 .785, 사회적 민감성은 .762, 인내력은 .774로 나타났고, 성격척도의 자율성은 .767, 연대감은 .772, 자기초월은 .764로 나타났다.

(4) 한국판 JTCI-유아용의 평가 방법

86개의 문항으로 유아의 기질 및 성격을 평가하도록 구성되어 있으며, 주 양육자가 설문지를 읽고 각각의 문항이 자녀와 얼마나 일치하는지를 "그렇지 않다(0점)"부터 "매우 그렇다(4점)"까지 5점 리커트 척도로 응답하도록 되어 있으며, 점수가 높을수록 유아가 해당 기질 및 성격을 많이 보임을 의미한다.

기질 척도 결과, 자극추구 요소가 높은 사람의 경우 자극적인 모험을 추구하며 낯선 장소나 상황을 탐색하는 것을 통해 흥분을 느끼고 변화를 추구하는 경향을 보이게 된다. 위험회피 요소가 높은 사람의 경우에는 조심스럽고 사려 깊으며 지나치게 비관적인 태도를 나타내게 되며, 사회적 민감성이 높은 사람의 경우 남들과 친밀한 관계를 유지하고 누군가가 자신을 거절하면 민감하게 반응하는 특징을 보이게 된다. 또한 인내력이 높은 사람의 경우 일을 할 때 좌절하거나 피곤하더라도 쉽게 동요되지 않고 잘 포기하지 않으며 고집이 세고 성공한 적이 있는 확실한 방법을 지속적으로 사용하는 경향을 보인다.

성격 척도 결과, 자율성이 높은 사람은 책임감이 강하고 신뢰할 수 있으며 자신의 목표 설정에 따라 효율적으로 행동을 조절하며 자존감이 비교적 높은 편이며, 연대감이 높은 사람의 경우는 타인의 입장을 잘 이해하고 참을성이 있으며 다른 사람과 협조적인 관계를 맺는 특징을 보인다. 마지막으로 자기 초월이 높은 사람의 경우 영적이고 창조적인 것을 가치 있게 여기며 상상력이 풍부한 특징을 보인다(장원석 · 홍성도 · 정유숙, 2006).

JTCI 검사 결과, 4개의 기질 척도와 3개의 성격 척도 각각의 점수에 따라 개인을 이해하는 개별적 평가가 가능하다. 성격 차원의 점수들의 높낮이와 조합을 고려하여, 성격의 성숙도 및 적응 수준을 평가하고 현재 개인이 드러내고 있는 성격의 특성을 이해한다. 또한 기질 차원 점수들의 높낮이와 조합을 고려해 개인이 어떤 기질 유형을 가지고 있는지 평가하며, 성격 발달의 기반이 되는 요소들을 이해한다. 기질 차원과 성격 차원의 조합을 고려해 개인의 종합적인 인성을 이해한다.

2) 심리사회적 적응 측정(한국판 CBCL 1.5-5)

본 연구에서는 한국판 CBCL 1.5-5(Child Behavior Checklist)를 통하여 영유아의 심리사회적 적응 수준을 살펴보았다. 한국판 CBCL 1.5-5는 T. Achenbach가 만 18개월에서 만 5세 사이의 영유아를 대상으로 한 행동평가를 위하여 개발하여 세계 여러 나라에서 이미 활용되고 있는 척도를 오경자와 김영아(2009)가 한국 영유아를 대상으로 표준화한 행동평가 척도이다. 부모가 영유아를 관찰하여 보고하도록 하였으며, 표준화된 척도로서 국내외 연구와 비교가 가능하며, 한국판 CBCL 1.5-5는 초등학교 취학 연령이 다소 늦는 국내 교육환경의 특징을 반영하여 만 6세 미취학 영유아도 규준을 적용할 수 있도록 조정되었다.

척도는 문제행동 증후군 척도와 전통적인 심리장애 진단체계인 DSM의 분류 기준을 활용할 수 있도록 DSM 진단 기준에 따라 문제행동 문항을 분류한 DSM 방식의 척도 5개가 추가되었다. 문제행동 증후군 척도는 7개의 척도로 구성되어 있는데, 수면 문제와 기타 문제를 제외한 나머지 척도는 다시 내재화 문제 척도와 외현화 문제척도로 구성된다. 본 연구에서 조사된 각 척도의 구성 내용은 다음과 같다(오경자 · 김영아, 2009).

(1) 문제행동 증후군 척도

① 내재화 문제 척도(internalizing problems)

소극적이고 위축된 행동, 정서불안, 신체증상 등 내면화되고 지나치게 통제된(over-controlled) 행동을 반영하는 척도로, 정서적 반응성(9문항), 불안/우울(8문항), 신체증상(11문항), 위축(8문항) 증후군 척도의 합(총 36문항)을 통해 평가한다.

가. 정서적 반응성(emotionally reactive)

"별다른 이유 없이 크게 겁에 질린다", "슬퍼했다가 신나 했다가 기분이 빨리 변한다", "늘 하던 일과에 조금이라도 변화가 생기면 불안해지고 어찌할 바를 모른다"와 같이 낯선 상황에 대한 불안, 일상생활의 변화에 대한 저항, 짜증, 걱정 등 정서적 안정성과 관련된 문항으로 구성된다.

나. 불안/우울(anxious/depressed)

"부모로부터 떨어지는 것을 매우 불안해 한다", "지나치게 겁이 많거나 불안해 한다", "마음이 쉽게 상한다" 등 날카롭게 곤두선 기분, 긴장, 스스로의 행동이나 감정표현에 대해 지나치게 의식하며 불안해하는 등 부정적인 감정과 관련된 문항들로 구성된다.

다. 신체증상(somatic complaints)

"뚜렷한 의학적 원인 없이 몸이 여기저기 아프다", "잘 안 먹는다" 등 분명한 의학적 원인이 없이 나타나는 배변곤란, 설사, 두통, 메스꺼움, 배앓이, 구토와 같은 신체적 불편감 및 불분명한 예민감과 관련된 11개의 문항으로 구성된다.

라. 위축(withdrawn)

"상대방의 눈을 쳐다보는 것을 피한다", "사람들이 말을 걸어도 대답을 잘 안 한다" 등 연령대에 기대되는 것보다 위축되고 어린 행동, 애정 표현이나 주변의 즐거운 놀이에 대한 무관심과 관련된 문항들로 구성되어 있다.

② **외현화 문제 척도**(externalizing problems)

주의력 문제, 공격적인 행동 등 통제가 부족한(under-controlled) 행동문제를 반영하는 척도로 주의집중 문제(5문항)와 공격행동(19문항) 소척도의 합(총 24문항)을 통해 평가한다.

가. 주의집중 문제(attention problems)

"집중력이 없고, 어떤 일에 오래 주의를 기울이지 못 한다", "이것하다 저것하다 행동이 금방 바뀐다" 등 안절부절 못하고 부산하게 움직이는 과잉행동, 운동신경이 둔한 것 등과 관련된 문항들로 구성된다.

나. 공격행동(aggressive behavior)

"싸움을 많이 한다", "고함을 많이 지른다" 등 타인에 대한 신체적인 공격과 기물파괴 등의 행동적인 측면 그리고 자신의 요구를 이기적이고 고집스럽게 주장하고 여의치 않을 경우 쉽게 좌절하며 반항적이 되거나 분노발작을 하는 등의 정서적 측면과 관련된 문항들로 구성된다.

③ 기타 문제 척도

가. 수면 문제

"잠들기가 어렵다", "보통 아이들보다 낮이나 밤에 잠을 적게 잔다" 등 혼자 자려하지 않고 연속적인 수면을 이루지 못하며 악몽, 잠꼬대 등으로 수면의 질이 좋지 않은 것과 관련된 7개 문항들로 구성된다.

나. 기타 문제(other problems)

증후군으로 포함되지 않은 기타 문항들이다. 예를 들어, "먹을 수 없는 것을 먹는다", "잘 운다" 등 다른 요인들에는 포함되지 않지만 유의미한 수준의 빈도로 나타나는 문제행동으로 새로운 것을 겁낸다든가 끊임없이 도움을 요구하기, 애어른처럼 행동하기, 샘내기, 이유없이 잘 다침, 과식 등의 내용이 포함된다(33문항).

④ **총 문제행동 척도**(total score)

전체 문제행동 100개 문항을 합한 것으로 전반적인 문제행동의 정도를 평가한다.

(2) DSM 방식 척도(DSM oriented scales)

① DSM **정서문제**(DSM affective problems)

"잘 운다", "잘 안 먹는다", "잠들기가 어렵다" 등 정서문제를 가진 영유아에게서 흔히 관찰되는 증상으로 구성된다(10개 문항). 외견상 전반적으로 부정적 정서가 나타나는 등 직접적으로 정서적 문제가 관찰될 수도 있지만, 주변에 무관심하고 피곤해 보이거나 움직임이 적고 느리다거나 과식을 하는 등 정서와 직접 관련이 없는 것 같은 증상에서 영유아의 정서문제가 나타날 수 있다.

② DSM **불안문제**(DSM anxiety problems)

"특정한 동물이나 상황, 장소를 두려워 한다", "별다른 이유 없이 크게 겁에 질린다" 등 전반적인 혹은 특정한 상황에서의 불안을 평가한다(10개 문항). 전반적으로 긴장되어 있고 어른에게서 떨어질 때 불안 수준이 증가하거나, 어른에게 의지하려는 경향이 강하고 혼자 자려 하지 않는 등의 의존적인 모습을 보이기도 한다.

③ DSM **전반적 발달문제**(DSM pervasive developmental problems)

"늘 하던 일에 조금이라도 변화가 생기면 불안해 하고 어찌할 바를 모른다", "다른 아이들과 잘 어울려 지내지 못 한다", "머리나 몸을 반복적으로 흔든다" 등 사회성과 언어를 비롯한 전반적인 영역에서의 발달 지연을 평가한다(13개 문항). 눈맞춤을 피하고 또래 관계가 제한적이며, 애정 표현에 무관심하거나 물건이 제자리에 있지 않으면 못 견디는 등 일상의 작은 변화를 받아들이지 못하는 경직성을 보이는 모습과 관련된다.

④ DSM **주의력결핍/과잉행동문제**(DSM attention deficit/hyperactivity problems)

"모든 것을 당장 들어줘야 하고 기다릴 줄 모른다", "이것하다 저것하다 행동이 금방 바뀐다" 등 부산하거나 일관성 없는 행동을 보이거나 한 가지 일에 주의를 집중하지 못하고, 즉각적인 욕구 충족을 원하며 만약 뜻대로 안 되면 심한 스트레스를 받는 모습으로 나타날 수 있다(6개 문항).

⑤ DSM **반항행동문제**(DSM oppositional defiant problems)

"반항적이다", "말을 안 듣는다" 등 행동으로 표현되는 적극적 폭력성, 소극적인 비협조적 행동, 전반적으로 부정적인 정서 등으로 발현될 수 있다(6개 문항). 성인이나 주도권을 가진 타인에 대해서 비협조적이고 반항적인 행동을 보이기도 하며, 물건을 부수거나 주변 사람들에 대해 적대적 행동을 하고 이기적인 행동을 하는 등의 모습으로 나타날 수 있다.

(3) 신뢰도

한국판 CBCL 1.5-5의 신뢰도는 정서적 반응성과 불안/우울의 신뢰도 계수(Cronbach's alpha) 값이 각각 .743, 신체증상이 .752, 위축이 .744, 내재화 문제가 .713으로 나타났다. 또한 주의집중 문제가 .747, 공격행동이 .718, 외현화 문제가 .710이었고, 수면 문제가 .744, 기타 문제가 .720이었으며, DSM 방식 척도 중 DSM 정서문제가 .743, DSM 불안문제가 .741, DSM 전반적인 발달문제와 DSM ADHD가 각각 .740, DSM 반항행동 문제가 .742였고, 총 문제행동은 .679로서, 총 문제행동을 제외하면 모든 척도의 신뢰도가 .7 이상인 것으로 나타났다.

(4) 한국판 CBCL 1.5-5의 평가방법

100개의 문항으로 문제행동을 평가하도록 구성되어 있으며, 각 문항에 대하여 지난 6개월 내에 영유아가 그 행동을 보였는지를 판단하여 0점(전혀 아니다), 1점(가끔 그렇다), 2점(자주 그렇다)의 3점 척도로 평가하고 있다. 7개의 증후군 척도를 구성하였고, 증후군으로 묶이지 않은 33개 문항들은 기타 문제 척도로 분류하였으며, 7개 증후군 척도 중 수면 문제를 제외한 나머지 척도는 내재화 문제행동과 외현화 문제행동으로 분류된다. 또한 전통적인 심리장애 진단체계인 DSM의 분류 기준을 활용할 수 있도록 DSM 진단기준에 따라 문제행동 문항을 분류한 DSM 진단 방식 척도 5개가 추가되었다(오경자 · 김영아, 2009).

CBCL 1.5-5에서는 T점수를 통하여 정상집단과 임상집단을 구분할 수 있다. T점수는 소척도 문항들에 대하여 0점에서 2점까지로 응답한 것을 합친 점수인 원점수들이 규준집단 내에서 얼마나 높거나 낮은 점수인지 상대적인 위치를 파악하여 의미를 부여하기 위해 환산한 점수다. 총 문제행동 및 내재화와 외현화 척도의 경우에는 T점수

64점 이상을 임상범위로, 60점 이상부터 64점 미만은 준임상범위(경계선 임상범위)로 구분하며, 각 하위척도는 보다 엄격한 규준을 적용하여 70T 이상을 임상범위로, 65T를 경계선 임상 범위의 기준으로 제시하고 있다.

3) 영유아 내적 표상(MSSB)

(1) MSSB 구성 및 진행

영유아의 내적 표상은 MSSB(영유아 내적 표상 검사)를 통하여 측정하였다. MSSB는 영유아에게 정서적으로 부담스러운 주제인 부모와 애착관계, 가족 갈등, 친구와의 갈등, 도덕적 딜레마에 대한 14개의 에피소드와 도입부(warming-up), 종결부로 구성되어 있다.

이야기 완성과제를 시작하기 전에 검사자는 실시 지침(Bretherton et al., 2003)에 따라 영유아와 놀이 상호작용을 하면서 친밀한 관계를 형성하고 이야기 완성과제의 도입부에서 영유아가 인형을 가지고 자유롭게 놀이를 하여 인형놀이에 친숙해 지도록 한다. 이야기 완성과제를 실행하기 위해서 '실제와 비슷하고 구부릴 수 있는' 아버지, 어머니, 형과 남동생(혹은 언니와 여동생), 할머니, 가게 점원, 강아지 인형을 제시하고, 이야기 진행을 위해 거실장, 부엌 및 식당 세드, 자동차, 가게 진열장, 약장 등의 소품을 사용한다.

검사자는 영유아와 함께 인형놀이를 할 것이며, 연구자가 먼저 이야기를 시작하고 영유아가 뒤를 이어서 이야기를 계속 진행하고 끝맺도록 안내하면서 이야기 완성과제를 시작한다. 소개에 이어 어머니, 아버지, 형(혹은 언니), 남동생(혹은 여동생), 할머니, 강아지로 구성된 가족이 등장하는 연습 이야기가 제시되면서 등장인형들을 소개하는데, 이때 등장인형 중 영유아 인형 2개는 영유아와 동성이다. 연습 이야기를 하면서 영유아가 검사자와 대화하기, 인형들을 만지작거리기, 등장인형 목소리로 말하기, 주제에 대해 언급하기 등을 시도하면 다음 이야기(story-stem)로 진행한다. 검사는 영유아가 제시된 에피소드에 몰입할 수 있도록 돕기 위해 인형을 살아있는 듯 움직이면서 극적인 방법으로 이야기를 제시하고, 영유아에게 다음에 어떤 일이 일어났는지 이야기해 달라고 요청한다.

채점이 되는 이야기가 시작되면 검사자는 지침에 제시된 지시문에 따라 질문하며, 한 에피소드마다 한 번의 추가질문을 할 수 있다. 혹 영유아가 검사자의 이야기 제시에 응답을 하지 않으면 충분히 기다려주고 그 후에도 아무 응답이 없으면 1회 "그 다음에는 어떤 일이 일어났을까?" 질문하여 영유아의 이야기를 끌어낸다. 이야기 완성과제의 모든 과정은 비디오 카메라로 녹화하였다.

(2) MSSB 분석방법

이야기 완성과제의 녹화된 자료를 Robinson, Homeberg와 Klute(2004)가 개발한 코딩체계에 근거하여 분석하였다. Robinson과 동료들(in press)은 MacArthur Narrative Working Group에서 Oppenheim과 동료들(1997)이 개발한 부모에 대한 표상 범주의 하위항목, Robinson과 동료들(1997)이 개발한 이야기 완성과제에서의 이야기 내용 주제, 감정반응, 이야기 일관성 범주에서의 하위항목, Warren, Mantz-Simmons 그리고 Emde(2003)가 개발한 정서 코딩 범주의 하위항목 등을 모두 포함하여 요인분석한 후 이야기 내용 주제와 수행

코드의 범주와 하위항목을 재조직하였다.

Robinson과 동료들(in press)이 재조직한 범주는 에피소드 별로 공감/온화(Empathy/Warmth), 불안(Anxiety), 회피/위축(Avoidant/Withdrawal), 조절되지 않은 공격성(Dysregulated Aggression), 그리고 정서적 통합(Emotional Integration) 범주의 하위 항목에 코딩하고, 코딩된 주제 내에서 Robinson 등(2004)의 점수체계에 의해 점수화하였다. 녹화된 자료에서 에피소드 별로 이야기의 내용 주제를 해당하는 하위항목에 코딩하고, 코딩된 주제 내에서 점수화하였는데, 각 범주별 하위항목은 〈표 3-1〉과 같다.

〈표 3-1〉 영유아의 내적 표상 이야기 내용 주제와 수행 코드의 주요 범주 및 조작적 정의

이야기 내용 주제와 수행코드범주	하위항목	조작적 정의 및 예	점수화
공감/온화 (Empathy/ Warmth)	공감/도움 (Empathy/ Helping)	등장인물 혹은 영유아가 행동을 통해 타인의 사고나 감정을 동일시하거나 이해를 드러낸다. 그리고 영유아가 희생자와 무엇인가를 공유하거나 고통을 경감시키는 행동으로 희생자를 도움으로써 희생자의 주의를 다른 것으로 돌리려는 행동을 하는 것을 포함한다.	0점: 해당 이야기 없음 1점: 반응이 적절하거나 조절된 경우 2점: 반응이 과하고 꾸민 듯 할 때
	제휴 (Affiliation)	둘 이상의 인물이 함께 활동에 참여하는 상황을 포함한다. 예: 엎질러진 주스를 아빠와 영유아가 함께 치웠다.	
	애정 (Love)	안기, 뽀뽀하기, 칭찬하기 등의 애정을 표현하는 말이나 행동을 포함한다. 예: 여행에서 돌아온 어머니가 영유아에게 뽀뽀를 해 주었다.	
	보상/ 죄의식	죄의식을 보이거나 잘못된 것을 올바르게 다시 고치려는 것	

이야기 내용 주제와 수행코드범주	하위항목	조작적 정의 및 예	점수화
	(Reparation/ Guilt)	이 포함된다. 이는 언어적일 수도 있고 비언어적일 수도 있다. 예: 약장을 열고 약을 꺼내 사용한 후, 어머니가 돌아오면 스스로 어머니에게 말하고 다시는 안 만지겠다고 말하였다.	
	긍정적인 부모표상 (Positive Parental Representation)	실제 또는 가능한 위험으로부터 자녀를 보호하고, 돌봐 주고, 달래 주고 먹여 주며 자녀의 일을 도와주는 행동을 포함한다. 예: 어머니가 자녀에게 반창고를 붙여 주었다.	0점: 해당 이야기 없음 1점: 해당 이야기 있음
불안 (Performance Anxiety)	대답 회피 (No Answer)	제시된 이야기에 대해 아예 대답을 하지 않는다. 실험자가 제시한 언어적 자극에도 대답하지 않는다.	0점: 해당 이야기 없음 1점: 해당 이야기 있음
	검사자에게 반응 없음 (No Response)	영유아가 검사자를 응시하지 않고 물건도 바로 보지 않는다. 즐거운 표현도 없고 약간의 부정적인 표현만 있다.	
	불안 행동 (Anxious Behavior)	걱정이나 우려를 나타내는 신체적인 움직임이 있다. 다리를 떨거나 몸을 흔들거나 빨기, 입술이나 물건 씹기 등과 같이 자신을 달래는 행동을 한다.	0점: 불안 행동이 없음 1점: 한 번 이상의 불안 행동이 있음 2점: 두 번 이상의 불안행동이 있음
회피/위축 (Avoidant/ Withdrawal)	자기 배제 (Exclusion Self)	주인공이 자기 자신을 활동이나 다른 사람들에게서 제외시킨다.	0점: 해당 이야기 없음 1점: 해당 이야기 있음
	이야기 반복 (Repetition)	영유아가 같은 이야기를 계속 반복하거나 이전의 에피소드를 반복하는 경우를 포함한다.	0점: 해당 이야기 없음 1점: 에피소드 내에 같은 문장을 반복함 2점: 이전 에피소드 이야기를 반복함
	주제에서 벗어나기 (Fleeing Painful Subjects)	영유아가 주제를 다루려고 하지 않거나 전혀 다른 이야기를 한다.	0점: 해당 이야기 없음 1점: 해당 이야기 있음
회피/위축 (Avoidant/ Withdrawal)	공감/도움의 수동적 거부 (Refusal of	도움이나 지원을 얻기 위해서 다른 캐릭터에게 가지만 그 캐릭터는 반응하지 않는다.	0점: 해당 이야기 없음 1점: 해당 이야기 있음

이야기 내용 주제와 수행코드범주	하위항목	조작적 정의 및 예	점수화
	Empathy/ Help Passive)	예: 친구와의 싸움으로 부모에게 도움을 요청하지만 부모는 반응하지 않는다.	
	가족 배제 (Exclusion Family)	이야기 속에서 가족을 다른 데로 보내버리는 경우이다.	
	부모와의 분리거부 (Refusal of Seperation)	영유아가 부모로부터 분리를 원하지 않는 경우에 그 소망이 이루어지든 이루어지지 않든 체크된다.	
	갑작스런 수면 (Sudden Sleep Onset)	중요한 정서적 주제/표현을 포함한 에피소드를 할 때 중반 혹은 끝에 갑자기 잠이 든다고 한다.	
	주제이탈 놀이 (Off-Topic Play)	영유아가 인형이나 소품을 가지고 놀이를 하다가 아예 조작적인 놀이에 빠져든다. 이야기 완성과제를 진행하지 않는다.	0점: 해당 이야기 없음 1점: 이야기하지 않고 하는 조작놀이 2점: 주제를 벗어난 대화를 하는 조작놀이
	해리적 행동 (Spacing Out)	멍한 표정으로 검사자를 쳐다보거나 다른 세계에 빠져 있는 듯하다.	0점: 해당 이야기 없음 1점: 해당 이야기 있음
조절되지 않은 공격성 (Dysregulated Aggression)	공격성 (Aggression)	대인 간 공격적 행위들이 포함된다. 예: 열쇠 이야기에서 부모가 서로 때린다.	0점: 해당 이야기 없음 1점: 언어적 공격성 2점: 신체적 공격성 3점: 정당한 이유 없는 비전형적 공격성 4점: 영유아가 성인에게 가하는 언어적, 신체적 폭력 5점: 누군가를 죽이거나 누군가에 의해 죽임을 당하는 경우
	개인적 상해 (Personal Injury)	한 캐릭터가 신체적으로 다치거나, 상해 받는 경우를 포함한다.	0점: 해당 이야기 없음 1점: 해당 이야기 있음
	위험 (Danger)	이야기 중에 위험스런 장면이 나오거나 그 위험이 더 악화된다.	0점: 해당 이야기 없음 1점: 제시된 이야기를 그대로 연속적으로 이야기 함 2점: 새로운 위험이 생기거나 더 악화시킴
	파괴	이야기를 하며 물건이 파괴되	0점: 해당 이야기 없음

이야기 내용 주제와 수행코드범주	하위항목	조작적 정의 및 예	점수화
	(Destruction)	는 장면을 이야기한다.	1점: 영유아가 무엇인가를 파괴함 2점: 주변 물건이 모두 파괴되면서 혼란스런 상황이 묘사됨
	부정직 (Dishonesty)	캐릭터가 거짓말을 하고, 훔치고, 속이고 하는 경우이다.	0점: 해당 이야기 없음 1점: 해당 이야기 있음
	갈등의 고조 (Escalation of Conflict)	처음 제시된 공격성 수준을 넘어 그 수준이 높아지는 경우이다.	
	부정적인 이야기 종결 (Negative Final Content)	마지막 반응이 부정적인 것뿐 아니라 중간 정도의 당황스러움이나 처벌도 포함한다.	
	부적절한 영유아의 힘 (Child Power)	영유아가 자신을 부모나 작은 어른처럼 나타내는 방식으로 상황을 해결하는 경우이다.	0점: 해당 이야기 없음 1점: 영유아가 자신을 부모나 작은 어른처럼 묘사함 2점: 영유아가 자신이 초인적인 힘을 가졌다고 묘사함
	검사자 통제 (Control)	이야기하는 동안 영유아가 검사자의 행동이나 제시를 통제하려고 시도한다.	0점: 해당 이야기 없음 1점: 해당 이야기 있음
정서적 통합 (Emotional Integration)	기쁨 (Joy)	영유아가 기쁨 혹은 즐거움을 나타내는 말을 하거나 신체적 흥분이 동반된 기쁨의 표시를 한다.	0점: 중립적인 표현을 함 1점: 부분적인 혹은 잠시 스쳐지나가는 미소만이 보임 2점: 신체적 흥분을 동반한 활발한 웃음이나 즐거운 비명 등이 포함됨
	슬픔 (Sadness)	영유아가 슬픔을 나타내는 말을 하거나 입이 쳐지면서 슬픔을 표현하거나 운다.	0점: 중립적인 표현을 함 1점: 슬픔을 뜻하는 말을 하거나 입이 아래로 쳐지는 등의 표현함 2점: 보다 강하고 지속적으로 슬픔을 표현함
	분노 (Anger)	영유아가 분노를 나타내는 말을 하거나 스타카토식의 목소리로 표현하거나 공격적인 행동을 한다.	0점: 중립적인 표현을 함 1점: 인상이 찡그려지거나 스타카토식 목소리로 이야기함 2점: 보다 긴 시간 스타카

이야기 내용 주제와 수행코드범주	하위항목	조작적 정의 및 예	점수화
			토식으로 말하고 울음을 포함하는 심한 분노를 표현함
	디스트레스 (Distress)	영유아의 목소리가 흔들리거나 위축된 모습을 보이거나 두려움을 표시한다.	0점: 중립적인 표현을 함 1점: 눈이 커지고 눈썹이 올라가는 등 약간의 두려움을 표현함 2점: 영유아의 부정적인 소리가 확장되고 격해지고 완전한 울음을 울 정도의 두려움을 표현함
	염려 (Concern)	영유아가 입을 열리고 아래를 쳐다보거나 눈살을 찌푸리는 등의 행동을 한다.	0점: 중립적인 표현을 함 1점: 얼굴 표정이 서서히 변하고 입이 살싹 열리고 비교적 짧은 시간동안 염려를 표현함 2점: 보다 긴 시간동안 염려의 표현을 함
정서적 통합 (Emotional Integration)	일관성 (Narrative Coherence)	영유아가 이야기하는 동안 논리적 순서로 문제를 다루고 얼마나 풍요롭게 이야기하는지를 본다.	0점: 반응이 없거나 "몰라요"라고 대답함 1점: 일관적이지 않고 원래의 이야기로 돌아오지 않음 2점: 주어진 주제를 이야기하지만 이야기의 한 부분이 일관되지 않고 갈등은 다루지 않음 3점: 갈등을 이해한 듯하지만 해결책을 제시하지 않으며 이야기의 종결도 하지 않음 4점: 제시된 부부을 변화시키면서 갈등을 다루나 비일관적인 선환이 있는 5점: 보다 쉬운 해결책을 제시하여 갈등을 간접적으로 다룸 6점: 최소한으로 갈등을 다루며 이야기의 한 부분이 비일관적임 7점: 최소한으로 갈등을 다루나 조각난 이야기들로 엮어짐

이야기 내용 주제와 수행코드범주	하위항목	조작적 정의 및 예	점수화
			8점: 정서적으로 약간 풍부한 이야기를 하나 이야기의 한 부분이 모순됨 9점: 정서적으로 약간 풍부한 이야기를 하나 모순되지 않음 10점: 매우 일관되고 논리적이며 정서적으로 풍부함

(3) 신뢰도

이야기 완성과제의 실시 절차와 채점을 위해 본 도구의 개발자인 JoAnn Robinson으로부터 훈련을 받은 본 연구팀의 2명의 연구자가 전체 자료 중 20%인 16개 사례에 대해 신뢰도를 적률상관계수를 이용하여 산출하였다. 전체 이야기 내용 주제와 수행 코드에 대한 관찰자간 신뢰도(r)는 .86이었다.

4) 정서적 가용성(EA)

(1) EAS의 구성 및 실시방법

어머니와 영유아의 정서적 가용성을 측정하기 위해 Biringen, Robinson 그리고 Emde(1998)가 개발한 정서적 가용성 척도(Emotional Availability Scale, 3rd edition, Infancy to Early Childhood Version: EAS)를 민현숙(2009)이 번안한 것을 사용하였다.

EA(정서적 가용성) 과제를 실시하기 위해 본 연구를 위해 훈련받은

〈표 3-2〉 정서적 가용성 과제 및 실시 방법

단계	내용	실시방법
준비 단계	구조화된 놀이	줄 긋기 놀이: 제시된 활동지를 가지고 영유아와 술 긋기 놀이를 하도록 한다.
1단계	구조화된 놀이	퍼즐 맞추기: 동일한 그림이 인쇄된 2장의 종이를 제시한다. 그 중 하나의 종이를 가위로 오려서 조각을 만들도록 한다. 영유아가 오리는 것을 어머니가 도와주어도 된다. 다 오린 조각을 나머지 동일한 그림 위에 맞추어 보도록 하고 조각이 맞으면 풀로 붙이도록 어머니가 도와준다.
2단계	비구조화된 놀이	나무블록 놀이: 자유롭게 블록 놀이를 하도록 한다.

11명의 검사자가 개별 영유아의 가정을 방문하여 먼저 어머니에게 검사 과정에 대한 간단한 지시사항을 전달한 후, 어머니와 영유아를 함께 책상에 앉힌다. 어머니와 영유아가 제시된 놀이를 하며 약 15~20분 간 상호작용하도록 안내하고 이 과정을 비디오 녹화하였다. 정서적 가용성에서 실시되는 과제는 구조화된 놀이과 비구조화된 놀이를 제시하되 영유아의 연령에 적합한 놀이를 실시하도록 한다. 본 연구에서 사용한 과제는 〈표 3-2〉와 같다.

(2) EAS의 분석 방법

EAS는 〈표 3-3〉과 같이 어머니 척도와 영유아 척도로 구분되어 있다. 어머니의 정서적 가용성을 측정하기 위한 하위 차원은 민감성(sensitivity), 구조화(structuring), 비침해(nonintrusiveness), 비적대감(non-hostility)이며 영유아의 정서적 가용성을 측정하기 위한 하위 차원은 어머니에 대한 영유아의 반응성(child responsiveness)과 영유아의 어머니 참여시키기(child involvement sith mother)로 구성되어 있다. 각 하위 차원은 어머니 민감성 9점 척도, 구조화 · 비침해 · 비적대감은 각 5

〈표 3-3〉 정서적 가용성의 분석 방법

구분	하위 차원	조작적 정의	점수 범위
어머니	민감성	어머니의 정서, 자녀와의 접근성, 인식의 명확성, 반응과 시기의 적절성, 융통성, 놀이에서의 다양성과 창의성, 자녀에 대한 수용, 상호작용의 양, 갈등해결 양상 등을 의미함.	1~9점
	구조화	영유아가 이끄는 대로 따르면서 적절히 영유아와의 놀이를 구조화하는 정도를 의미함. 어머니가 성공적으로 '비계설정과 규칙을 설정해 주고 충분히 도움을 주어서 영유아가 스스로 다음 단계로 나아갈 수 있도록 해 주는 것 등을 의미함.	1~5점
	비침해	영유아가 자신의 선호, 바램, 창의성을 표현할 수 있도록 풍부한 환경을 어머니가 제공해 주는 정도를 의미함. 영유아의 자율성을 제한하지 않고 영유아가 하고 있는 것을 간섭하거나 바꾸지 않고 영유아 스스로 할 수 있는 활동을 침해하지 않는 것 등을 의미함.	1~5점
	비적대감	어머니의 드러난 또는 은밀한 적대감의 수준을 의미함. 직접적으로 자녀에게 향하거나 향하지 않을 수 있으며, 적대감은 참을성이 없고, 불만・지루함으로 나타나며, 비적대감은 기쁨과 조화로움으로 나타남.	1~5점
영유아	반응성	상호교류에 대한 제안이나 요구에 따라 어머니에게 반응하려는 의지와 상호작용에서의 즐거움에 대한 명확한 신호를 의미함.	1~7점
	어머니 참여 시키기	놀이나 상호작용에 어머니를 참여시키는 것과 연령에 적합한 자율성 간에 적절한 균형을 유지하는 정도 그리고 자녀가 놀이에서 어머니에게 관심을 기울이고 몰입하는 정도를 의미함.	1~7점

점 척도로 평정하고 영유아의 반응성・영유아의 어머니 참여시키기는 각 7점 척도로 평정한다. 평정의 기준은 어머니나 영유아 모두 상호적으로 주고받으면서 적절히 행동하고 반응할 때 적절성의 정도에 따라 점수를 받게 된다. 그러므로 어머니와 영유아의 행동에서 상호적이지 않으면 좋은 점수를 받을 수 없다. 예를 들면 어머니가 매우 높은 민감성과 좋은 구조화 기술을 보이는 것 같아도 영유아가 어머니에게 반응하지 않으면 '공유된 정서'를 갖지 못하는 것이기 때문에

어머니는 좋은 정서적 가용성을 가졌다고 평가할 수 없다. 어머니-영유아의 정서적 가용성의 하위 차원별 조작적 정의와 점수범위는 다음과 같다.

(3) 신뢰도

어머니-영유아 간의 정서적 가용성을 분석하기 위해 신뢰도 훈련을 받은 본 연구팀의 연구자와 다른 연구자 그리고 아동학이나 아동복지를 전공한 대학원생 3명이 전체 사례 중 16개 사례에 대해 신뢰도 훈련을 하였다. 그리고 적률상관계수로 신뢰도를 산출한 결과 .83~.98이었다.

5) 빈곤

가족의 빈곤 지위를 결정하기 위해서는 가구소득에 대한 정보를 수집하였다. 가구소득에 대한 정보는 설문조사에서 조사시점을 기준으로 지난 1년간의 월평균 가구소득을 부모에게 묻는 방식으로 수집되었다. 다음으로 조사된 가구소득을 빈곤선과 비교하여 영유아의 빈곤지위를 결정하였다. 여기서 빈곤선은 가구규모를 고려하여 결정되는 것으로 본 연구에서는 정부가 매년 발표하는 해당년도 가구규모별 최저생계비 액수로 정의된다. 또한 가구소득을 해당가구의 가구규모에 적용되는 빈곤선으로 나누어 계산되는 욕구-소득비(income-to needs ratio)를 독립변수의 측정지로 이용한다. 분석모형에서는 양적변수로 측정된 욕구소득비의 영향을 추정함과 동시에, 가구소득과 영유아 발달의 비선형 관계(nonlinear relationship)의 가능성을 검증하기 위해 다양한 범주로 이루어진 질적 변수로 변환된 욕구-소득비의 영향을 추정할 것이다. 마지막으로 본 연구에서는 빈곤의 종단적 측정치로서 총 빈곤년수와 이를 범주화한 지속적 빈곤과 일시적 빈곤을 이용한다. 조사기간에 걸쳐 항상 빈곤한 가구는 지속적 빈곤층, 간헐적으로 빈곤한 가구는 일시적 빈곤층, 항상 빈곤하지 않은 가구는 비빈곤층으로 분류된다.

6) 그 외 변수

(1) 가족의 종교성 등(1차 설문지)

1차 설문지는 영유아와 가족에 대한 인구사회학적 문항, 영유아의 키와 몸무게 등 건강관련 사항, 빈곤여부를 확인하기 위한 월 평균 수입, 자녀의 기질에 관한 문항 20개, 자녀의 우울과 불안, 사회적 위축, 공격성 등과 같은 행동특성에 관한 문항 41개, 부모의 종교생활에 관한 문항 7개로 구성되었다.

이 중 가족의 종교성은 Ainlay와 Smith(1984)에 의해서 개발된 종교성 척도를 수정하여 사용하였다. 이 척도는 종교성을 공식적 종교성, 사적 종교성, 주관적 종교성을 포함하는 세 가지 하위 차원으로 구분하고 각각의 하위 차원에서의 종교성의 수준을 측정하도록 개발되었다. 이 척도는 '정기적인 종교모임(주일예배, 정기법회, 미사)에 꼭 참석한다', '비정규적 종교모임에도 참여하여 활동한다'를 포함하는 공식적 종교성 부문의 2개 문항과, '나는 집에서 종교서적(성경, 불경)을 읽는다', '나의 생활에 기도는 생활화되어 있다', '나는 종교방송(TV, 라디오)이나 종교신문, 잡지를 보기도 한다'를 포함하는 사적 종교성 부문의 3개 문항, '나의 생활에서 종교는 중요한 역할을 한다', '어렵고 힘든 일이 닥치면 종교에 의지한다'를 포함하는 주관적 종교성의 2개 문항 등 모두 7문항으로 구성되어 있다. 측정기준은 5점 리커트(Likert)형 척도로 '매우 그렇다'에 5점, '그런 편이다'에 4점, '그저 그렇다'에 3점, '그렇지 않은 편이다'에 2점, '전혀 그렇지 않다'에 1점을 부여하였다. 총점의 범위는 주관적 종교성의 경우 2점에서 10점 사이이고, 사적 종교성의 경우 3점에서 15점 사이이며, 주관적 종교성의 경우 2점에서 10점 사이이다. 전체 종교성 범위는 7점에서 35점 사이이다. 점수가 높을수록 종교성의 수준이 높음을 의미한다.

(2) 모의 특성 등(2차 설문지)

2차 설문지는 모의 우울, 모의 결혼만족도와 생활만족도, 모의 자존감, 가족이 가지고 있는 자원, 모-자녀 관계, 부모의 기질, 모와 조모의 애착, 경제적 스트레스, 부정적인 친가정 경험, 그 외 영유아의 주 양육자, 영유아가 가장 가깝게 느끼는 사람, 출생 이후 영유아가 부모와 별거했던 기간 등에 관한 문항으로 구성되었다.

먼저, 모의 우울 정도는 12문항으로 구성된 Center for Epidemiological Studies-Depression(CES-D)의 수정판을 이용하였다. 점수가 높을수록 우울증이 심함을 의미한다.

모의 결혼만족도를 측정하기 위하여 결혼생활에 대한 전반, 배우자로서의 남편, 남편과의 관계에 대한 전반적인 만족 정도를 묻는 Schumm, Jurch와 Bollman의 Kansas 결혼만족도 척도(Kansas MaritalSatisfaction Scale)를 사용하였다. KMS는 3문항으로 이루어져 있다.

각 문항은 '전혀 그렇지 않다'의 1점부터 '매우 그렇다'의 5점까지 리커트 5점 척도로 구성되고, 척도의 점수범위는 3점에서 15점까지의 범위를 가지며 점수가 높을수록 결혼만족도가 높음을 의미한다.

모의 생활만족도는 Diener(1985)에 의해 개발된 '생활만족도 척도(Satisfaction with Life Scale: SWLS)'를 사용하였다. 이 척도는 인생과 생활여건에 대한 평가, 인생의 만족감, 성취감 등에 대해 응답자의 주관적 평가를 묻는 5개 문항으로 구성되어 있다. 각 문항은 5단계 척도이며, 점수가 높을수록 생활 만족도가 높음을 의미한다.

모의 자존감은 Rosenberg(1965)의 자존감척도(Rosenberg Self-Esteem Scale: RSE)를 최정아(1996)가 번안한 것을 사용하였다. 이 척도는 긍정적 자아존중감 5문항과 부정적 자아존중감 5문항, 모두 10문항으로 이루어져 있었으나, 예비조사를 통해 신뢰도를 낮추는 부정적 자아존중감 1문항을 삭제하고 9문항을 적용하였다. 점수가 높을수록 자아존중감이 높은 것을 의미한다.

가족 자원은 McCubbin과 Comeau(1987)의 가족자원관리 척도(Family Inventory of Resources for Management Scale: FIRM)를 토대로 김오남(1998)이 작성한 척도를 사용하였다. 김오남이 작성한 척도는 가족건강성, 영유아 어머니의 시댁이나 친정으로부터의 도구적 및 정서적 지원, 재정적 자원을 묻는 총 24문항으로 구성되어 있었으나, 본 연구에서는 가족건강성을 묻는 7문항만을 사용하였다.

모-자녀 관계는 Gerard(1994)에 의해 개발된 부모-자녀관계 척도(Parent-Child Relationship Inventory: PCRI)를 수정하여 사용하였다. 하위 영역은 훈육의 어려움(5문항), 부모참여(6문항), 부모역할만족(7문항), 역할 지향(5문항)으로 구성되어 있다. 본 척도에서 높은 점수는 부모-자녀관계에서 긍정적 특성을 나타낸다. 즉 자녀 훈육에 어려움이 적고, 자녀활동에 참여도가 높으며, 부모역할에 만족하고, 직업과 가정의 역할을 병행하는 것에 대해 긍정적인 태도를 의미한다.

모와 조모의 애착은 의사소통, 신뢰감, 소외감을 하위변인으로 하며, 의사소통은 부모와 언어적 의사소통의 정도와 질을 측정하는 10개 문항으로 구성되어 있으며, 신뢰감은 정서적 욕구에 대한 부모의 반응에서 안정성을 측정하는 10개 문항으로 구성되었고, 소외감은 부모로부터 정서적 유리 또는 부모에 대한 분노를 측정하는 8개 문항으로 구성되어 있다.

4. 분석 방법

1) 기술적 현황 분석

영유아의 양육환경, 보육환경, 인지・언어・사회정서발달 등 생활실태 및 발달양상을 살펴보고, 빈곤과 방임이 영유아의 발달과 적응에 어떠한 영향을 주는지 살펴보고자 한다. 빈곤여부별로 빈곤영유아와 비빈곤영유아를 비교하고 빈곤영유아를 성별, 연령별로 구분하여 t 검증, ANOVA, 중다회귀분석 등을 활용하여 기술적 현황을 분석할 것이다. 한편 빈곤과 발달산물의 발달궤적 간의 관계나 빈곤의 장기적 유형과 발달산물과의 관계를 파악하기 위해서는 발달산물의 발달궤적이나 빈곤의 장기적 유형의 도출이 필요한데 이를 위해서는 준모수적 집단중심모형을 활용한다. 빈곤의 장단기 유형에 따른 발달산물 상의 차이도 함께 살펴본다.

2) 독립변수와 종속변수의 상관관계 분석

독립변수와 종속변수의 상관관계를 파악하기 위하여 종속변수가 범주변수 혹은 다범주 변수인 경우에는 로짓분석이나 다항로짓(multinomial logit)분석을 이용하고 연속변수인 경우에는 회귀분석을 이용한다. 각각의 종속변수에 대해 개인적 특성관련, 가족관련, 또래집단관련, 보육시설관련 변수를 독립변수로 포함하는 다양한 분석모형을 추정한다.

제4장

연구결과

1. 연구 대상자 특성
2. 가정 관련 변인 분석결과
3. 영유아 관련 변인 분석결과
4. 모와 상호작용 관련 변인 분석결과

제 4 장 연구결과

1. 연구 대상자 특성

연구 대상자 특성에서는 영유아의 빈곤여부, 성별, 연령, 키, 몸무게, 어린이집에 있지 않는 시간 동안에 영유아가 주로 누구와 함께 있는지와 영유아가 가장 가깝게 느끼는(좋아하는) 사람은 누구인지에 대해 1, 2차로 나누어 살펴보고자 한다.

먼저 영유아 376명에 대한 빈곤여부, 성별, 연령을 살펴본 결과, 빈곤여부는 비빈곤 가정의 영유아가 204명(54.3%), 빈곤 가정의 영유아가 172명(45.7%)으로 나타났다. 376명의 영유아 중 남자는 186명(49.5%), 여자는 190명(50.5%)으로 나타났으며, 2세 영유아는 165명(43.9%), 4세 영유아는 211명(56.1%)으로 나타났다.

영유아의 키와 몸무게를 출산당시, 1차, 2차로 구분하여 살펴본 결과, 출산당시 키의 평균은 50.98, 표준편차 3.76, 1차 시 키의 평균은 102.40, 표준편차 9.20, 2차의 키의 평균은 112.49, 표준편차 8.00으로 나타났다. 출산당시 몸무게의 평균은 3.25, 표준편차 0.46,

1차 몸무게의 평균은 16.59, 표준편차 3.33, 2차 몸무게의 평균은 19.73, 표준편차 3.99로 나타났다.

현재 어린이집에 있지 않는 시간 동안에 영유아가 주로 누구와 함께 있는지 살펴본 결과, 1차에서는 376명 중 어머니와 함께 있다고 응답한 경우가 133명(35.4%), 아버지는 21명(5.6%), (외)조부모 39명(10.4%), 형제자매 27명(7.2%), 혼자 1명(0.3%), 기타 4명(1.1%)으로 나타났다. 2차에서는 어머니 183명(48.4%), 아버지 42명(11.2%), (외)조부모 42명(11.2%), 형제자매 48명(12.8%), 혼자 1명(0.3%), 기타 2명(0.5%)으로 나타났다. 어린이집 이외의 시간에 대부분은 부모나

〈표 4-1〉 영유아의 빈곤여부, 성별, 연령에 대한 빈도분석

영역	구분	빈도	퍼센트
빈곤여부	비빈곤	204	54.3
	빈곤	172	45.7
성별	남자	186	49.5
	여자	190	50.5
연령	2세	165	43.9
	4세	211	56.1
총계		376	100.0

〈표 4-2〉 영유아의 키, 몸무게에 대한 기술통계

영역	구분	N	최소값	최대값	평균	표준편차
키	출산당시	251	41.0	90.0	50.98	3.76
	1차	261	79.0	130.0	102.40	9.20
	2차	198	95.0	130.0	112.49	8.00
몸무게	출산당시	313	1.6	4.7	3.25	0.46
	1차	291	11.0	33.0	16.59	3.33
	2차	218	2.0	41.0	19.73	3.99

(외)조부모 등 성인 보호자와 함께 있는 것으로 파악되었으나, 형제자매와 있다고 응답한 비율이 1차에서 7.2%, 2차 조사에서 12.8%로 나타났으며 혼자 있다고 응답한 사례도 0.3% 있어서 심각한 수준의 방임이 우려되는 아동의 비율도 낮지 않았다.

현재 영유아가 가장 가깝게 느끼는(좋아하는) 사람은 누구인지 살펴본 결과, 1차에서는 어머니 202명(53.7%), 아버지 33명(8.8%), (외)조부모 12명(3.2%), 형제자매 3명(0.8%), 아무도 없음 1명(0.3%), 기타 4명(1.1%)로 나타났다. 2차에서는 어머니 187명(49.7%), 아버지 77명(20.5%), (외)조부모 16명(4.3%), 형제자매 24명(6.4%), 아무도 없음 2명(0.5%)으로 나타났다. 1차 조사 결과와 비교하면 2차 조사에서 어머니를 가깝게 느낀다고 응답한 비율은 감소한 반면, 아버지를 가깝게 느낀다고 응답한 비율은 2배 이상 증가하였으며, 형제자매라고 응

〈표 4-3〉 현재 어린이집에 있지 않는 시간 동안에 영유아가 주로 함께 있는 사람

		어머니	아버지	(외) 조부모	형제 자매	혼자	기타	총계
1차	빈도	133	21	39	27	1	4	225
	퍼센트	35.4	5.6	10.4	7.2	0.3	1.1	
2차	빈도	183	42	42	48	1	2	318
	퍼센트	48.4	11.2	11.2	12.8	0.3	0.5	

〈표 4-4〉 현재 영유아가 가장 가깝게 느끼는(좋아하는) 사람

		어머니	아버지	(외) 조부모	형제 자매	아무도 없음	기타	총계
1차	빈도	202	33	12	3	1	4	255
	퍼센트	53.7	8.8	3.2	0.8	0.3	1.1	
2차	빈도	187	77	16	24	2	0	306
	퍼센트	49.7	20.5	4.3	6.4	0.5	0	

답한 비율도 상당히 증가하였다. 나이가 들면서 유아가 주 양육자이던 어머니 이외의 가족원으로 관계의 범위를 넓혀 가고 있는 것으로 보인다.

2. 가정 관련 변인 분석결과

영유아의 가정과 관련 변인들이 빈곤, 성별, 연령에 따라 어떠한 차이를 보이는지 살펴보기 위하여 가족 특성에서 가족경험, 가족건강성, 경제적 어려움, 가족의 종교성, 모 특성에서 모의 우울과 결혼만족도, 자아존중감, 모자 특성에서의 모-자녀 관계를 자세히 살펴보았다.

1) 빈곤

영유아의 빈곤여부에 따른 가족 특성, 모 특성, 모자 특성에 대해 살펴본 결과 가족 특성에서 가족경험, 가족건강성, 경제적 어려움, 가족의 종교성 등 모든 부분에서 빈곤여부에 따라 통계적으로 유의미한 차이가 있는 것으로 나타났으며, 모 특성에서 모의 우울과 결혼만족도, 자아존중감, 모자 특성에서는 모-자녀 관계의 훈육어려움에서 유의미한 차이가 있는 것으로 나타났다. 각 특성별로 자세히 살펴보면 아래와 같다.

(1) 가족 특성

① 가족경험

영유아의 빈곤여부에 따른 차이를 살펴본 결과 가족경험에서 유의미한 차이가 나타났다. 1차 검정결과 가족경험의 평균은 비빈곤 가족이 29.38이며, 빈곤 가정이 29.13으로 비빈곤 가정의 평균이 높았고, 이는 통계적으로도 유의미한 차이($p<.1$)인 것으로 나타났다. 2차 검정결과 가족경험의 평균은 비빈곤 가정이 29.59이며, 빈곤 가정이 29.34로 1차 검정보다 모두 높게 나타났고, 1차 검정과 마찬가지로 비빈곤 가정이 빈곤 가정보다 높았으며, 이는 통계적으로도 유의미한 차이($p<.1$)인 것으로 나타났다. 이는 시간이 흐를수록 영유아에게 부정적인 생활사건이 많이 발생한 것을 보여준다.

〈표 4-5〉 빈곤여부에 따른 가족경험

시기	영역	빈곤여부	빈도	평균	표준편차	t	자유도
1차	가족경험	비빈곤	171	29.38	1.03	1.863^{+}	277.925
		빈곤	152	29.13	1.37		
2차		비빈곤	122	29.59	.88	1.843^{+}	217.025
		빈곤	116	29.34	1.14		

+$p<.1$, *$p<.05$, **$p<.01$, ***$p<.001$

② 가족건강성

영유아의 빈곤여부에 따른 차이를 살펴본 결과 가족건강성의 1차에서만 유의미한 차이를 보였다. 1차 검정결과 가족건강성의 평균은 비빈곤 가정이 25.94, 빈곤 가정이 24.99로 비빈곤 가정이 빈곤 가정보다 높은 점수를 보였고 통계적으로도 유의미한 차이($p<.01$)를 보여 비빈곤 가정이 더 건강한 것으로 나타났다. 2차 검정결과 가족건

강성의 평균은 비빈곤 가정이 25.82, 빈곤 가정이 24.99로 비빈곤 가정이 더 건강한 것으로 나타났으나 통계적으로 유의미한 차이는 나타나지 않았다.

〈표 4-6〉 빈곤여부에 따른 가족건강성

시기	영역	빈곤여부	빈도	평균	표준편차	t	자유도
1차	가족건강성	비빈곤	172	25.94	3.95	2.924**	297.532
		빈곤	157	24.49	4.97		
2차		비빈곤	122	25.82	4.50	1.377	236
		빈곤	116	24.99	4.86		

+p<.1, *p<.05, **p<.01, ***p<.001

③ 경제적 어려움

영유아의 빈곤여부에 따라 경제적 어려움을 느끼는 데 차이가 있는지 살펴본 결과 1, 2차 모두 유의미한 차이를 보였다. 1차 검정결과 비빈곤 가정의 평균이 11.83, 빈곤 가정의 평균은 14.44였고, 2차 검정결과 경제적 어려움의 평균은 비빈곤 가정이 11.63, 빈곤 가정이 13.99로 1, 2차 모두 빈곤한 영유아 가정이 경제적으로 어려움을 경험하는 것으로 나타났으며 모두 통계적으로도 유의미한 차이

〈표 4-7〉 빈곤여부에 따른 경제적 어려움

시기	영역	빈곤여부	빈도	평균	표준편차	t	자유도
1차	경제	비빈곤	168	11.83	3.94	-4.627***	259.835
		빈곤	151	14.44	5.81		
2차		비빈곤	122	11.63	4.77	-3.557***	229.398
		빈곤	116	13.99	5.38		

+p<.1, *p<.05, **p<.01, ***p<.001

(p<.01)를 보였는데, 이는 당연한 결과라 할 수 있겠다.

④ 가족의 종교성

빈곤여부에 따른 가족 종교성의 차이를 살펴본 결과 유의미한 차이가 나타났다. 가족의 종교성을 종교성과 하위척도인 공식적 종교성, 사적 종교성, 주관적 종교성으로 나누어 살펴본 결과 1차 종교성의 평균은 비빈곤 가정이 14.62, 빈곤 가정이 17.00으로 나타났고, 2차 검정결과의 평균은 비빈곤 가정이 14.21, 빈곤 가정이 17.11로 나타났다. 이는 1차 검정과 2차 검정 모두 통계적으로 유의미한 차이(p<.05)인 것으로 나타났으며 1, 2차 모두 비빈곤 가정보다 빈곤 가정의 종교성이 높은 것으로 볼 수 있다. 그리고 비빈곤 가정의 종교성이 1차보다 2차에 소폭 하락하였으나, 빈곤 가정에서는 평균이 소폭 상승하였다.

종교성의 하위척도를 자세히 살펴보면, 1차 검정결과 공식적 종교성의 평균은 비빈곤 가정이 3.97, 빈곤 가정이 4.66으로 빈곤 가정이 더 높게 나타났고, 이는 통계적으로 유의미한 차이(p<.05)를 보였다. 2차 검정결과 공식적 종교성의 평균은 비빈곤 가정이 3.82, 빈곤 가정이 4.73으로 빈곤 가정이 더 높게 나타났고, 통계적으로도 유의미한 차이(p<.01)를 보였다. 1차 검정결과 사적 종교성의 평균은 비빈곤 가정이 5.70, 빈곤 가정이 6.72로 비빈곤 가정보다 빈곤 가정이 높게 나타났고, 통계적으로도 유의미한 차이(p<.01)인 것으로 나타났다. 2차 검정결과 사적 종교성의 평균은 비빈곤 가정이 5.56, 빈곤 가정이 6.63으로 비빈곤 가정보다 빈곤 가정이 높게 나타났고, 통계적으로도 유의미한 차이(p<.05)인 것으로 나타났다. 마지막으로 주관적 종교성의 1차 검정에서 비빈곤 가정의 평균은 4.94, 빈곤 가정의

〈표 4-8〉 빈곤여부에 따른 가족의 종교성

시기	영역		빈곤여부	빈도	평균	표준편차	t	자유도
1차	종교성		비빈곤	183	14.62	8.43	-2.493*	323.999
			빈곤	158	17.00	9.03		
	하위 척도	공식적 종교성	비빈곤	183	3.97	2.49	-2.433*	323.307
			빈곤	158	4.66	2.68		
		사적 종교성	비빈곤	183	5.70	3.43	-2.661**	339
			빈곤	158	6.72	3.66		
		주관적 종교성	비빈곤	183	4.94	2.96	-1.993*	339
			빈곤	158	5.60	3.16		
2차	종교성		비빈곤	122	14.21	8.02	-2.596*	228.739
			빈곤	116	17.11	9.13		
	하위 척도	공식적 종교성	비빈곤	122	3.82	2.33	-2.705**	224.429
			빈곤	116	4.73	2.79		
		사적 종교성	비빈곤	122	5.56	3.27	-2.350*	228.298
			빈곤	116	6.63	3.74		
		주관적 종교성	비빈곤	122	4.81	2.94	-2.326*	236
			빈곤	116	5.74	3.17		

+p<.1, *p<.05, **p<.01, ***p<.001

평균은 5.60으로 빈곤 가정이 더 높게 나타났고, 이는 통계적으로 유의미한 차이(p<.05)인 것으로 나타났다. 2차 검정에서도 비빈곤 가정의 평균은 4.81, 빈곤 가정의 평균은 5.74로 나타났고, 비빈곤 가정보다 빈곤 가정이 더 높게 나타났으며, 통계적으로 유의미한 차이(p<.05)인 것으로 나타났다. 비빈곤 가정보다 빈곤한 가정의 종교성이 높은 이유는 빈곤할수록 종교적으로 의지할 대상을 찾거나, 종교단체에서 빈곤층에게 제공되는 후원 등을 통해 종교에 접근하게 되는 것으로 보인다.

(2) 모 특성

① 모 우울

빈곤여부에 따른 어머니의 우울감의 차이를 검정한 결과 1차에서 유의미한 차이가 나타났다. 1차 검정결과 모 우울의 평균은 비빈곤 가정이 23.36, 빈곤 가정이 26.33으로 빈곤하지 않은 가정의 어머니보다 빈곤한 가정의 어머니 우울이 더 높은 것으로 나타났고, 이는 통계적으로도 유의미한 차이($p<.01$)인 것으로 나타났다. 하지만 2차 검정결과 비빈곤 가정 어머니의 평균은 24.40, 빈곤 가정 어머니의 평균은 24.00으로 빈곤 가정 어머니의 평균이 다소 낮았으나, 통계적으로 유의미한 차이를 보이지는 않았다. 1차 때 비빈곤 가정과 빈곤 가정의 모 우울은 큰 차이가 나타났으나 시간이 흐른 후 2차에서는 차이가 유의미하지 않았으며 오히려 비빈곤 가정의 모우울이 평균적으로 약간 높은 값을 보였다.

〈표 4-9〉 빈곤여부에 따른 모의 우울

시기	영역	빈곤여부	빈도	평균	표준편차	t	자유도
1차	모 우울	비빈곤	170	23.36	8.06	-3.111**	318
		빈곤	150	26.33	9.00		
2차		비빈곤	122	24.40	7.78	.371	236
		빈곤	116	24.00	8.91		

+p<.1, *p<.05, **p<.01, ***p<.001

② 모 결혼만족도

빈곤여부에 따른 모의 결혼만족도의 차이를 검정한 결과, 1차 검정결과의 결혼만족도의 평균은 비빈곤 가정은 18.05, 빈곤 가정은

17.00으로 빈곤 가정보다 비빈곤 가정의 결혼만족도가 높았고, 통계적으로 유의미한 차이($p<0.1$)가 나타났다. 2차 검정결과 역시 비빈곤 가정 모의 결혼만족도 평균이 18.07, 빈곤 가정 모의 평균이 17.61로 비빈곤 가정의 모가 결혼만족도가 더 높은 것으로 나타났으나 통계적으로 유의미한 차이를 보이지 않았다. 모의 결혼만족도의 하위척도를 자세히 살펴보면 1차 검정결과 결혼만족도의 평균은 비빈곤 가정의 모가 10.93, 빈곤 가정의 모가 10.43으로 비빈곤 가정 모의 결혼만족도가 조금 더 높았고, 통계적으로도 유의미한 차이($p<.1$)인 것으로 나타났다. 결혼만족도의 2차 검정결과 비빈곤 가정 모의 평균이 10.95, 빈곤 가정 모의 평균이 10.83으로 비빈곤 가정 모의 평균이 조금 높았으나 통계적으로 유의미한 차이가 나타나지 않았다. 생활만족도의 1차 검정은 비빈곤 가정의 평균이 7.12, 빈곤 가정의 평균이

〈표 4-10〉 빈곤여부에 따른 모의 결혼만족도

시기	영역		빈곤여부	빈도	평균	표준편차	t	자유도
1차	결혼만족도		비빈곤	172	18.05	3.35	2.722**	327
			빈곤	157	17.00	3.65		
	하위척도	결혼만족도	비빈곤	172	10.93	2.23	1.897+	327
			빈곤	157	10.43	2.51		
		생활만족도	비빈곤	172	7.12	1.40	3.627***	327
			빈곤	157	6.56	1.36		
2차	결혼만족도		비빈곤	122	18.07	3.78	.949	236
			빈곤	116	17.61	3.72		
	하위척도	결혼만족도	비빈곤	122	10.95	2.50	.380	236
			빈곤	116	10.83	2.47		
		생활만족도	비빈곤	122	7.11	1.53	1.717+	236
			빈곤	116	6.77	1.50		

+$p<.1$, *$p<.05$, **$p<.01$, ***$p<.001$

6.56으로 비빈곤 가정 모의 생활 만족도가 높았고, 이는 통계적으로도 유의미한 차이(p<.001)인 것으로 나타났다. 생활만족도의 2차 검정은 비빈곤 가정의 평균이 7.11, 빈곤 가정의 평균이 6.77로 비빈곤 가정의 생활 만족도가 조금 더 높게 나타났고, 통계적으로도 유의미한 차이(p<.1)인 것으로 나타났다.

③ 모 특성

빈곤여부에 따른 모의 특성 차이를 검정한 결과 모의 특성에서 빈곤여부에 따른 유의미한 차이는 없는 것으로 나타났다. 비빈곤 가정의 평균은 56.38, 빈곤 가정의 평균은 57.11로 비빈곤 가정보다 빈곤 가정 모의 기질이 더 부정적으로 나타났으나, 통계적으로 유의미한 차이는 없었다.

〈표 4-11〉 빈곤여부에 따른 모의 특성

영역	빈곤여부	빈도	평균	표준편차	t	자유도
모 특성	비빈곤	171	56.38	8.51	-.749	322
	빈곤	153	57.11	8.91		

+p<.1, *p<.05, **p<.01, ***p<.001

④ 모의 조모에 대한 애착

빈곤여부에 따른 모와 조모의 애착 차이를 검정한 결과, 모의 조모에 대한 애착 역시 빈곤여부에 따른 유의미한 차이가 없는 것으로 나타났다. 영유아 모의 조모에 대한 애착의 평균은 비빈곤 가정이 93.37, 빈곤 가정이 92.36으로 비빈곤 가정의 평균이 더 높게 나타났고 이는 비빈곤 가정의 모가 어머니에 대한 애착이 더 강한 것으로 보였으나, 통계적으로 유의미한 차이는 나타나지 않았다.

〈표 4-12〉 빈곤여부에 따른 모의 조모에 대한 애착

영역	빈곤여부	빈도	평균	표준편차	t	자유도
모 ippa	비빈곤	162	93.37	12.30	.737	312
	빈곤	152	92.36	12.07		

+p<.1, *p<.05, **p<.01, ***p<.001

⑤ 모의 자아존중감

빈곤여부에 따른 모의 자아존중감에 차이가 있는지를 검정한 결과, 모의 자아존중감에서 빈곤여부에 따라 유의미한 차이가 있는 것으로 나타났다. 1차 검정결과 모 자아존중감의 평균은 비빈곤 가정이 37.24, 빈곤 가정이 34.75로 비빈곤 가정의 모 자아존중감이 높게 나타났고, 이는 통계적으로도 유의미한 차이(p<.1)인 것으로 나타났다. 2차 검정결과 역시 모의 자아존중감 평균은 비빈곤 가정이 37.71, 빈곤 가정이 35.94로 비빈곤 가정 모의 자아존중감이 높게 나타났고, 이는 통계적으로도 유의미한 차이(p<.05)인 것으로 나타났다. 그리고 이러한 자아존중감은 2차 검정에서 비빈곤 가정과 빈곤 가정 모두 증가하였다.

〈표 4-13〉 빈곤여부에 따른 모의 자아존중감

시기	영역	빈곤 여부	빈도	평균	표준 편차	t	자유도
1차	모 자아존중감	비빈곤	169	37.24	5.22	3.905^{+}	324
		빈곤	157	34.75	6.26		
2차		비빈곤	121	37.71	5.85	2.310^{*}	233
		빈곤	114	35.94	5.90		

+p<.1, *p<.05, **p<.01, ***p<.001

(3) 모자 특성

① 모-자녀 관계

빈곤여부에 따른 모-자녀 관계의 차이를 검정한 결과, 모-자녀 관계에서 비빈곤 가정의 1차 평균은 68.91, 빈곤 가정의 평균은 67.30으로 비빈곤 가정이 빈곤 가정보다 더 높았으나 통계적으로 유의미한 차이는 나타나지 않았다. 그러나 이와 반대로 2차 검정에서는 비빈곤 가정의 평균이 68.09, 빈곤 가정의 평균이 69.51로 비빈곤 가정보다 빈곤 가정이 더 높게 나타났으나 2차 검정에서도 통계적으로 유의미한 차이는 나타나지 않았다. 모-자녀 관계의 하위척도를 자세히 살펴보면, 1차 검정결과 훈육의 어려움은 비빈곤 가정이 18.35, 빈곤 가정이 17.69로 통계적으로도 유의미한 차이($p<.1$)를 보였다. 이는 점수가 높을수록 훈육의 어려움이 적은 것으로 빈곤 가정에서 훈육의 어려움을 더 많이 느낀다고 볼 수 있다. 그러나 2차 검정결과 훈육의 어려움은 비빈곤 가정이 18.30, 빈곤 가정이 18.83으로 1차 검정과 달리 비빈곤 가정에서 훈육의 어려움이 더 높게 나타났으나 통계적으로 유의미한 차이는 나타나지 않았다. 1차 검정결과 부모참여의 평균은 비빈곤 가정이 18.86, 빈곤 가정이 18.37로 비빈곤 가정의 부모참여가 조금 높게 나타났으나 통계적으로 유의미한 차이는 나타나지 않았다. 2차 검정결과 부모 참여의 평균은 비빈곤 가정이 18.45, 빈곤 가정이 18.60으로 1차 검정과 달리 빈곤 가정에서 부모 참여가 더 높게 나타났으나, 통계적으로 유의미한 차이는 나타나지 않았다. 1차 검정결과 부모역할만족의 평균은 비빈곤 가정이 11.08, 빈곤 가정이 10.75로 비빈곤 가정에서 부모역할만족이 더 높게 나타났으나 통계적으로 유의미한 차이는 보이지 않았다. 2차 검정결과 부모역할

만족의 평균은 비빈곤 가정이 11.01, 빈곤 가정이 11.40으로 1차 검정과 달리 빈곤 가정의 부모역할만족이 더 높게 나타났으나 통계적으로 유의미한 차이는 보이지 않았다. 1차 검정결과 역할지향의 평균은 비빈곤 가정이 20.62, 빈곤 가정이 20.25로 비빈곤 가정에서 역할지

〈표 4-14〉 빈곤여부에 따른 모-자녀관계

시기	영역		빈곤 여부	빈도	평균	표준 편차	t	자유도
1차	모-자녀관계		비빈곤	170	68.91	9.61	1.477	321
			빈곤	153	67.30	9.97		
	하위 척도	훈육 어려움	비빈곤	171	18.35	3.33	1.776+	326
			빈곤	157	17.69	3.35		
		부모 참여	비빈곤	171	18.86	2.79	1.484	325
			빈곤	156	18.37	3.22		
		부모 역할 만족	비빈곤	172	11.08	2.26	1.292	326
			빈곤	156	10.75	2.28		
		역할 지향	비빈곤	172	20.62	3.01	1.028	311.016
			빈곤	155	20.25	3.35		
2차	모-자녀관계		비빈곤	122	68.09	8.78	-1.192	234
			빈곤	114	69.51	9.61		
	하위 척도	훈육 어려움	비빈곤	122	18.30	3.05	-1.315	234
			빈곤	114	18.83	3.13		
		부모 참여	비빈곤	122	18.45	2.74	-.404	235
			빈곤	115	18.60	2.96		
		부모 역할 만족	비빈곤	122	11.01	2.18	-1.382	235
			빈곤	115	11.40	2.18		
		역할 지향	비빈곤	122	20.31	2.97	-.920	235
			빈곤	115	20.66	3.01		

+p<.1, *p<.05, **p<.01, ***p<.001

향이 더 높게 나타났으나 통계적으로 유의미한 차이를 보이지 않았다. 2차 검정결과 역할지향의 평균은 비빈곤 가정이 20.31, 빈곤 가정이 20.66으로 1차 검정과 달리 빈곤 가정에서 역할지향이 더 높게 나타났으나 역시 통계적으로 유의미한 차이는 보이지 않았다.

전체적으로 비빈곤 가정과 빈곤 가정의 모-자녀 관계가 통계적으로 유의미한 차이를 보이지는 않았으나 1차 때 비빈곤 가정의 모-자녀 관계가 높았던 것과는 다르게, 2차 때 빈곤 가정의 모-자녀관계가 높은 것으로 나타났다.

2) 성별

영유아의 성별에 따른 가족 특성, 모 특성, 모자 특성에 대해 살펴본 결과 통계적으로 유의미한 차이를 보이는 변수는 하나도 없었다. 각 특성별로 자세히 살펴보면 아래와 같다.

(1) 가족 특성

① 가족경험

영유아의 성별에 따른 차이를 검정한 결과 가족경험에서 유의미한 차이는 없는 것으로 나타났다. 1차 검정결과 가족경험은 남자가 29.24이며 여자가 29.28로 여자영유아들이 남자영유아들보다 부정적인 생활사건을 많이 경험하는 것으로 나타났으나, 2차 검정결과에서 남자는 29.48, 여자는 29.45로 시간이 지날수록 남자영유아들이 여자영유아들보다 부정적인 생활사건을 경험하는 것으로 나타났다. 그러나 이러한 차이가 통계적으로 유의미하지 않은 것으로 나타났다.

〈표 4-15〉 영유아의 성별에 따른 가족경험

시기	영역	성별	빈도	평균	표준편차	t	자유도
1차	가족경험	남자	158	29.24	1.33	-.282	321
		여자	165	29.28	1.07		
2차		남자	113	29.48	1.10	.230	236
		여자	125	29.45	.95		

+p<.1, *p<.05, **p<.01, ***p<.001

② 가족건강성

영유아의 성별에 따른 가족건강성의 차이를 검정한 결과 유의미한 차이가 없는 것으로 나타났다. 1차 검정결과 가족건강성의 평균은 남자는 25.29이며 여자는 25.20, 2차 검정결과 남자는 25.68이며 여자는 25.18로 1, 2차 모두 여자영유아들보다 남자영유아들이 높은 점수를 보이면서 남자영유아들의 가족이 더 건강한 것으로 나타났다. 그러나 이러한 가족건강성 차이를 검정한 결과 통계적으로 유의미한 차이는 보이지 않는 것으로 나타났다.

〈표 4-16〉 영유아의 성별에 따른 가족 특성

시기	영역	성별	빈도	평균	표준편차	t	자유도
1차	가족 특성	남자	162	25.29	4.73	.174	327
		여자	167	25.20	4.32		
2차		남자	113	25.68	4.69	.816	236
		여자	125	25.18	4.69		

+p<.1, *p<.05, **p<.01, ***p<.001

③ 경제적 어려움

영유아의 성별에 따라 가족이 경험하는 경제적 어려움에 차이가 있는지 검정한 결과, 유의미한 차이가 없는 것으로 나타났다. 1차 검정결과 경제적 어려움의 평균은 남자는 12.94이며 여자는 13.19, 2차 검정결과 남자는 12.61이며 여자는 12.93으로 나타났다. 1, 2차 모두 남자영유아들보다 여자영유아들이 높은 점수를 보이면서 여자영유아들의 가족이 경제적 어려움을 더 많이 느끼는 것으로 나타났으나 영유아의 성별에 따른 경제적 어려움의 차이를 검정한 결과 통계적으로 유의미한 차이는 없는 것으로 나타났다.

〈표 4-17〉 영유아의 성별에 따른 경제적 어려움

시기	영역	성별	빈도	평균	표준편차	t	자유도
1차	경세	남자	158	12.94	5.08	-.427	317
		여자	161	13.19	5.09		
2차		남자	113	12.61	4.77	-.467	236
		여자	125	12.93	5.58		

+p<.1, *p<.05, **p<.01, ***p<.001

④ 가족의 종교성

영유아의 성별에 따른 가족 종교성의 차이를 검정한 결과 종교성 역시 유의미한 차이가 없는 것으로 나타났다. 1차 검정결과 종교성의 평균은 남자는 15.96이며 여자는 15.49, 2차 검정결과 남자는 16.07이며 여자는 15.21로 1, 2차 모두 여자영유아들보다 남자영유아들이 높은 점수를 보이면서 남자영유아들의 가족 종교성의 수준이 더 높은 것으로 나타났다. 종교성의 하위척도인 공식적 종교성의 1차 검정결과 공식적 종교성의 평균은 남자는 4.38이며 여자는 4.21로, 2차 검정결과 남자는 4.43이며 여자는 4.12로 나타났고, 사적 종교성의 1차 검정결과 사적 종교성의 평균은 남자는 6.29이며 여자는 6.06, 2차 검정결과 남자는 6.20이며 여자는 5.98로 나타났다. 또한 주관적

〈표 4-18〉 영유아의 성별에 따른 가족의 종교성

시기	영역		성별	빈도	평균	표준편차	t	자유도
1차	종교성		남자	170	15.96	8.83	.497	339
			여자	171	15.49	8.74		
	하위 척도	공식적 종교성	남자	170	4.38	2.64	.609	339
			여자	171	4.21	2.56		
		사적 종교성	남자	170	6.29	3.60	.594	339
			여자	171	6.06	3.54		
		주관적 종교성	남자	170	5.28	3.09	.216	339
			여자	171	5.21	3.05		
2차	종교성		남자	113	16.07	8.97	.765	236
			여자	125	15.21	8.43		
	하위 척도	공식적 종교성	남자	113	4.43	2.75	.928	236
			여자	125	4.12	2.45		
		사적 종교성	남자	113	6.20	3.60	.477	236
			여자	125	5.98	3.48		
		주관적 종교성	남자	113	5.44	3.18	.825	236
			여자	125	5.11	2.99		

+p<.1, *p<.05, **p<.01, ***p<.001

종교성의 1차 검정결과 주관적 종교성의 평균은 남자는 5.28이며 여자는 5.21로, 2차 검정결과 남자는 5.44이며 여자는 5.11로 1, 2차 각 척도 모두 남자영유아들이 여자영유아들보다 높은 점수를 받으면서 남자영유아들의 가족 종교성의 수준이 더 높은 것으로 나타났으나 통계적으로 유의미한 차이는 보이지 않았다.

(2) 모 특성

① 모 우울

영유아의 성별에 따른 모 우울의 차이를 검정한 결과 유의미한 차이가 없는 것으로 나타났다. 1차 검정결과 모 우울은 남자 24.46, 여자 25.03, 2차 검정결과 남자영유아의 모 우울 평균은 23.89이며 여자영유아의 모 우울 평균은 24.48로 나타났다. 1, 2차 모두 남자영유아들보다 여자영유아들의 모 우울 평균이 더 높은 것으로 나타났으나 영유아의 성별에 따른 모 우울은 통계적으로 유의미한 차이가 없는 것으로 나타났다.

〈표 4-19〉 영유아의 성별에 따른 모의 우울

시기	영역	성별	빈도	평균	표준편차	t	자유도
1차	모 우울	남자	155	24.46	9.17	-.585	318
		여자	165	25.03	8.10		
2차		남자	113	23.89	8.68	-.548	236
		여자	125	24.48	8.04		

+p<.1, *p<.05, **p<.01, ***p<.001

② 모 결혼만족도

영유아의 성별에 따른 모의 결혼만족도 차이를 검정한 결과 모의 결혼만족도에서 남녀이 유의미한 차이가 없는 것으로 나타났다. 1차 검정결과 모 결혼만족도의 평균은 남자 17.67, 여자 17.44, 2차 검정결과 남자 17.94, 여자는 17.76으로 1, 2차 모두 여자영유아들보다 남자영유아들이 높게 나타나 남자영유아들의 모 결혼만족도가 더 높은 것으로 나타났다. 결혼만족도의 하위척도인 결혼만족도는 1차 검정결과 결혼만족도의 평균은 남자는 10.77이며 여자는 10.62로, 2차 검정결과 남자는 10.96이며 여자는 10.84로 1, 2차 모두 여자영유아들보다 남자영유아들이 높은 점수를 받으면서 남자영유아들의 모 결혼만족도가 더 높은 것으로 나타났다. 모의 생활만족도 또한 1차 검정결과 생활만족도의 평균은 남자는 6.90이며 여자는 6.81로, 2차 검정결과 남자는 6.98이며 여자는 6.92로 1, 2차 모두 여자영유아들보다 남자영유아들이 높은 점수를 받으면서 남자영유아들의 모 생활만족도가 더 높은 것으로 나타났다. 그러나 1, 2차 각 척도 모두 통계적으로 유의미한 차이는 보이지 않았다.

〈표 4-20〉 영유아의 성별에 따른 결혼만족도

시기	영역		성별	빈도	평균	표준편차	t	자유도
1차	결혼만족도		남자	162	17.67	3.79	.589	327
			여자	167	17.44	3.26		
	하위척도	결혼만족도	남자	162	10.77	2.57	.544	327
			여자	167	10.62	2.18		
		생활만족도	남자	162	6.90	1.51	.557	327
			여자	167	6.81	1.30		
2차	결혼만족도		남자	113	17.94	3.94	.383	236
			여자	125	17.76	3.58		
	하위척도	결혼만족도	남자	113	10.96	2.57	.385	236
			여자	125	10.84	2.41		
		생활만족도	남자	113	6.98	1.59	.313	236
			여자	125	6.92	1.46		

+p<.1, *p<.05, **p<.01, ***p<.001

③ 모 특성

영유아의 성별에 따른 모 특성의 차이를 검정한 결과 유의미한 차이가 없는 것으로 나타났다. 모 특성의 평균은 남자가 56.69이며 여자가 56.75로 여자영유아들의 모 특성이 남자영유아들의 모 특성보다 더 부정적으로 나타났으나 통계적으로 유의미한 차이는 없는 것으로 나타났다.

〈표 4-21〉 영유아의 성별에 따른 모의 특성

영역	성별	빈도	평균	표준편차	t	자유도
모 특성	남자	158	56.69	8.83	-.065	322
	여자	166	56.75	8.59		

+p<.1, *p<.05, **p<.01, ***p<.001

④ 모의 조모에 대한 애착

영유아의 성별에 따른 차이를 검정한 결과 모의 조모에 대한 애착에서 남녀의 유의미한 차이가 없는 것으로 나타났다. 모의 조모에 대한 애착의 평균은 남자가 92.80이며 여자가 92.95로 여자영유아 모의 조모에 대한 애착이 남자영유아들보다 더 강하게 나타났으나 통계적으로 유의미한 차이는 없는 것으로 나타났다.

〈표 4-22〉 영유아의 성별에 따른 모의 조모에 대한 애착

영역	성별	빈도	평균	표준편차	t	자유도
모 ippa	남자	149	92.80	12.37	-.110	312
	여자	165	92.95	12.05		

+p<.1, *p<.05, **p<.01, ***p<.001

⑤ 모의 자아존중감

영유아의 성별에 따른 모의 자아존중감 차이를 검정한 결과 유의미한 차이는 없는 것으로 나타났다. 1차 검정결과 모의 자아존중감 평균은 남자는 36.23이며 여자는 35.87로, 2차 검정결과 남자는

37.05이며 여자는 36.68로 1, 2차 모두 여자영유아들보다 남자영유아들의 모 자아존중감이 더 높은 것으로 나타났다. 그러나 영유아의 성별에 따른 모의 자아존중감 차이를 검정한 결과 통계적으로 유의미한 차이는 보이지 않았다.

〈표 4-23〉 영유아의 성별에 따른 모의 자아존중감

시기	영역	성별	빈도	평균	표준편차	t	자유도
1차	모 자아존중감	남자	160	36.23	6.25	.547	315.410
		여자	166	35.87	5.50		
2차		남자	112	37.05	6.45	.478	233
		여자	123	36.68	5.42		

+p<.1, *p<.05, **p<.01, ***p<.001

(3) 모자 특성

① 모-자녀 관계

영유아의 성별에 따른 모-자녀 관계의 차이를 검정한 결과 유의미한 차이가 없는 것으로 나타났다. 모-자녀 관계의 평균은 1차 검정결과 남자는 67.97이며 여자는 68.32로, 남자영유아들보다 여자영유아들이 높게 나타나, 여자영유아의 모-자녀 관계가 더 좋은 것으로 나타났다. 그러나 2차 검정결과는 남자가 69.29이며 여자가 68.31로, 남자영유아들이 여자영유아들보다 더 높게 나타나면서 남자영유아들의 모-자녀 관계가 더 긍정적인 것으로 나타났다. 모-자녀 관계의 하위척도인 훈육 어려움은 1차 검정결과 남자영유아의 평균은 17.76 여자영유아의 평균은 18.29, 2차 검증결과 남자영유아의 평균은 18.52 여자영유아의 평균은 18.58로 1, 2차 모두 남자영유아들보다 여자영유아들이 높게 나타났다. 이는 어머니들이 남자영유아들보다 여자영유아들의 훈육에 어려움을 덜 느끼는 것으로 볼 수 있다. 부모참여의 1차 검정결과, 평균은 남자는 18.65이며 여자는 18.60, 2차 검정결과 남자는 18.63이며 여자는 18.43으로 1, 2차 모두 여자영유아들보다 남자영유아들이 높게 나타나 남자영유아들의 부모참여가 더 높은 것으로 나타났다. 역할지향 또한 1차 검정결과의 평균은 남자는 20.54이며 여자는 20.35, 2차 검정결과 남자영유아의 평균은

〈표 4-24〉 영유아의 성별에 따른 모-자녀관계

시기	영역		성별	빈도	평균	표준편차	t	자유도
1차	모-자녀관계		남자	157	67.97	10.54	-.321	321
			여자	166	68.32	9.08		
	하위척도	훈육 어려움	남자	161	17.76	3.49	-1.447	326
			여자	167	18.29	3.20		
		부모 참여	남자	161	18.65	3.04	.131	325
			여자	166	18.60	2.98		
		부모 역할만족	남자	161	10.88	2.42	-.301	326
			여자	167	10.96	2.13		
		역할 지향	남자	160	20.54	3.44	.522	311.790
			여자	167	20.35	2.91		
2차	모-자녀관계		남자	112	69.29	9.28	.816	234
			여자	124	68.31	9.14		
	하위척도	훈육 어려움	남자	112	18.52	3.22	-.153	234
			여자	124	18.58	2.99		
		부모 참여	남자	113	18.63	2.83	.544	235
			여자	124	18.43	2.87		
		부모 역할만족	남자	113	11.42	2.18	1.467	235
			여자	124	11.00	2.18		
		역할 지향	남자	113	20.70	2.99	1.094	233
			여자	124	20.28	2.99		

+p<.1, *p<.05, **p<.01, ***p<.001

20.70이며 여자영유아의 평균은 20.28로 1, 2차 모두 여자영유아들보다 남자영유아들이 높게 나타나면서 남자영유아들의 역할지향에 더 긍정적인 태도를 보였다. 그러나 부모역할만족은 1차 검증결과 남자는 10.88이며 여자는 10.96으로 남자영유아들보다 여자영유아들이 높게 나타나 여자영유아들의 부모역할만족이 더 높았지만, 2차 검증결과는 반대로 남자는 11.42이며 여자는 11.00으로 여자영유아들보다 남자영유아들이 높은 점수를 받으면서 남자영유아들의 부모역할만족이 더 높은 것으로 나타났다. 그러나 1, 2차 모두 성별에 따른 유의미한 차이를 보이지는 않았다.

3) 연령

영유아의 연령에 따른 가족 특성, 모 특성, 모자 특성에 대해 살펴본 결과 가족 특성이나 모 특성에서는 통계적으로 유의미한 차이가 나타나지 않았으며 모자 특성에서 모-자녀 관계의 부모역할만족에서만 1, 2차 모두 유의미한 차이를 보였다. 각 특성별로 자세히 살펴보면 아래와 같다.

(1) 가족 특성

① 가족경험

영유아의 연령에 따른 가족경험의 차이를 검정한 결과 유의미한 차이가 없는 것으로 나타났다. 1차 검증결과 가족경험의 평균은 2세가 29.38이며 4세가 29.16으로 2세 영유아 가정이 4세 영유아 가정보다 부정적인 생활사건을 많이 경험하는 것으로 나타났으나, 2차 검증결과에서 2세 영유아 가정의 가족경험 평균은 29.39이며 4세 영유아 가정의 평균은 29.52로 4세 영유아 가정이 2세 영유아 가정보다 부정적인 생활사건을 많이 경험하는 것으로 나타났다. 그러나 통계적으로 유의미한 차이는 없는 것으로 나타났다.

〈표 4-25〉 영유아 연령에 따른 가족경험

시기	영역	연령	빈도	평균	표준편차	t	자유도
1차	가족경험	2세	146	29.38	1.03	1.625	319.770
		4세	177	29.16	1.33		
2차		2세	98	29.39	1.05	-.914	236
		4세	140	29.52	1.00		

+p<.1, *p<.05, **p<.01, ***p<.001

② 가족건강성

영유아의 연령에 따른 가족건강성의 차이를 검정한 결과 유의미한 차이가 없는 것으로 나타났다. 1차 검정결과 가족경험의 평균은 2세가 25.70이며 4세가 24.88로 2세 영유아의 가정이 4세 영유아 가정보다 건강한 것으로 나타났으나, 2차 검정결과에서 2세 25.37이며 4세가 25.45로 4세 영유아 가정이 2세 영유아 가정보다 더 건강한 것으로 나타났다. 그러나 통계적으로 유의미한 차이는 없는 것으로 나

〈표 4-26〉 영유아 연령에 따른 가족건강성

시기	영역	연령	빈도	평균	표준편차	t	자유도
1차	가족건강성	2세	147	25.70	4.34	1.645	327
		4세	182	24.88	4.64		
2차		2세	98	25.37	4.34	-.117	236
		4세	140	25.45	4.93		

+p<.1, *p<.05, **p<.01, ***p<.001

타났다.

③ 경제적 어려움

영유아의 연령에 따른 경제적 어려움의 차이를 검정한 결과 유의미한 차이가 없는 것으로 나타났다. 1차 검정결과 경제적 어려움 수준의 평균은 2세 가정이 12.77이며 4세 가정이 13.31, 2차 검정결과에서 2세 가정의 평균이 12.75이며 4세 가정의 평균이 12.8로써, 전반적으로 4세 영유아 가정의 경제적 어려움이 큰 것으로 나타났지만 통계적으로 유의미한 차이는 없는 것으로 나타났다.

〈표 4-27〉 영유아 연령에 따른 경제적 어려움

시기	영역	연령	빈도	평균	표준편차	t	자유도
1차	경제	2세	144	12.77	4.77	-.938	317
		4세	175	13.31	5.32		
2차		2세	98	12.75	5.17	-.076	236
		4세	140	12.80	5.25		

+p<.1, *p<.05, **p<.01, ***p<.001

④ 가족의 종교성

영유아의 연령에 따른 가족 종교성의 차이를 검정한 결과 유의미한 차이가 없는 것으로 나타났다. 1차 검증결과 종교성의 평균은 2세 가정이 16.28이며 4세 가정이 15.26, 2차 검증결과에서 2세 가정이 15.91이며 4세 가정이 15.42로 전반적으로 2세 가정 종교성의 수준이 더 높은 것으로 나타났다. 종교성의 하위척도인 공식적 종교성의 1차 검증결과 2세는 4.40, 4세는 4.20으로 나타났고, 2차 검증결과 2세는 4.35, 4세는 4.20으로 나타났으며, 사적 종교성의 1차 검증결

〈표 4-28〉 영유아 연령에 따른 가족의 종교성

시기	영역		연령	빈도	평균	표준편차	t	자유도
1차	종교성		2세	154	16.28	9.42	1.052	305.990
			4세	187	15.26	8.21		
	하위 척도	공식적 종교성	2세	154	4.40	2.74	.719	311.752
			4세	187	4.20	2.48		
		사적 종교성	2세	154	6.45	3.82	1.278	305.768
			4세	187	5.95	3.33		
		주관적 종교성	2세	154	5.42	3.23	.918	312.886
			4세	187	5.11	2.93		
2차	종교성		2세	98	15.91	9.13	.434	236
			4세	140	15.42	8.39		
	하위 척도	공식적 종교성	2세	98	4.35	2.71	.437	236
			4세	140	4.20	2.53		
		사적 종교성	2세	98	6.26	3.71	.645	236
			4세	140	5.96	3.42		
		주관적 종교성	2세	98	5.29	3.23	.113	236
			4세	140	5.25	2.98		

+p<.1, *p<.05, **p<.01, ***p<.001

과 2세는 6.45, 4세는 5.95, 2차 검증결과 2세는 6.26, 4세는 5.96으로 나타났다. 주관적 종교성의 1차 검증결과 2세는 5.42, 4세는 5.11로, 2차 검증결과 2세는 5.29, 4세는 5.25로 1, 2차 각 척도 모두 2세 영유아 가족이 4세 영유아 가족보다 더 높게 나타나 2세 영유아 가족의 종교성 수준이 더 높은 것으로 나타났다. 그러나 통계적으로 유의미한 차이는 없는 것으로 나타났다.

(2) 모 특성

① 모의 우울

영유아의 연령에 따른 모 우울의 차이를 검정한 결과 유의미한 차이가 없는 것으로 나타났다. 1차 검정결과 모 우울의 평균은 2세가 24.67이며 4세가 24.82, 2차 검정결과에서 2세 24.27이며 4세가 24.15로 1차에서는 4세 모의 우울이 더 높게 나타났으나 2차에서는 2세 모의 우울이 더 높은 것으로 나타났다. 그러나 통계적으로 유의미한 차이는 없는 것으로 나타났다.

〈표 4-29〉 영유아 연령에 따른 모의 우울

시기	영역	연령	빈도	평균	표준편차	t	자유도
1차	우울	2세	143	24.67	8.14	-.158	318
		4세	177	24.82	9.03		
2차		2세	98	24.27	7.75	.108	236
		4세	140	24.15	8.75		

+p<.1, *p<.05, **p<.01, ***p<.001

② 모 결혼만족도

영유아의 연령에 따른 결혼만족도의 차이를 검정한 결과 유의미한 차이는 없는 것으로 나타났다. 1차 검정결과 결혼만족도의 평균은 2세가 17.85이며 4세가 17.31, 2차 검정결과에서 2세 17.64이며 4세가 17.99로 1차에서는 2세 모의 결혼만족도가 더 높게 나타났으나 2차에서는 4세 모의 결혼만족도가 더 높은 것으로 나타났다. 결혼만족도의 하위척도인 결혼만족도는 1차 검정결과 2세는 10.87, 4세는 10.55, 2차 검정결과 2세는 10.74, 4세는 11.00으로 나타났으며 1차는 2세 모, 2차는 4세 모가 결혼만족도가 높은 것으로 나타났다. 반면 생활만족도 1차 검정결과 2세는 6.97, 4세는 6.76, 2차 검정결과 2세는 6.89, 4세는 5.98로 나타나 1, 2차 모두 2세 모의 결혼만족도가 더 높은 것으로 나왔다. 그러나 통계적으로 유의미한 차이는

〈표 4-30〉 영유아 연령에 따른 모의 결혼만족도

시기	영역		연령	빈도	평균	표준편차	t	자유도
1차	결혼만족도		2세	147	17.85	3.27	1.358	327
			4세	182	17.31	3.72		
	하위 척도	결혼 만족도	2세	147	10.87	2.22	1.223	327
			4세	182	10.55	2.49		
		생활 만족도	2세	147	6.97	1.30	1.336	327
			4세	182	6.76	1.49		
2차	결혼만족도		2세	98	17.64	3.79	-.707	236
			4세	140	17.99	3.72		
	하위 척도	결혼 만족도	2세	98	10.74	2.51	-.800	236
			4세	140	11.00	2.46		
		생활 만족도	2세	98	6.89	1.57	-.435	236
			4세	140	6.98	1.49		

+p<.1, *p<.05, **p<.01, ***p<.001

없는 것으로 나타났다.

③ 모 특성

영유아의 연령에 따른 모 특성의 차이를 검정한 결과 유의미한 차이가 없는 것으로 나타났다. 1차 검정결과 모 특성의 평균은 2세가 56.43, 4세가 56.96으로 4세 모의 기질이 더 부정적인 것으로 나타났으나 통계적으로 유의미한 차이는 없는 것으로 나타났다.

〈표 4-31〉 영유아 연령에 따른 모의 특성

영역	연령	빈도	평균	표준편차	t	자유도
모 특성	2세	144	56.43	7.99	-.551	322
	4세	180	56.96	9.23		

+p<.1, *p<.05, **p<.01, ***p<.001

④ 모의 조모에 대한 애착

영유아의 연령에 따른 모의 조모에 대한 애착 차이를 검정한 결과 모의 조모에 대한 애착에서 연령의 유의미한 차이가 없는 것으로 나타났다. 모의 조모에 대한 애착의 평균은 2세가 92.54, 4세가 93.16으로 4세의 모가 부모에 대한 애착이 높은 것으로 나타났으나 통계적으로 유의미한 차이는 없는 것으로 나타났다.

〈표 4-32〉 영유아 연령에 따른 모의 조모에 대한 애착

영역	연령	빈도	평균	표준편차	t	자유도
모의 조모에 대한 애착	2세	142	92.54	13.40	-.443	312
	4세	172	93.16	11.12		

+p<.1, *p<.05, **p<.01, ***p<.001

⑤ 모의 자아존중감

영유아의 연령에 따른 모의 자아존중감 차이를 검정한 결과 유의미한 차이가 없는 것으로 나타났다. 1차 검정결과 모의 자아존중감은 2세가 36.59, 4세가 35.60이었고, 2차 검정결과에서 2세 37.34, 4세가 36.52로 1, 2차 모두 2세 모의 자아존중감이 높은 것으로 나타났다. 그러나 통계적으로 유의미한 차이는 없는 것으로 나타났다.

〈표 4-33〉 영유아 연령에 따른 모의 자아존중감

시기	영역	연령	빈도	평균	표준편차	t	자유도
1차	모 자아존중감	2세	146	36.59	6.02	1.516	324
		4세	180	35.60	5.73		
2차		2세	96	37.34	5.75	1.040	233
		4세	139	36.52	6.04		

+p<.1, *p<.05, **p<.01, ***p<.001

(3) 모자 특성

① 모-자녀 관계

영유아의 연령에 따른 모-자녀 관계의 차이를 검정한 결과 유의미한 차이가 없는 것으로 나타났다. 1차 검증결과 자녀관계는 2세가 67.97이며 4세가 68.30, 2차 검증결과 2세가 67.72이며 4세가

〈표 4-34〉 영유아 연령에 따른 모-자녀관계

시기	영역		연령	빈도	평균	표준편차	t	자유도
1차	자녀관계		2세	145	67.97	9.75	.301	321
			4세	178	68.30	9.87		
	하위척도	훈육 어려움	2세	147	17.73	3.41	-1.471	326
			4세	181	18.28	3.29		
		부모 참여	2세	146	18.83	2.96	1.110	325
			4세	181	18.46	3.04		
		부모 역할만족	2세	147	10.69	2.24	-1.674+	326
			4세	181	11.11	2.29		
		역할 지향	2세	146	20.50	3.14	.257	325
			4세	181	20.40	3.21		
2차	자녀관계		2세	98	67.72	8.64	-1.488	234
			4세	138	69.52	9.54		
	하위척도	훈육 어려움	2세	98	18.30	2.89	-1.058	234
			4세	138	18.73	3.23		
		부모 참여	2세	98	18.36	2.64	.745	235
			4세	139	18.64	2.98		
		부모 역할만족	2세	98	10.87	2.29	-1.956+	235
			4세	139	11.43	2.08		
		역할 지향	2세	98	20.17	2.93	1.348	235
			4세	139	20.70	3.02		

+p<.1, *p<.05, **p<.01, ***p<.001

69.52로 4세 모의 자녀관계가 더 높은 것으로 나타났다. 그러나 통계적으로 유의미한 차이는 없었다. 하지만 하위척도를 살펴보면 조금은 그 내용이 상이하다. 우선 자녀관계의 하위척도인 훈육 어려움은 1차 결과 2세가 17.73, 4세가 18.28이고, 2차 결과 2세가 18.30, 4세가 18.73으로 나타났으며 4세 모의 훈육 어려움의 평균이 더 높은 것으로 나타났다. 그러나 통계적으로 유의미한 차이는 없었다. 또한 부모참여는 1차 결과 2세가 18.83, 4세가 18.46이고, 2차 결과 2세가 18.36, 4세가 18.64로 나타났으며, 1차의 2세 부모와 2차의 4세 부모가 자녀활동의 참여가 더 높은 것으로 나타났다. 그러나 통계적으로 유의미한 차이는 없었다.

반면 부모역할만족에서는 1차 검증결과 2세가 10.69, 4세가 11.11, 2차 검증결과 2세가 10.87, 4세가 11.43으로 나타나 1, 2차 모두 4세 모가 부모역할에 더 만족하는 것으로 나타났으며, 통계적으로 유의미한 차이($p<.1$)가 있는 것으로 나타났다.

한편 역할지향에서는 1차 검증결과 2세가 20.50, 4세가 20.40, 2차 검증결과 2세가 20.17, 4세가 20.70으로 나타나 1차에서는 2세 모가, 4차에서는 4세 모가 직업과 가정을 병행하는 데 긍정적인 태도를 보인 것으로 나타났다. 그러나 통계적으로 유의미한 차이는 없었다.

3. 영유아 관련 변인 분석결과

2011년 1월 21일부터 2월 10일까지 전체 연구대상 376명 중 147명의 영유아를 대상으로 기질 및 성격, 심리사회적 적응에 관한 연구가 수행되었다. 1차년도 전체 연구 대상 중에는 2년 동안의 시간이 흐름에 따라 어린이집을 퇴소한 영유아가 많았다. 이들에 대해서 개별적으로 연락을 했으나 부모님의 연락처가 바뀌어 연락할 수 없었던 경우 본 연구에 참여하지 못하였다. 또한 2년간 수차례 설문조사와 관찰 및 일대일 검사 등에 참여한 이후 마지막에 실시되었기 때문에 부모님들이 연구 참여를 거부하여 응답율이 낮았던 것으로 분석된다.

2009년 1월에 처음 빈곤영유아 발달 연구를 시작할 때 만 2세와 만 4세를 대상으로 하였으므로, 이번 조사를 실시한 2011년 1월에는 만 4세와 만 6세가 되었다. 만 4세 영유아가 53명(36.1%), 만 6세 영유아가 94명(63.9%)이었으며, 전체 147명 중 남아가 75명(51.0%), 여아가 72명(49.0)이었다. 또한 각 가구의 동거가족원 수를 산정하고, 가구 월소득을 월최저생계비(2010년 기준)로 나누어 욕구소득비를 산출하고 욕구소득비가 1보다 작은 가정을 빈곤 가정, 1보다 큰 가정을 비빈곤 가정으로 설정하였다. 빈곤 가정의 영유아가 66명(44.9%), 비빈곤 가정의 영유아가 81명(55.1%)이었다.

주요 연구 결과를 정리하면 다음과 같다.

1) 영유아의 기질 및 성격

JTCI 중 기질 검사 결과, 자극추구는 평균이 17.92, 표준편차가 8.26이었다. 위험회피는 평균 23.00, 표준편차는 8.75였고, 사회적 민감성은 평균 24.46, 표준편차는 6.43이었다. 인내력은 평균이 27.87, 표준편차는 7.23이었다. 기질 검사에서는 16개 문항으로 구성되어 있는 위험회피의 점수 범위가 .00점에서 80.00으로 가장 넓었으나, 실제 평균은 인내력이 27.87로 가장 높았다.

〈표 4-35〉 기질 및 성격 검사 평균 (N=147)

	영역	평균	표준편차	최소값	최대값
기질	자극추구	17.92	8.26	4.00	47.00
	위험회피	23.00	8.75	5.00	50.00
	사회적 민감성	24.46	6.43	2.00	46.00
	인내력	27.87	7.23	8.00	45.00
성격	자율성	30.60	5.88	13.00	44.00
	연대감	27.90	6.01	6.00	39.00
	자기초월	12.18	5.82	.00	30.00

성격 검사는 자율성의 평균이 30.60, 표준편차가 5.88, 연대감의 평균은 27.90, 표준편차는 6.01, 자기초월의 평균은 12.18, 표준편차는 5.82인 것으로 나타났다.

(1) 빈곤여부별 영유아의 기질 및 성격

빈곤한 가정의 영유아와 빈곤하지 않은 가정의 영유아 간에 기질과 성격에 차이가 있는지 독립표본 차이 검정(t-test)을 통하여 살펴보았다. 자극추구 기질의 경우, 빈곤하지 않은 가정 영유아의 평균은 18.22, 빈곤한 가정 영유아의 평균은 17.55로 빈곤하지 않은 가정 영유아의 평균이 다소 높았으나 통계적으로 유의미한 차이는 아니었다. 자극추구는 흥분과 보상을 추구하는 탐색활동을 하고 처벌이나 단조로움을 적극적으로 회피하는 성향을 측정한 것인데, 빈곤하지 않은 가정의 영유아가 흥분과 보상을 추구하는 탐색활동을 하는 기질이 빈곤한 가정의 영유아보다 다소 강한 것으로 파악되었으나 통계적으로 유의미한 차이는 아니라는 것을 의미한다.

위험회피는 빈곤한 가정 영유아의 평균이 23.53으로 빈곤하지 않은 가정 영유아의 평균 22.57보다 다소 높았으나 이 영역의 평균 차이 역시 통계적으로 유의미하지는 않았다. JTCI에서 측정하는 위험회피 기질은 처벌이나 위험이 예상될 때 이를 회피하기 위해 행동이 수동적으로 억제되며 이전에 하던 행동을 중단하는 성향인데, 이것은 자극추구 기질과는 달리 빈곤한 가정의 영유아가 다소 강하게 가지고 있는 것으로 조사되었으나 역시 통계적으로 유의미한 차이를 보이지는 않았다는 것이다.

사회적 민감성 역시 빈곤하지 않은 가정 영유아의 평균이 24.84로 빈곤 가정 영유아의 평균인 24.00보다 약간 높았으나 통계적으로 유의미한 차이는 아니었다. 사회적 민감성이란 사회적 애착에 대한 의존성에서의 개인차로서, 사회적 보상 신호와 타인의 감정에 대한 민감성에서의 개인차를 측정하는 것인데, 빈곤하지 않은 가정의 영유아가 보다 사회적 애착에 의존하고 사회적 보상 신호와 타인의 감정에 민감한 것으로 조사되었으나 통계적으로 유의미한 차이는 아니었다는 것을 의미한다.

그러나 인내력은 통계적으로도 유의미한 차이를 보였는데, 빈곤하지 않은 가정 영유아의 평균이 29.11, 빈곤한 가정 영유아의 평균이 26.35였다($p<.05$). JTCI 검사에서 측정하는 인내력이란 지속적인 강화가 없더라도 한 번 보상된 행동을 일정한 시간 동안 꾸준히 지속하려는 유전적인 경향을 의미하는데, 통계적으로 유의미한 차이를 보였다. 이는 빈곤한 가정의 영유아는 빈곤하지 않은 가정의 영유아에 비해서 지속적인 강화가 없어도 이미 보상된 행동을 유지하려는 유전적인 경향을 덜 나타내고 있음을 의미한다.

또한 성격 검사 결과도 빈곤여부별로 차이가 있는 하위 영역이 있었다. 먼저, 자율성에서 빈곤하지 않은 가정 영유아의 평균은 31.36

이었는데, 빈곤한 가정 영유아의 평균은 이보다 낮은 29.67이었고 이는 유의한 차이였다(p<.10). 자율성은 자신이 선택한 목표와 가치를 이룰 수 있도록 상황을 만들어 가는 능력으로서 자기 행동에 대한 통제력, 조절력, 적응력과 관련되며, 성격장애 및 부적응 여부를 결정하는 중요한 요인이다. 자율성에 대한 빈곤의 차이를 분석한 결과에 따르면, 빈곤한 가정의 영유아는 빈곤하지 않은 가정의 영유아보다 자신이 선택한 목표와 가치를 이룰 수 있도록 상황을 만들어 가는 능력이 통계적으로 유의미하게 낮다는 것을 의미한다.

연대감 역시 유의한 차이를 나타냈는데 빈곤하지 않은 가정 영유아의 평균은 27.04였고, 빈곤한 가정 영유아의 평균은 28.95로 빈곤한 가정 영유아의 평균이 높았다. 연대감이란 개인이 자신을 얼마나 사회의 일부로 바라보는지를 의미하며, 자신을 '인류 혹은 사회의 통합적 한 부분'으로 이해하고 동일시하는 정도를 측정한 것인데, 본 조사 결과에 따르면 빈곤한 가정의 영유아들이 빈곤하지 않은 가정의 영유아보다 자신을 사회의 일부로 바라보는 성격적 측면이 보다 강하다는 것으로 분석된다.

자기초월은 빈곤하지 않은 가정 영유아의 평균이 12.57, 빈곤한 가정 영유아의 평균이 11.70이었으나 유의한 차이는 아니었다. 자기초월은 개인이 자신을 얼마나 우주의 일부로 보는지를 의미하는데 유아용 검사에서는 자기초월 결과가 낮은 유아는 놀이나 게임을 할 때 아이디어나 상상력이 적으며 어떤 일에 심취하는 일이 별로 없거나 어떤 일에 몰입하기보다는 현실적 관계를 잘 따지거나 눈에 보이지 않는 세계에 대해서 별로 관심을 보이지 않고 보다 더 현실적이고 실제적인 주제에 관심을 갖는다는 것을 의미하는데 본 조사결과에서 빈곤아동이 다소 낮은 결과를 보였으나 유의미한 차이는 아니었다.

〈표 4-36〉 빈곤여부별 영유아의 기질 및 성격

	영역	빈곤여부	빈도	평균	표준편차	t	자유도
기질	자극추구	비빈곤	81	18.22	8.31	.493	145
		빈곤	66	17.55	8.24		
	위험회피	비빈곤	81	22.57	7.57	-.662	145
		빈곤	66	23.53	10.04		
	사회적 민감성	비빈곤	81	24.84	6.73	.786	145
		빈곤	66	24.00	6.07		
	인내력	비빈곤	81	29.11	6.48	2.338*	145
		빈곤	66	26.35	7.85		
성격	자율성	비빈곤	81	31.36	5.08	1.748+	145
		빈곤	66	29.67	6.65		
	연대감	비빈곤	81	27.04	6.15	-1.902+	145
		빈곤	66	28.95	5.70		
	자기초월	비빈곤	81	12.57	6.04	.902	145
		빈곤	66	11.70	5.54		

+<.10, *p<.05, **p<.01, ***p<.001

빈곤여부에 따라 영유아의 기질과 성격에 차이가 있는지 조사한 결과를 정리하면, 영유아의 기질 중 지속적인 강화가 없더라도 한 번 보상된 행동을 일정한 시간 동안 꾸준히 지속하려는 유전적 경향을 의미하는 인내력이 빈곤하지 않은 가정 영유아보다 빈곤한 가정 영유아에게 부족한 것으로 파악되었고, 성격 차원 중에는 자신이 선택한 목표와 가치를 이룰 수 있도록 상황을 만들어 가는 능력인 자율성 역시 빈곤한 가정 영유아가 다소 낮은 것으로 나타났다. 하지만 개인이 자신을 얼마나 사회의 일부로 바라보는지를 의미하는 연대감은 빈곤한 가정 영유아가 다소 높았다.

(2) 연령별 영유아의 기질 및 성격

연령별로 영유아의 기질 및 성격에 차이가 있는지도 독립표본 차이 검정(t-test)을 통하여 살펴본 결과, 4세 영유아와 6세 영유아 간에 기질과 성격의 하위척도별로 유의한 차이를 보인 영역이 있었다. 기질 중에는 자극추구의 평균이 4세는 19.70, 6세는 16.91로 4세 영유아의 평균이 유의하게 높았으며(p<.05), 사회적 민감성 역시 4세 영유아의 평균이 유의하게 높았는데, 4세 영유아의 사회적 민감성 평균은 25.83이었고 6세 영유아의 평균은 23.69였다(p<.10). 이는 4세보다 6세 유아들이 흥분과 보상을 추구하는 탐색활동을 하는 특성이나 처벌과 단조로움을 적극적으로 회피하는 특성이 낮으며, 사회적

〈표 4-37〉 연령별 영유아의 기질 및 성격

	영역	연령구분	빈도	평균	표준편차	t	자유도
기질	자극추구	4세	53	19.70	8.55	1.981*	145
		6세	94	16.91	7.96		
	위험회피	4세	53	23.42	9.31	.431	145
		6세	94	22.77	8.46		
	사회적 민감성	4세	53	25.83	7.63	1.954+	145
		6세	94	23.69	5.54		
	인내력	4세	53	27.62	7.96	-.311	145
		6세	94	28.01	6.83		
성격	자율성	4세	53	30.36	6.35	-.371	145
		6세	94	30.73	5.62		
	연대감	4세	53	26.49	5.59	-2.160*	145
		6세	94	28.69	6.11		
	자기초월	4세	53	13.42	5.88	1.957+	145
		6세	94	11.48	5.69		

+<.10, *p<.05, **p<.01, ***p<.001

보상 신호와 타인의 감정에 대한 민감성도 낮음을 의미한다.

성격 검사에서도 자율성에서는 연령별 평균차이가 유의하지 않았으나, 연대감과 자기초월은 유의한 차이를 보였다. 연대감의 평균은 4세는 26.49, 6세는 28.69로 6세 영유아가 높았으며($p<.05$), 자기초월은 4세가 13.42, 6세가 11.48로 4세 영유아의 평균이 높았다($p<.10$). 조사 결과에 따르면, 6세 영아가 보다 더 자신을 사회의 일부로 보는 특성을 보이지만, 자신을 우주의 일부로 보는 특성은 낮은 것으로 해석된다.

연령에 따른 차이에 관해서는 본 연구 결과와는 달리, 연령이 높을수록 자극추구와 자기초월이 높아지고 위험회피는 낮아진다고 보고된 바 있다(Luby, et al., 1999; 하지현 외, 2005, 재인용). 본 연구는 두 살 정도의 차이를 분석한 것이어서 선행연구 결과와 다른 결과를 보였을 수도 있으며, 이에 대해서는 후속 연구가 필요하다.

(3) 성별 영유아의 기질 및 성격

성별로 영유아의 기질 및 성격에 차이가 있는지 독립표본 차이 검정(t-test)을 실시한 결과 역시, 기질 및 성격의 하위 영역별로 차이가 있는 영역이 있었다. 자극추구와 인내력은 남아의 평균이 여아보다 다소 높았으나 통계적으로 유의한 차이는 아니었다. 그러나 위험회피와 사회적 민감성의 평균 차이는 유의했는데, 위험회피는 남아의 평균은 21.51, 여아의 평균은 24.56으로 여아가 유의하게 높았다($p<.05$). 사회적 민감성 역시 남아의 평균보다 여아의 평균이 유의하게 높았는데, 남아의 평균은 23.33이었고 여아의 평균은 25.64였다($p<.05$). 이는 남아보다는 여아가 처벌이나 위험이 예상될 때 이를

회피하기 위해 행동을 수동적으로 억제하며 이전에 하던 행동을 중단하는 성향이 강하며, 사회적 보상 신호와 타인의 감정에 대한 민감성이 높다는 것을 의미한다.

영유아의 기질에 관한 성별 차이에 관해서는 남아는 자극추구, 인내력, 자율성 척도에서 여아보다 높았고, 여아는 위험회피, 자기초월에서 남아에 비해 높았으나 통계적 유의성은 없다는 연구(김지영 외, 2011)도 있고, 자극추구는 남아가, 사회적 민감성은 여아가 통계적으로 유의하게 높았다고 보고한 연구(이정숙 · 문보경, 2010)도 있다. 대체로 학령전기 여아가 사회적 민감성이 남아보다 높은 것은 일관되게 보고되고 있고(Constantino et al., 2002; 박진균 외, 2004; 하지현 외, 2005), 이는 본 연구 결과와도 일치한다. 자극추구의 경우, 본 연구에서도 남아의 평균이 높았으나 유의한 수준은 아니었고, 위험회피는 본 연구와 마찬가지로 성인 여성에서 높은 것으로 보고된 연구가 있다(Sung, et al., 2002; 하지현 외, 2005, 재인용).

성격의 하위영역 중에는 자기초월에서만 성별로 유의한 차이가 있었다($p<.10$). 남자의 평균은 11.32였으나 여아의 평균은 이보다 높은 13.07이었다. 남아보다 여아가 더 영적이고 창조적인 것을 가치 있게 여기며 상상력이 풍부하다고 볼 수 있다. 이는 선행연구와도 일치하는 결과이다(김지영 외, 2011; 하지현 외, 2005). 자율성의 경우, 본 연구에서는 남아의 평균이 다소 높게 나타났으나 유의하지는 않았고, 이는 김지영 등의 연구(2011)와는 일치하지만, 초등학교 고학년을 대상으로 한 하지현 등(2005)은 여아가 남아보다 높다고 보고한 바 있는 등 일관성 있는 결과를 보이지 않고 있다.

본 연구결과에 따르면, 남아보다는 여아가 처벌이나 위험이 예상될 때 이를 회피하기 위해 행동을 수동적으로 억제하며 이전에 하던 행

〈표 4-38〉 성별 영유아의 기질 및 성격

	영역	성별	빈도	평균	표준편차	t	자유도
기질	자극추구	남자	75	18.49	9.34	.861	145
		여자	72	17.32	6.98		
	위험회피	남자	75	21.51	8.74	-2.137*	145
		여자	72	24.56	8.55		
	사회적 민감성	남자	75	23.33	5.46	-2.201*	145
		여자	72	25.64	7.16		
	인내력	남자	75	28.49	7.15	1.066	145
		여자	72	27.22	7.32		
성격	자율성	남자	75	30.92	6.07	.675	145
		여자	72	30.26	5.69		
	연대감	남자	75	27.52	6.58	-.778	145
		여자	72	28.29	5.36		
	자기초월	남자	75	11.32	5.16	-1.838+	145
		여자	72	13.07	6.35		

+<.10, *p<.05, **p<.01, ***p<.001

동을 중단하는 성향이 강하며, 사회적 보상 신호와 타인의 감정에 대한 민감성이 높았으며, 성격적인 측면에서도 여아가 더 영적이고 창조적인 것을 가치 있게 여기며 상상력이 풍부한 것으로 파악되었다.

2) 영유아의 심리사회적 적응 수준

각 영역별로 한국판 CBCL 1.5-5의 조사결과를 정리하면 다음과 같다.

(1) 문제행동 증후군

① 내재화 문제

소극적이고 위축된 행동, 정서불안, 신체증산 등 내면화되고 지나치게 통제된 행동을 반영하는 척도인 내재화 문제의 원점수 범위는 0점부터 72점인데, 본 조사에서는 평균 6.59, 표준편차는 5.25였고, 최소 0점부터 최대 28점으로 분포되어 있었다. 정서적 반응성의 평균은 1.88, 표준편차는 1.97이었으며, 불안/우울은 평균 2.35, 표준편차 1.87이었다. 신체증상의 평균은 1.04, 표준편차는 1.24였고, 위축은 평균 1.31, 표준편차는 1.76이었다. 이는 한국판 CBCL 1.5-5 규준집단의 척도별 평균과 비교하면 다소 낮은 결과이다. 참고로 규준집단에서는 정서적 반응성의 평균은 2.44, 불안/우울은 2.85, 신체

〈표 4-39〉 내재화 문제 원점수 평균 (N=147)

영역	평균	표준편차	최소값	최대값
1. 정서적 반응성	1.88	1.97	.00	10.00
2. 불안/우울	2.35	1.87	.00	9.00
3. 신체증상	1.04	1.24	.00	6.00
4. 위축	1.31	1.76	.00	11.00
내재화	6.59	5.25	.00	28.00

〈표 4-40〉 내재화 문제 정상군과 임상군 비율 (N=147)

영역	평균	표준편차	정상군	준임상군	임상군
1. 정서적 반응성	52.83	4.52	140명(95.2%)	6명(4.1%)	1명(.1%)
2. 불안/우울	52.56	4.42	141명(95.9%)	5명(3.4%)	1명(.1%)
3. 신체증상	51.98	3.91	138명(93.9%)	9명(6.1%)	-
4. 위축	52.69	5.30	135명(91.8%)	8명(5.4%)	4명(2.7%)
내재화	47.14	8.72	135명(91.8%)	6명(4.1%)	6명(4.1%)

증상은 1.67, 위축은 1.68, 내재화 문제의 평균은 8.64로 보고되었다(오경자 · 김영아, 2009; 40).

조사 대상 147명을 T점수로 정상군과 임상군을 분류한 결과, 전체 147명 중 내재화 문제 전체는 91.8%인 135명이 정상군에 속하였으며, 준임상군과 임상군이 각각 4.1%인 6명씩 속하는 것으로 나타났다. 참고로 90% 정도가 초등학생이며, 60% 정도가 빈곤 가정의 아동인 전국 지역아동센터 이용 아동, 2,000명을 대상으로 한 CBCL 조사에서는 불안/우울 문제가 있는 것으로 추측되는 임상군의 비율이 12.3%나 되는 것으로 보고된 바 있으며, 대체로 모든 사회에서 임상군의 비율은 5~10% 정도라고 설명하고 있다(이태수 외, 2008, 304-305).

② 외현화 문제

주의집중 문제와 공격행동으로 살펴본 외현화 문제의 평균은 6.23, 표준편차는 5.86으로 나타났으며, 원점수는 0점부터 48점인데, 조사

〈표 4-41〉 외현화 문제 원점수 평균 (N=147)

영역	평균	표준편차	최소값	최대값
1. 주의집중 문제	1.14	1.50	.00	6.00
2. 공격행동	5.49	4.84	.00	26.00
외현화	6.23	5.86	.00	32.00

〈표 4-42〉 외현화 문제 정상군과 임상군 비율 (N=147)

영역	평균	표준편차	정상군	준임상군	임상군
1. 주의집중 문제	53.00	5.09	141명(95.9%)	4명(2.7%)	2명(1.4%)
2. 공격행동	52.79	5.10	141명(95.9%)	3명(2.0%)	3명(2.0%)
외현화	47.36	9.91	133명(90.5%)	5명(3.4%)	9명(6.1%)

결과 본 연구에서는 최소 0점, 최대 32점으로 분포되었다. 주의집중 문제의 평균은 1.14, 표준편차는 1.50이었으며, 공격행동의 평균은 5.49, 표준편차는 4.84였다. 외현화 문제 역시 한국판 CBCL 1.5-5의 규준 집단 평균과 비교하면 상대적으로 낮은 것으로 나타났다. 규준 집단의 경우, 주의집중 문제의 평균은 1.54, 공격행동의 평균은 7.12, 외현화 문제의 평균은 8.66으로 보고되었다(오경자 · 김영아, 2009; 40).

외현화 문제 전체의 경우, 정상군은 90.5%인 133명이었고, 준임상군이 3.4%인 5명, 임상군이 6.1%인 9명인 것으로 나타났다. 하위 척도인 주의집중 문제의 경우에는 정상군이 95.9%인 141명이었으며, 준임상군이 2.7%인 4명, 임상군은 1.4%인 2명이었고, 공격행동 문제는 마찬가지로 95.9%인 141명이 정상군에 속하였으나, 준임상군과 임상군이 각각 2.0%인 3명인 것으로 파악되었다.

③ 기타 문제

수면 문제와 특정 증후군으로 분류되지 않은 기타 문제의 평균은 2.25와 5.84였으며, 표준편차는 2.09와 4.31이었다. 수면 문제의 원

〈표 4-43〉 기타 문제 원점수 평균 (N=147)

영역	평균	표준편차	최소값	최대값
1. 수면 문제	2.25	2.09	.00	11.00
2. 기타 문제	5.84	4.31	.00	23.00

〈표 4-44〉 기타 문제 정상군과 임상군 비율 (N=147)

영역	평균	표준편차	정상군	준임상군	임상군
1. 수면 문제	53.70	6.08	135명(91.8%)	8명(5.4%)	4명(2.7%)
2. 기타 문제	52.10	4.39	141명(95.9%)	4명(2.7%)	2명(1.4%)

점수범위는 0점부터 14점이었는데, 본 조사결과는 0점부터 11점까지 분포되어 있었고, 기타 문제의 경우에는 원점수범위가 0점부터 66점까지 가능했는데, 본 조사결과는 0점부터 23점까지로 나타났다.

기타 문제 역시 T점수로 정상군과 임상군을 구분하여 보았는데, 수면 문제는 정상군이 135명으로 91.8%였으며, 준임상군이 8명(5.4%), 임상군이 4명(2.7%)이었다. 내재화 문제나 외현화 문제, 수면 문제가 아닌 기타 증후군 문제는 정상군이 141명으로 95.9%였으며, 준임상군이 4명(2.7%)이었고, 임상군이 2명(1.4%)이었다.

④ 총 문제행동

내재화 문제와 외현화 문제, 수면 문제 및 기타 문제와 100번 문항의 응답결과를 모두 합친 문제행동의 원점수 총점 평균은 21.31, 표준편차는 15.43으로 나타났다. 가능한 점수범위는 0점부터 200점이었는데, 본 조사에서는 최소 0점, 최대 85점인 것으로 나타났다.

문제행동의 총점으로 정상군과 임상군을 구분한 결과, 95.9%인 141명이 정상군이었으며, 2.7%인 4명이 준임상군, 1.4%인 2명이 임상군인 것으로 파악되었다.

〈표 4-45〉 총 문제행동 원점수 평균 (N=147)

영역	평균	표준편차	최소값	최대값
총 문제행동	21.31	15.43	.00	85.00

〈표 4-46〉 총 문제행동 정상군과 임상군 비율 (N=147)

영역	평균	표준편차	정상군	준임상군	임상군
총 문제행동	46.73	9.38	141명(95.9%)	4명(2.7%)	2명(1.4%)

(2) DSM 방식 척도

DSM 방식 척도로 정서문제, 불안문제, 전반적 발달문제, 주의력결핍/과잉행동문제, 반항행동문제를 살펴본 결과, 원점수의 평균과 표준편차는 정서문제가 1.90, 1.89, 불안문제는 2.92, 2.43, 전반적 발달문제가 2.22, 2.51이었다. 주의력결핍/과잉행동문제의 평균은 2.37, 표준편차는 2.40이었고, 반항행동문제는 평균이 1.63, 표준편차가 1.83이었다.

T점수를 통하여 DSM 방식 척도로도 정상군과 임상군을 구분하여 보았는데, 정서문제는 정상군이 95.2%인 140명, 준임상군이 2.0%인 3명, 임상군이 2.7%인 4명 있었다. 불안문제는 95.9%인 141명

〈표 4-47〉 DSM 방식 척도 원점수 평균 (N=147)

영역	평균	표준편차	최소값	최대값
1. DSM 정서문제	1.90	1.89	.00	9.00
2. DSM 불안문제	2.92	2.43	.00	11.00
3. DSM 전반적 발달문제	2.22	2.51	.00	13.00
4. DSM 주의력결핍/과잉행동문제	2.37	2.40	.00	10.00
5. DSM 반항행동문제	1.63	1.83	.00	11.00

〈표 4-48〉 DSM 방식 척도 정상군과 임상군 비율 (N=147)

영역	평균	표준편차	정상군	준임상군	임상군
1. DSM 정서문제	52.67	4.97	140명(95.2%)	3명(2.0%)	4명(2.7%)
2. DSM 불안문제	52.69	4.82	141명(95.9%)	2명(1.4%)	4명(2.7%)
3. DSM 전반적 발달문제	52.63	5.10	140명(95.2%)	4명(2.7%)	3명(2.0%)
4. DSM 주의력결핍/과잉행동문제	53.46	6.02	139명(94.6%)	2명(1.4%)	6명(4.1%)
5. DSM 반항행동문제	52.78	5.86	143명(97.3%)	1명(0.1%)	3명(2.0%)

이 정상군, 1.4%인 2명이 준임상군, 2.7%인 4명이 임상군이었으며, 전반적 발달문제는 정상군이 95.2%인 140명, 준임상군이 2.7%인 4명, 임상군이 2.0%인 3명이었다. 주의력결핍/과잉행동문제는 정상군이 94.6%인 139명이었으며, 준임상군이 1.4%인 2명이었는데, 임상군은 다른 척도보다 상대적으로 높은 비율인 4.1%로서 6명이나 되었다. 반항행동문제의 경우에는 정상군이 97.3%인 143명이었고 준임상군이 .1%인 1명, 임상군이 2.0%인 2명이었다.

(3) 빈곤여부별 영유아의 심리사회적 적응

빈곤여부별로 영유아의 심리사회적 적응에 차이가 있는지 T점수로 독립표본 차이 검정(t-test)을 실시하여 살펴보았다.

먼저, 문제행동 증후군은 공격행동을 제외하고 모든 하위 영역에서 빈곤한 가정의 영유아가 빈곤하지 않은 가정의 영유아보다 평균이 높았다. 그러나 신체증상과 내재화 문제만 통계적으로 유의미한 것으로 검증되었다. 신체증상은 빈곤한 가정 영유아의 평균이 52.88, 빈곤하지 않은 가정 영유아의 평균은 51.25로서 분명한 의학적 원인 없이 나타나는 배변곤란, 설사, 두통, 메스꺼움, 배앓이, 구토와 같은 신체적 불편감이나 불분명한 예민감과 관련된 신체증상을 더 많이 보이는 것으로 조사되었다($p<.05$). 또한 정서적 반응성, 불안/우울, 신체증상, 위축 등 네 가지 문제행동을 포함하는 내재화 문제가 빈곤 가정의 영유아에게서 더 많이 나타나는 것으로 검증되었는데, 빈곤한 가정 영유아의 평균은 48.92로 빈곤하지 않은 가정 영유아의 평균인 45.68보다 높았다($p<.05$).

〈표 4-49〉 빈곤여부별 영유아의 문제행동 증후군 (N=147)

영역	빈곤여부	빈도	평균	표준편차	t	자유도
정서적 반응성	비빈곤	81	52.42	4.33	-2.275	145
	빈곤	66	53.33	4.73		
불안/우울	비빈곤	81	52.12	4.35	-1.221	145
	빈곤	66	53.09	4.47		
신체증상	비빈곤	81	51.25	3.01	-2.461*	145
	빈곤	66	52.88	4.65		
위축	비빈곤	81	52.28	4.85	-1.022	145
	빈곤	66	53.18	5.80		
내재화 문제	비빈곤	81	45.68	8.77	-2.275*	145
	빈곤	66	48.92	8.39		
주의집중 문제	비빈곤	81	52.38	4.24	-1.585	145
	빈곤	66	53.76	5.92		
공격행동	비빈곤	81	52.93	5.07	.359	145
	빈곤	66	52.62	5.18		
외현화 문제	비빈곤	81	46.98	9.76	-.521	145
	빈곤	66	47.83	10.16		
수면 문제	비빈곤	81	53.47	5.33	-.511	145
	빈곤	66	53.98	6.91		
기타 문제	비빈곤	81	51.96	4.53	-.403	145
	빈곤	66	52.26	4.24		
총 문제행동 척도	비빈곤	81	45.65	9.79	-1.522	145
	빈곤	66	48.06	9.22		

+<.10, *p<.05, **p<.01, ***p<.001

한편, DSM 방식 문제들 역시 T점수로 독립표본 차이 검정(t-test)을 통하여 빈곤한 가정 영유아와 빈곤하지 않은 가정 영유아 간에 차이가 있는지 살펴보았는데, DSM 반항행동 문제를 제외하고 나머지 네 영역에서 모두 빈곤한 가정 영유아의 평균이 빈곤하지 않은 가정 영유아의 평균보다 다소 높았으나, 통계적으로 유의한 차이는 아니었다.

〈표 4-50〉 빈곤여부별 영유아의 DSM 방식 문제 (N=147)

영역	빈곤여부	빈도	평균	표준편차	t	자유도
DSM 정서문제	비빈곤	81	52.01	4.24	-1.801+	145
	빈곤	66	53.48	5.67		
DSM 불안문제	비빈곤	81	52.43	5.03	-.709	145
	빈곤	66	53.00	4.58		
DSM 전반적 발달문제	비빈곤	81	52.15	4.44	-1.279	145
	빈곤	66	53.23	5.78		
DSM 주의력결핍/과잉행동문제	비빈곤	81	53.30	5.72	-.370	145
	빈곤	66	53.67	6.40		
DSM 반항행동문제	비빈곤	81	52.90	6.25	-.287	145
	빈곤	66	52.62	5.37		

+<.10, *p<.05, **p<.01, ***p<.001

(4) 연령별 영유아의 심리사회적 적응

다음은 연령별로 영유아의 심리사회적 적응에 차이가 있는지 T점수로 독립표본 차이 검정(t-test)을 실시하여 살펴보았다. 빈곤여부로 차이를 살펴본 결과와는 달리, 연령별로는 내재화 문제에서 통계적으로 유의한 차이를 보인 영역은 없었으며, 평균도 정서적 반응성과 신체증상, 내재화 문제 전체는 6세 영유아의 평균이 4세 영유아보다 다소 낮았으며, 불안/우울과 위축은 6세 영유아의 평균이 4세 영유아보다 다소 높았다.

그러나 공격행동과 외현화 문제, 수면 문제는 유의미한 차이를 보였는데, 공격행동은 4세 영유아의 평균이 54.06, 6세 영유아의 평균이 52.07로 4세 영유아가 공격행동을 더 보이는 것으로 검증되었으며(p<.05), 주의집중 문제와 공격행동을 포함하는 외현화 문제 역시 4세 영유아의 평균은 49.94, 6세 영유아의 평균은 45.90으로 4세

영유아가 외현화 문제를 더 보이는 것으로 나타났다($p<.05$).

그 외 수면 문제에서 연령별 평균의 차이를 보였는데, 4세 영유아의 평균은 56.02, 6세 영유아의 평균은 52.39로 4세 영유아의 수면 문제가 더 있는 것으로 검증되었다($p<.001$).

〈표 4-51〉 연령별 영유아의 문제행동 증후군 (N=147)

영역	연령	빈도	평균	표준편차	t	자유도
정서적 반응성	4세	53	53.26	5.31	.874	145
	6세	94	52.59	4.02		
불안/우울	4세	53	52.51	4.68	-.099	145
	6세	94	52.59	4.29		
신체증상	4세	53	52.64	4.20	1.550	145
	6세	94	51.61	3.70		
위축	4세	53	52.36	4.70	-.563	145
	6세	94	52.87	5.62		
내재화 문제	4세	53	47.92	8.26	.822	145
	6세	94	46.69	8.99		
주의집중 문제	4세	53	53.08	5.50	.135	145
	6세	94	52.96	4.87		
공격행동	4세	53	54.06	6.54	2.010*	145
	6세	94	52.07	3.94		
외현화 문제	4세	53	49.94	10.15	2.411*	145
	6세	94	45.90	9.53		
수면 문제	4세	53	56.02	7.74	3.132***	145
	6세	94	52.39	4.43		
기타 문제	4세	53	52.89	5.16	1.650	145
	6세	94	51.65	3.85		
총 문제행동 척도	4세	53	49.08	9.34	2.255	145
	6세	94	45.41	9.51		

+<.10, *p<.05, **p<.01, ***p<.001

〈표 4-52〉 연령별 영유아의 DSM 방식 문제 (N=147)

영역	연령	빈도	평균	표준편차	t	자유도
DSM 정서문제	4세	53	54.08	6.01	2.364*	145
	6세	94	51.88	4.10		
DSM 불안문제	4세	53	52.79	4.89	.198	145
	6세	94	52.63	4.81		
DSM 전반적 발달문제	4세	53	52.58	5.53	-.085	145
	6세	94	52.66	4.87		
DSM 주의력결핍/과잉행동문제	4세	53	54.51	7.38	1.437	145
	6세	94	52.87	5.04		
DSM 반항행동문제	4세	53	53.55	6.27	1.201	145
	6세	94	52.34	5.59		

+<.10, *p<.05, **p<.01, ***p<.001

DSM 방식 문제 영역 중에는 DSM 정서 문제만 통계적으로 유의했는데, 4세 영유아의 평균은 54.08, 6세 영유아의 평균은 51.88로서, 4세 영유아가 DSM 방식으로 분류한 정서 문제를 더 보이는 것으로 나타났다(p<.05). 그 외 통계적으로 유의한 수준은 아니었으나, DSM 불안 문제와 DSM 주의력결핍/과잉행동장애, DSM 반항행동 문제는 4세의 평균이 6세의 평균보다 다소 높았고, DSM 전반적인 발달 문제는 6세 영유아의 평균이 52.66으로 52.58로 나타난 4세 영유아보다 높았다.

(5) 성별 영유아의 심리사회적 적응

성별로 영유아의 심리사회적 적응에 차이가 있는지도 T점수로 독립표본 차이 검정(t-test)을 실시하여 살펴보았는데, 문제행동 증후군 척도 중 공격행동만이 유의한 차이를 보였다. 남아의 공격행동 평균

〈표 4-53〉 성별 영유아의 문제행동 증후군 (N=147)

영역	성별	빈도	평균	표준편차	t	자유도
정서적 반응성	남자	75	52.49	4.28	-.921	145
	여자	72	53.18	4.76		
불안/우울	남자	75	52.07	4.08	-1.376	145
	여자	72	53.07	4.72		
신체증상	남자	75	51.60	3.30	-1.197	145
	여자	72	52.38	4.45		
위축	남자	75	53.16	6.14	1.113	145
	여자	72	52.19	4.23		
내재화 문제	남자	75	46.31	8.97	-1.178	145
	여자	72	48.00	8.44		
주의집중 문제	남자	75	53.40	5.55	.973	145
	여자	72	52.58	4.56		
공격행동	남자	75	53.63	6.08	2.072*	145
	여자	72	51.92	3.67		
외현화 문제	남자	75	47.989	11.18	.785	145
	여자	72	46.71	8.42		
수면 문제	남자	75	53.64	6.42	-.123	145
	여자	72	53.76	5.73		
기타 문제	남자	75	52.28	4.80	.519	145
	여자	72	51.90	3.95		
총 문제행동 척도	남자	75	46.59	10.33	-.191	145
	여자	72	46.89	8.80		

+<.10, *p<.05, **p<.01, ***p<.001

은 53.63, 여아의 평균은 51.92로 남아가 여아보다 공격행동을 많이 하는 것으로 나타났다(p<.05).

그 외 위축을 제외한 내재화 문제는 대체로 여자의 평균이 높았고, 외현화 문제는 남자가 높았지만 통계적으로 유의미한 차이는 아니었다. 수면 문제 역시 여자의 평균이 높았고, 기타 문제는 남자가

〈표 4-54〉 성별 영유아의 DSM 방식 문제 (N=147)

영역	성별	빈도	평균	표준편차	t	자유도
DSM 정서문제	남자	75	52.85	5.21	.447	145
	여자	72	52.49	4.73		
DSM 불안문제	남자	75	52.09	4.45	-1.530	145
	여자	72	53.31	5.14		
DSM 전반적 발달문제	남자	75	52.72	5.39	.211	145
	여자	72	52.54	4.81		
DSM 주의력결핍/과잉행동문제	남자	75	53.93	6.89	.974	145
	여자	72	52.97	4.95		
DSM 반항행동문제	남자	75	53.36	7.09	1.250	145
	여자	72	52.17	4.17		

+<.10, *p<.05, **p<.01, ***p<.001

높았으며, 총 문제행동 척도는 여자가 다소 높았으나 유의한 차이는 아니었다.

성별로 영유아의 DSM 방식으로 분류한 문제를 나타내는 데 차이가 있는지 살펴본 결과에서도 모든 영역에서 유의한 차이를 보이지 않았다. DSM 불안 문제를 제외한 나머지 네 영역에서 모두 남아의 평균이 여아의 평균보다 다소 높은 경향이 있었다.

3) 영유아의 기질 및 성격과 심리사회적 적응

(1) 영유아의 내재화 문제에 대한 빈곤과 기질 및 성격의 영향

영유아의 기질 및 성격이 내재화 문제에 영향을 주는지를 중다회귀분석(multiple regression analysis)을 통해 분석하였다. 성과 연령을 통제변수로 투입하였고, 기질 및 성격이 빈곤과 함께 내재화 문제에 영향을 주는지 살펴보기 위해 4가지 기질변수와 3가지 성격변수를 빈곤변수와 함께 독립변수로 투입하였다. 최적의 회귀방정식을 구하기 위하여 회귀모형에 포함될 변수는 단계선택법(stepwise selection method)으로 선택하였다.

모형과 자료의 적합성을 검토하기 위하여 다음과 같이 회귀진단을 하였다. 먼저, 독립변수들 간 상관관계를 살펴본 결과 대부분 변수들의 상관관계가 .60 이하로 나타났지만, 연대감과 자극추구, 위험회피와 자율성 등 일부 독립변수 간 상관관계가 .60으로 나타나 다중공선성 문제가 있는지 공차(tolerance)와 분산팽창계수(variance inflation factor: VIF)로 확인한 바, 공차한계는 .774에서 .947이었고, VIF는 1.056에서 1.292로 분포되어 있었으므로 다중공선성의 문제는 없는 것으로 판단되었다. 또한 잔차의 산포도를 통해 정규성을 확인하였고, 회귀 표준화 잔차의 그래프를 통해 등분산성을 확인하였으며, 선형성도 확인하였다. Dubin-Watson 값을 확인한 바, 2.061로서 상호독립적이었다.

내재화 문제에 대한 빈곤과 기질 및 성격의 영향을 측정하는 모형

〈표 4-55〉 영유아의 내재화 문제에 대한 빈곤과 기질 및 성격의 영향 (N=147)

독립변수	b	β	t
위험회피	.49	.49	8.30***
자극추구	.30	.28	4.49***
인내력	-.22	-.18	-3.00**
빈곤여부	2.36	.14	2.73*
(상수)	35.60		
R^2(adj. R^2)	.56(.55)		
F	46.06***		

+<.10, *p<.05, **p<.01, ***p<.001

에 대한 통계적 유의성 검정 결과, 기질변수 중 사회적 민감성과 성격변수는 유의하지 않아 제외되었고, 위험회피, 자극추구, 인내력, 빈곤여부가 포함된 모형의 F 통계값은 46.06, 유의확률은 .000으로 모형에 포함된 네 개의 독립변수의 내재화 문제에 관한 영향을 유의하게 설명하고 있다. 기질 요인 중 위험회피, 자극추구, 인내력은 빈곤과 함께 내재화 문제에 관한 영향력의 56%(수정 결정 계수에 의하면 55%)를 설명하고 있다.

개별 독립변수의 종속변수에 대한 기여도와 통계적 유의성을 검정한 결과, 독립변수의 상대적 기여도를 나타내는 표준화 계수에 의하면, 위험회피($t=8.30$, $p<.001$), 자극추구($t=4.49$, $p<.001$), 인내력($t=-3.00$, $p<.01$), 빈곤($t=2.73$, $p<.05$) 순으로 내재화 문제에 영향을 미치고 있다. 영유아의 위험회피 기질과 자극추구 기질이 강할수록, 인내력은 부족할수록, 그리고 빈곤한 가정일수록 내재화 문제를 많이 경험하게 된다.

(2) 영유아의 외현화 문제에 대한 빈곤과 기질 및 성격의 영향

영유아의 주의력 문제나 공격적인 행동 문제를 포함하는 외현화 문제에 빈곤과 기질 및 성격이 영향을 주는지 역시 내재화 문제에 대한 영향 검정과 마찬가지로 분석하였다. 성과 연령을 통제변수로 투입하였고, 4가지 기질변수와 3가지 성격변수를 빈곤변수와 함께 단계적 중다회귀분석(stepwise multiple regression analysis)을 하였다. 다중공선성 문제를 확인하기 위하여 마찬가지 방법으로 공차와 VIF를 살펴보았는데, 다중공선성의 문제는 없는 것으로 확인되었다. 또한 산차의 산포도와 회귀 표준화 잔차 그래프 등으로 정규성, 등분산성,

〈표 4-56〉 영유아의 외현화 문제에 대한 빈곤과 기질 및 성격의 영향 (N=147)

독립변수	b	β	t
자극추구	.83	.69	12.63***
자율성	-.35	-.21	-3.82***
(상수)	43.28		
R^2(adj. R^2)	.63(.63)		
F	123.20***		

+<.10, *p<.05, **p<.01, ***p<.001

선형성도 확인하였고, 상호독립성을 확인하기 위한 Dubin-Watson 값도 1.822로서 2에 근접하고 있으므로 상호독립적이라 할 수 있다.

영유아의 외현화 문제에 대한 빈곤과 기질 및 성격의 영향을 측정하는 모형을 통계적으로 검정한 결과, 내재화 문제와는 달리 빈곤은 영향력 있는 변수에서 제외되었으며, 기질변수 중 자극추구와 성격변수 중 자율성이 외현화 문제에 영향을 미치는 것으로 확인되었다. 자극추구와 자율성이 포함된 모형의 F 통계값은 120.20, 유의확률은 .000으로 모형에 포함된 두개의 독립변수의 외현화 문제에 관한 영향을 유의하게 설명하고 있다. 기질변수 중 자극추구와 성격변수 중 자율성이 외현화 문제에 관한 영향력의 63%를 설명한다.

영향력이 검정된 독립변수의 상대적 기여도는 자극추구(t=12.63, p<.001), 자율성(t=-3.82, p<.001) 순이다. 영유아의 자극추구 기질이 강하고 자율성이 부족할수록 외현화 문제를 많이 경험하는 것으로 해석할 수 있다.

4. 모와 상호작용 관련 변인 분석결과

1) 내적 표상(MSSB)

(1) 빈곤영유아 내적 표상의 차이

빈곤을 경험하고 있는 영유아를 대상으로 2년에 걸쳐 단기종단으로 내적 표상을 살펴보았다. 우선 빈곤영유아 내적 표상을 연령별로, 성별로 차이를 분석한 결과를 제시하고, 다음으로 빈곤영유아 내적 표상의 1차년도와 2차년도를 비교하도록 한다. 세 번째로 빈곤영유아 내적 표상과 문제행동 즉 외현화 문제행동, 내면화 문제행동 그리고 문제행동 총점과 관련지어 살펴보도록 한다.

① 성별에 따른 빈곤영유아 내적 표상의 차이

성별에 따라 빈곤영유아 내적 표상이 차이가 있는지를 살펴본 결과를 1차년도와 2차년도로 구별하여 제시한 결과는 〈표 4-57〉과 같다.

② 빈곤영유아 1차년도 영유아 내적 표상

우선 1차년도의 군집분석 결과를 제시하면 〈표 4-58〉 그리고 〈그림 4-1〉과 같다.

군집분석은 개인 지향적 접근(person-oriented)에 기초하여 분석하는 방법이다. 즉 연구대상들 개개인을 행동, 계획, 가치, 목표 및 그에 대한 생물학적 요인과 환경적 요인이 서로 상호작용하여 얽혀 있는

〈표 4-57〉 성별에 따른 빈곤영유아 내적 표상의 차이 (N=76)

		1차년도			2차년도		
		M	SD	F	M	SD	F
공감온화	남아	12.28	7.23	6.11*	19.19	11.23	.19
	여아	16.45	7.45		17.67	8.85	
불안	남아	11.06	8.27	.69	21.14	8.91	1.27
	여아	9.57	7.23		16.53	12.98	
회피위축	남아	8.03	8.27	.49	8.00	7.49	2.41
	여아	6.70	8.31		12.63	8.68	
비조절 공격	남아	12.00	12.86	.77	13.13	10.18	.02
	여아	9.57	11.30		13.59	9.29	
정서통합	남아	60.33	27.14	2.49	106.07	20.01	.89
	여아	69.53	23.57		114.35	27.39	

〈표 4-58〉 빈곤영유아 내적 표상 군집의 1차년도 유형(표준화점수) (N=34)

영역	군집 1(6명)	군집 2(5명)	군집 3(9명)	군집 4(14명)
공감온화	-.13	.22	-.70	-.10
불안	-.53	-1.01	.57	-.47
회피위축	-.34	1.38	-.71	-.62
비조절 공격	1.65	.02	-.76	-.60
정서통합	-.14	.07	-1.53	-.43

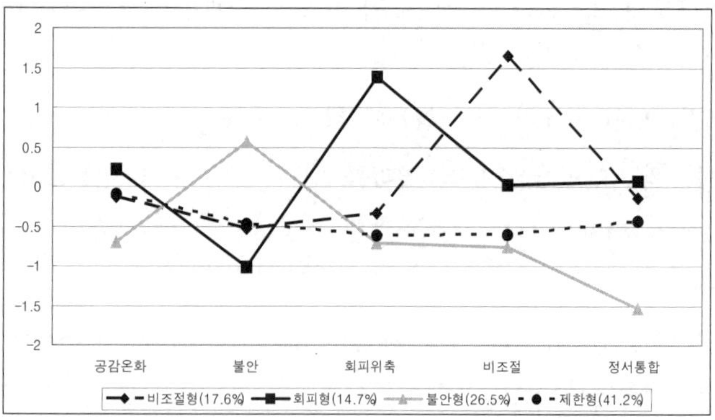

〈그림 4-1〉 빈곤영유아 내적 표상 군집의 1차년도 유형

조직적인 총제라는 개념에 근거하여 분석하는 방법이다(민성혜 외, 2006). 이에 따라 유형화되고 유형화는 연구자들이 미리 정해 놓은 틀이 아니라 연구대상들에게서 발현되는 것을 유형화한 것이다. 〈그림 4-1〉에서 보는 바와 같이 1차년도 빈곤영유아의 내적 표상은 네 개의 유형으로 군집화되었다. 1군집은 비조절된 공격성 반응과 내용을 많이 보인 유형으로 그 특성에 따라 비조절형이라 명명하였고 전체의 17.6%를 차지하였다. 2군집은 회피 영역의 수준이 매우 높고 다른 영역의 수준이 낮아 회피형이라 명명하였으며 14.7%였다. 3군집은 불안 영역의 수준이 다소 높고 다른 영역의 수준이 낮아 불안형이라 명명하였고 26.5%였다. 이들은 정서적인 어려움에 처했을 때 이에 대답을 회피하거나 불안행동 즉, 머리카락을 만지작거리거나 입술을 질끈질끈 깨물거나 다리를 흔드는 등의 self-soothing 행동을 하였다. 마지막으로 제한형은 거의 모든 반응을 최소한으로만 보인 유형으로 전체의 41.2%에 해당되었다. 즉 제한형은 모든 영역의 수행 반응이나 내용을 거의 보이지 않는 영유아들이었다. 주스가 엎질러진 상황에서 "어떻게 되었니?"라고 물으면 "치웠어요"라고 대답하고 검사자가 "다른 일은 일어나지 않았니?"라고 물으면 "끝났어요"라고 하거나 "없어요"라고 대답하는 등 극히 제한적인 내용만을 말하거나 제한적인 행동만을 하는 영유아들이었다.

③ 빈곤영유아 2차년도 영유아 내적 표상

다음으로 2차년도의 빈곤영유아 내적 표상을 측정하여 군집분석한 결과를 제시한다. 2차년도면 빈곤영유아들이 만 5세가 된 상황이며, 이들은 1차년도에 내적 표상 측정에 포함된 대상들과 몇 명의 새로운 연구대상이다. 군집분석 결과는 〈표 4-59〉 그리고 〈그림 4-2〉와

〈표 4-59〉 빈곤영유아 내적 표상 군집의 2차년도 유형(표준화점수) (N=34)

영역	군집 1(10명)	군집 2(6명)	군집 3(9명)	군집 4(9명)
공감온화	-1.47	.17	-1.97	3.06
불안	2.77	-.03	-1.31	-.61
회피위축	-.66	2.99	-.92	1.61
비조절 공격	-.98	2.75	-.97	-.88
정서통합	-1.28	1.27	-2.16	1.03

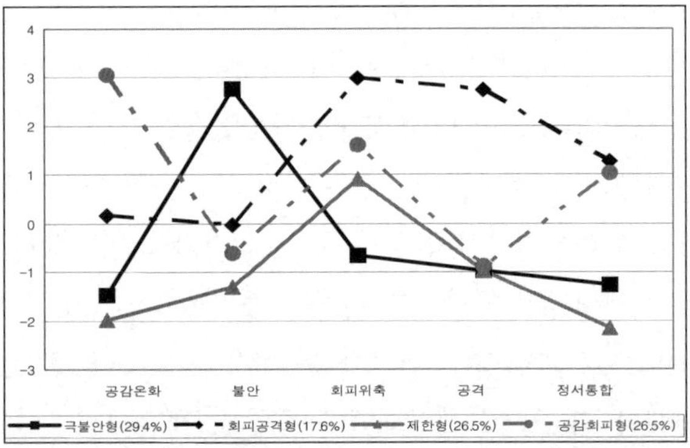

〈그림 4-2〉 빈곤영유아 내적 표상 군집의 2차년도 유형

같다.

〈그림 4-2〉에서 보는 바와 같이 2차년도에는 빈곤영유아의 내적 표상 군집에 약간의 변화가 보인다. 우선 군집을 명명하는 바에서 1군집은 불안 반응이 높고 다른 반응은 제한적으로 보이는 유형이어서 극불안형이라 명명하였고 2군집은 다른 영유아들에 비해 회피위축 반응과 비조절된 공격반응을 많이 보인 영유아들이었다. 이 영유아들은 정서적 어려움을 주는 상황을 경험함을 가정하면 "잤어요"라고 대답하며 회피하거거나 비전형적인 사건이 일어나 적절한 이야기 문제

해결이 아닌 비정상적인 문제해결 즉 차가 뒤집어졌다거나 모두 죽었다고 하거나 부모를 자신이 야단치는 상황을 만드는 등의 반응을 보인 영유아들로 회피공격형이라 명명하였다. 3군집은 거의 모든 반응을 제한적으로 하는 제한형이었다. 이 세 유형은 1차년도에도 나타난 유형들이다. 극불안형의 경우 1차년도에 29.5%였던 것이 2차년에 29.4%여서 큰 변화가 없음을 알 수 있었으나 회피공격형과 제한형은 약간씩 줄어들었음을 볼 수 있다. 그런데 2차년도에는 1차년도에 없던 유형 즉, 공감회피형이 26.5%나 나타났음을 볼 수 있다. 즉, 정서적 어려움을 주는 대부분의 이야기에서 서로 도와주고 애정을 표현하고 온화한 분위기로 반응하는 것이 나타났으나 그렇다고 정서적 어려움을 주는 사건을 직접 해결하거나 적극적으로 대처하기보다는 전혀 다른 이야기를 하거나 에피소드에서 주인공이 갑작스럽게 자버리거나 해리적 행동을 보이는 등의 회피 반응을 보이는 경우였다.

④ 빈곤영유아 내적 표상의 1차년도와 2차년도 차이

또한 1차년도 빈곤영유아 내적 표상 군집 유형과 2차년도 빈곤영유아 내적 표상 군집 유형이 유의하게 차이 나는지를 알아보기 위해 일원변량분석을 통해 살펴본 결과는 다음 〈표 4-60〉과 같다.

〈표 4-60〉에서 보는 바와 같이 1차년도 내적 표상 군집 유형과 2차년도 내적 표상 군집 유형은 불안, 회피위축, 정서통합 영역에서 유의한 차이를 보였다. 흥미로운 것은 모든 영역에서 반응점수가 많아진 것이다. 이는 빈곤영유아에게만 해당되는 일은 아니다. 선행연구결과 만 5세가 만 4세보다 긍정적으로 표상을 많이 하고 부정적으로 표상을 적게 한다는 연구결과(유영미 · 이영, 2001; Oppenheim, 1997)

〈표 4-60〉 1차년도와 2차년도 빈곤영유아 내적 표상 군집 유형의 차이 (N=34)

영역		평균	표준편차	F
공감온화	1차년도	14.74	6.13	3.33
	2차년도	18.38	9.92	
불안	1차년도	11.26	8.33	5.86*
	2차년도	17.26	11.81	
회피위축	1차년도	5.32	6.14	6.81*
	2차년도	9.94	8.22	
비조절 공격	1차년도	10.44	10.19	1.71
	2차년도	13.62	9.89	
정서통합	1차년도	67.65	25.97	37.51***
	2차년도	107.06	32.98	

도 있었고 만 4세와 만 5세의 표상에 차이가 없었다는 연구결과(Warren, 1996)도 있었다. 민성혜와 신혜원, 이영(2004)은 만 4세와 만 5세 영유아들을 대상으로 내적 표상의 변화를 살펴본 결과 오히려 연령이 높아지면서 부정적, 훈육적 표상이 많아진다고 하여 서로 다른 결과들을 보였다. 이와 비교하여 볼 때 본 연구결과 즉 빈곤을 경험하는 영유아들의 단기종단 결과보다 많은 반응을 보이고 보다 많은 내용을 이야기함을 해석해 볼 수 있다. 또한 이러한 변화가 사회인지적 발달이나 언어발달로도 설명될 수 있다. Bretherton, Prentiss와 Ridgeway(1990)는 5세 영유아의 내러티브 표상이 보다 세밀하고 차별화된다고 하면서 발달경향을 포함시켜 해석할 것을 권하였다(민성혜 외, 2004, 재인용).

(2) 빈곤영유아 내적 표상과 문제행동과의 관계

빈곤영유아 내적 표상에 따라 문제행동이 관련이 있는지를 살펴본 결과는 〈표 4-61〉과 같다.

〈표 4-61〉에서 보는 바와 같이, 빈곤영유아 내적 표상과 문제행동은 유의한 관계를 보이지 않았다. 즉 빈곤영유아 내적 표상 중 공감온화 영역, 불안 영역, 회피위축 영역, 비조절 공격 영역 그리고 정서통합 영역 모두 문제행동의 내재화, 외현화 그리고 총점과 유의한 관계를 보이지 않았다. 이는 빈곤영유아의 내적 표상이 밖으로 드러난 즉, 교사나 부모의 평정에서 문제행동이 있다고 인식되지 않았음이다. 이는 긍정적·훈육적 표상을 할수록 낮은 문제행동 점수와 관련되었고, 반면 부정적 표상을 많이 할수록 높은 외현화 문제행동 점수와 관련되었다는 Oppenheim 등(1997)의 연구결과나 남아의 경우 부정적 표상이 외현화 문제행동과 유의한 정적 상관을 보였다고 보고한 이희원(2005)의 연구결과 그리고 저소득층 영유아 내적 표상별로 문

〈표 4-61〉 빈곤영유아 내적 표상과 문제행동과의 관계

	공감온화	불안	회피 위축	비조절	정서 통합	내재화	외현화	문제행동 총점
공감온화	1.00							
불안	-.39***	1.00						
회피위축	.04	-.21	1.00					
비조절	-.07	-.26*	.40***	1.00				
정서통합	.39***	-.47***	.24***	.17	1.00			
내재화	-.17	-.06	-.10	-.14	.03	1.00		
외현화	-.26	-.01	-.15	-.06	-.16	.72***	1.00	
문제행동 총점	-.21	.06	-.00	-.07	-.02	.87***	.92***	1.00

제행동을 살핀 결과와 다른 것이나, 영유아의 표상과 문제행동 간에 매우 약한 상관만이 나타났다고 보고한 Solomonica-Levi, Yirmiya, Erel, Samet과 Oppenheim(2001)의 연구와는 유사한 보고이다.

(3) 빈곤영유아 내적 표상과 기질과의 상관관계

빈곤영유아 내적 표상이 선천적으로 가지고 태어나는 기질과 관련성이 어느 정도 있는지를 살펴본 결과는 〈표 4-62〉와 같다.

〈표 4-62〉에서 보는 바와 같이 빈곤영유아 내적 표상 영역 중 공감온화 영역이 영유아 기질의 수줍음과 부적 상관($r=-.26$, $p<.05$)을 보였고, 영유아 내적 표상 영역 중 정서통합 영역이 영유아 기질의 수줍음과 역시 부적 상관($r=-.33$, $p<.01$)을 보였다. 그러나 다른 기질 부분은 내적 표상과 유의한 상관을 보이지 않았다.

이를 정리하자면 다음과 같다. 즉 수줍음 기질을 가진 빈곤영유아

〈표 4-62〉 빈곤영유아 내적 표상과 기질과의 상관관계

	공감온화	불안	회피위축	비조절	정서통합	활동성	정서성	사교성	수줍음
공감온화	1.00								
불안	-.39***	1.00							
회피위축	.04	-.21	1.00						
비조절	-.07	-.26*	.40***	1.00					
정서통합	.39***	-.47***	.24***	.17	1.00				
활동성	.21	.02	-.01	.12	.18	1.00			
정서성	-.15	.17	-.11	-.08	-.16	-.22	1.00		
사교성	.11	.19	-.08	-.09	.15	.32**	.32***	1.00	
수줍음	-.26*	.17	.04	-.22	-.33**	-.46***	.29*	-.22	1.00

는 공감온화 표상을 $p<.05$ 수준에서 덜 하며, 정서적 통합은 $p<.01$ 수준에서 덜 하는 것이다. 내적 표상과 빈곤의 관련성을 본 연구를 기의 찾아보기 힘들다. 그러나 박진아(2010)는 빈곤층에 비해 오히려 중상층 영유아가 외현화 문제행동을 더 많이 보인다고 하여 빈곤이 영유아기에 문제행동과 관련성이 높지 않음을 보고하였다.

2) 어머니-영유아 정서적 가용성(EA)

(1) 연구대상의 일반적 특성

본 연구 대상 중 103쌍의 어머니-영유아가 정서적 가용성 검사에 참여하였으나, 이 중 어머니 개인적인 특성과 영유아 개인적인 특성에 대한 설문에 참여하지 않았거나 성실하지 않게 응답하거나 응답이 누락된 대상을 제외한 79쌍을 최종 분석대상으로 하였고 분석대상 영유아의 일반적인 특성은 〈표 4-63〉과 같다.

본 분석에 사용된 어머니-영유아는 총 79쌍이었고, 이 중 빈곤 집단은 43쌍, 비빈곤 집단은 36쌍으로 분포가 비교적 균형적이었다.

〈표 4-63〉 정서적 가용성 분석 대상 영유아의 일반적인 특성 (N=79)

	성별		연령	
	남아 n(%)	여아 n(%)	2세 n(%)	4세 n(%)
빈 곤	22(51.2)	21(48.8)	11(25.6)	32(74.4)
	소계	43(100)	소계	43(100)
비빈곤	17(47.2)	19(52.8)	11(30.6)	25(69.4)
	소계	36(100)	소계	36(100)

(2) 어머니-영유아 정서적 가용성

① 어머니-영유아 정서적 가용성 일반적인 경향

어머니-영유아의 정서적 가용성은 어머니-영유아 쌍을 분석단위로 어머니 가용성과 영유아 가용성으로 나누어 어머니의 민감성, 구조화, 비침해, 비적대감의 수준과 영유아의 반응성과 어머니 참여시키기 수준을 살펴보았다. 〈표 4-64〉에 나타난 바와 같이 본 연구대상 어머니의 민감성 평균은 6.39, 구조화 평균은 3.96, 비침해 평균은 3.89, 비적대감 평균은 4.09로 중간 수준보다 약간 높은 수준이었다. 저소득층이 포함된 본 연구대상의 어머니 정서적 가용성은 중간 수준보다 조금 높다.

본 연구대상 영유아의 반응성 평균은 5.10이고 어머니 참여시키기 평균은 4.82로 중간 수준 이상의 수준을 보였다. 따라서 저소득층을 포함한 본 연구대상 영유아의 정서적 가용성은 중산층 영유아와 유사한 수준이다.

어머니와 영유아의 정서적 가용성 차원들 간의 상호관계를 알아보기 위해 상관관계분석을 실시하였다. 〈표 4-65〉에서 보는 바와 같이,

〈표 4-64〉 어머니-영유아 정서적 가용성의 일반적인 경향 (N=79)

범주		가능한 점수 범위	점수범위	평균	표준편차
어머니	민감성	1~9	1~9	6.39	2.03
	구조화	1~5	1~5	3.96	1.19
	비침해	1~5	1~5	3.89	1.31
	비적대감	1~5	1~5	4.09	1.23
영유아	반응성	1~7	1~7	5.10	1.86
	어머니 참여시키기	1~5	1~5	4.82	1.76

〈표 4-65〉 어머니-영유아 정서적 가용성 하위 차원의 상관관계 (N=79)

EA		1	2	3	4	5	6
어머니	민감성						
	구조화	.67**					
	비침해	.65**	.63**				
	비적대감	.74**	.57**	.76**			
영유아	반응성	.65**	.58**	.57**	.60**		
	어머니 참여시키기	.70**	.57**	.54**	.63**	.83	

**p<.001

전체적으로 어머니의 정서적 가용성 차원들 간에 상관이 있는 것으로 나타났으며, 영유아의 정서적 가용성 차원들 간에도 상관이 있는 것으로 나타났다. 그리고 어머니 차원과 영유아의 차원 간에도 관계가 있는 것으로 나타났다. 즉 어머니가 민감할수록, 영유아와의 놀이 상황에서 구조화를 잘하고 규칙을 잘 설명하며 영유아의 놀이를 방해하거나 침해하지 않고 자율성을 주며 영유아의 반응에 대해 적대적이거나 지루한 표정을 짓지 않았다. 또한 영유아의 경우에도 어머니의 요구에 기꺼이 반응하고 어머니를 놀이에 참여하도록 요구하는 것과 영유아 자신의 자율성 간의 균형을 잘 이루었다. 그리고 어머니의 정서적 가용성이 높을수록 영유아의 정서적 가용성도 높게 나타났다.

어머니-영유아 정서적 가용성을 측정한 전체 79쌍을 대상으로 그 결과를 개인지향적 접근(person-oriented approach)에 근거하여 K-means cluster analysis를 한 결과를 제시하면 다음과 같다. 군집분석을 실시한 결과 〈표 4-66〉과 〈그림 4-3〉에 제시한 바와 같이 총 4개의 군집으로 유형화되었다.

군집의 특성에 따라 군집 1을 '제한형', 군집 2를 '구조적/반응형',

〈표 4-66〉 K-means 군집분석 결과 (N=79)

프로파일 유형 / 차원	군집 1 (제한형) n(%) 20(25)	군집 2 (구조적/반응형) n(%) 5(6)	군집 3 (자율적/제한형) n(%) 24(31)	군집 4 (공감형) n(%) 30(38)
	M(SD)	M(SD)	M(SD)	M(SD)
모민감성	-.83(.66)	-1.86(.44)	-.03(.56)	.88(.49)
모구조화	-.89(.67)	-1.48(.92)	.17(.84)	.51(.09)
모비침해	-.90(.56)	-1.89(.68)	.34(.73)	.65(.53)
모비적대감	-.88(.00)	-2.51(.00)	.54(.55)	.49(.09)
영유아반응성	-.91(.66)	-1.34(.48)	-.14(.77)	.95(.27)
영유아 모참여시키기	-.86(.67)	-1.49(.62)	-.18(.50)	.97(.49)

참고: 표준점수화했으므로 합 평균은 제시할 필요 없음

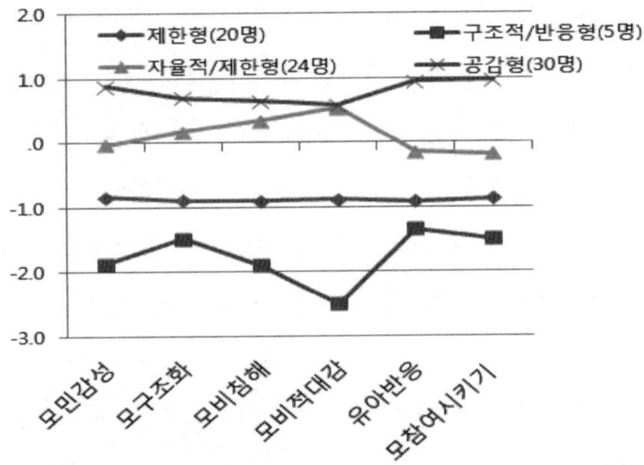

〈그림 4-3〉 어머니-영유아 정서적 가용성 반응에 따른 프로파일 유형

군집 3을 '자율적/제한형', 그리고 군집 4를 '공감형'이라 명명하였다. 위계적 군집분석 결과에서 나타난 4개 군집 특성을 정서적 가용성의 측정을 위한 수행 과제 시 나타난 어머니와 영유아의 하위 차원

별 반응으로 살펴보면 다음과 같다.

가. 군집 1(제한형)

이 군집은 어머니와 영유아 모두 반응 수준이 0점보다 낮고 어머니와 영유아의 모든 하위 반응 수준이 비슷한 경우이다. 즉, 어머니의 반응과 영유아의 반응이 비교적 간략하고 감정의 변화도 거의 없는 경우이다. 줄 긋기, 퍼즐 맞추기, 나무블록 맞추기 활동 시 어머니가 먼저 자녀에게 과제에 대해 간단한 설명을 한 후 영유아가 자신의 지시대로 수행하기를 바라는 표정으로 영유아를 바라보는 경우가 많았다. 만약 영유아가 자신의 지시에 따르지 않으면 어머니는 약간 찡그린 표정을 짓고 영유아의 반응이 틀렸다는 짧은 언어적 표현("아니야!", "다시 하자" 등)을 하거나 손가락으로 자신의 지시사항을 한 번 더 제시하였다. 예를 들어 어머니가 요구한 바와 다르게 영유아가 선 긋기를 한 경우 아무런 설명 없이 영유아가 그은 선을 지우개로 지우고 영유아가 그어야 할 선의 시작과 끝을 말없이 손가락을 집어 주었다. 만일 영유아가 자신의 요구대로 활동을 마무리 지은 경우에는 어머니는 영유아와 눈을 맞추거나 살짝 고개를 끄덕이는 정도로 영유아를 지지할 뿐 영유아의 행동을 격려하거나 칭찬하는 표현은 거의 나타나지 않았다. 영유아는 대체로 어머니의 지시에 따르는 경향이 많이 나타났으며 종종 어머니의 지시를 무시하거나 자신이 만의 방식으로 놀이를 진행하다가도 어머니가 다시 지시하는 경우 곧 어머니의 지시에 순종하는 경우가 많았다. 예를 들어 어머니가 요구하는 바와 다르게 블록을 쌓은 후에 '장난이었다구'라고 하면서 어머니의 눈치를 살피기도 하고 어머니가 자신이 만든 블록 성을 무너뜨리면 얼굴 표정을 찡그리거나 한숨을 내쉬면서 어머니의 행동을 바라보기만 하였다. 이와 같이 어머니는 영유아의 흥미나 상태에 관심 없이 성공적으로 과제를 수행하는 데 필요한 최소한의 요구를 영유아에게 하였고 영유아는 어머니의 요구에 최소한으로 반응하면서 과제를 수행하였다. 이와 같이 상황과 맥락에 따라 어머니와 영유아의 정서적 교류가 활발하지 못하고 최소한으로 이루어지는 반응을 보인 군집은 '제한형'이라 명명하였다.

나. 군집 2(구조적/반응형)

이 군집은 어머니와 영유아의 반응이 0점보다 낮고, 어머니의 반응 중 영유아의 놀이를 구조화하는 수준은 다른 어머니 반응보다 비교적 높은 반면 영유아가 어머니에게 반응하는 수준이 다른 영유아의 반응보다 높은 유형이다. 이 유형의 어머니는 영유아에 대한 적대감과 영유아의 놀이를 침해하는 수준이 높아서 영유아의 놀이를 지시하는 경우가 많고 영유아를 기다려 주지 않았다. 따라서 영유아는 어머니의 지시나 요구에 반응하고 어머니의 지시에 따라 어머니를 놀이에 참여시키는 경우이다. 어머니는 영유아의 흥미나 관심을 거의 고려하지 않고 과제를 완성하기 위해 혼자서 과제에 집중하는 경우도 있었다. 과제 활동 시 어머니는 영유아에게 요구나 질문이 많았고 영유아가 자신의 요구 사항을 제대로 수행하지 못하면 직접적으로 짜증 섞인 말을 하기도 하였고, 영유아가 혼자서 놀이에 집중하는 경우 영유아를 바라보지 않고 혼자 멍한 표정을 짓고 있거나 지루한 표정을 지었다. 영유아가 즐겁게 놀이하는 방향을 바꾸려 하는 경우도 있었다. 영유아의 경우 어머니의 요구에 주저하거나 어머니의 요구를 못 들은 척 무시하는 반응을 보였고, 종종 어머니가 놀이에 참여하려고 하면 어머니에게서 장난감을 뺏는 등 어머니 놀이 참여를 거부하는 모습을 보이기도 하였다. 이와 같이 상황과 맥락에 따라 어머니와 영유아의 정서적 교류가 부조화를 이루어 과제를 수행하고 서로에게 부정적인 감정이나 반응을 보이며 영유아가 수동적인 반응을 보인 군집을 '구조적/반응형'이라 명명하였다.

다. 군집 3(자율적/제한형)

이 군집은 어머니가 영유아를 비적대적으로 반응하는 수준이 0점보다 높지만 영유아가 어머니에게 반응하고 놀이에 어머니를 참여시키는 수준은 0점과 유사하거나 0점보다 조금 낮은 유형이다. 어머니는 각 상황에서 영유아가 요구하는 대로 도움이나 정보를 제공하는 등 영유아의 자율성을 제한하지 않으며 영유아가 놀이에 집중할 때는 충분히 기다려 준다. 그러나 어머니는 영유아의 흥미나 상황에 대해 민감하게 살피지 못하고 영유아의 요구에 부적절한 반응을 보이거나 영유아가 스스로 해결하도록 안내하기보다는 직접 문제를 해결하는 경우가 종종 있었다. 또한 어머니의 요구를 영유아가 무시하는 경우에 이를 묵인하는 경우가 많아서 놀이의 주도권이 영유아에게 있고 어머니는 수동적으로 놀이에 참여하는 경우가 많았다. 예를 들어 자신의 요구를 무시하여 이에 대한 반응은 하지 않고 영유아 스스로 다른 방법을 제시하는 경우 어머니는 영유아의 놀이를 바라보기만 할 뿐 영유아와 함께 놀이에 참여하지 않았다. 이와 같이 상황과 맥락에 따라 어머니가 영유아의 반응을 수용하고 지지하지만 이런 반응은 영유아와 조화를 이루지 못하는 경우가 많았다. 또한 영유아는 어머니에게 반응하고 어머니를 놀이에 참여시키기를 꺼려하는 반응을 보인 군집은 '자율적/제한형'이라 명명하였다

라. 군집 4(공감형)

이 군집은 어머니와 영유아의 반응이 모두 0점보다 높은 유형으로 특히 어머니의 민감성이 높고 영유아의 어머니에 대한 반응성과 놀이에 어머니 참여시키기가 높은 유형이다. 즉, 어머니가 영유아의 반응을 살피고 영유아가 도움이 필요한 상황에서 적절한 제안을 하고 영유아가 놀이를 지지하는 반응이 많았고 영유아는 어머니에게 반응적이며 자신의 놀이에 어머니를 적극 참여시키는 반응이 높았다. 어머니는 영유아의 흥미와 상황에 관심을 가지고 지속적으로 바라보면서 영유아에게 도움이 필요한 상황에서는 적절한 질문이나 힌트를 제공하여 영유아가 적극적으로 놀이에 참여하도록 격려하였다. 또한 퍼즐 맞추기와 블록 맞추기 놀이가 좀 더 창의적인 놀이가 되도록 구조화하면서 영유아가 도움을 요청하면서 자연스럽게 놀이에 참여하는 등 언어적, 정서적으로 적극적인 반응을 보였다. 또한 영유아도 어머니의 질문이나 요청에 적극적으로 반응하며 도움이 필요한 경우에는 어머니에게 적극적으로 도움을 요청하며 어머니와 즐겁게 놀이에 참여하였다. 이와 같이 상황과 맥락에 따라 어머니와 영유아의 정서적 교류가 조화를 이루며 활발하게 상호작용이 이루어지는 반응을 보인 군집을 '공감형'이라 명명하였다.

이상에서 살펴본 바와 같이 연구 대상이 된 어머니-영유아 정서적 가용성은 4개의 유형으로 군집화할 수 있었으며, 공감형(38%)이 가장 많았으며, 다음으로 자율적/제한형(31%), 제한형(25%), 구조적/반응형(6%) 순이었다. 따라서 본 연구 대상 어머니-영유아 정서적 가용성 유형은 어머니와 영유아가 상황과 맥락에 따라 긴밀한 상호작용을 하는 '공감형'이 가장 많았고, 정서적 교류가 긴밀하지 못한 '구조적/반응형'이 가장 적었다.

② 성에 따른 어머니-영유아 정서적 가용성

영유아의 성별에 따라 어머니-영유아의 정서적 가용성에 차이를 알아보기 위해 먼저 성에 따른 어머니-영유아 정서적 가용성 차이검증을 하였다.

〈표 4-67〉과 같이 영유아의 성에 따라 어머니-영유아 정서적 가용성은 차이가 나타나지 않았다. 영유아의 성에 따른 어머니 정서적 가용성 평균점수를 비교해 보면, 민감성은 남아의 어머니가(M=6.49)가 여아의 어머니(M=6.30)보다 조금 더 높은 것으로 나타났다. 반면에, 어머니 구조화는 여아의 어머니(M=4.00)가 남아의 어머니(M=3.92)보다 약간 높았고, 비침해는 여아의 어머니(M=3.90)가 남아의 어머니(M=3.87)보다 약간 높은 것으로 나타났다. 비적대감은 여아의 어머니(M=4.20)가 남아의 어머니(M=3.97)보다 더 높은 것으로 나타나 여아의 어머니가 남아의 어머니보다 자녀에게 덜 적대적인 것으로 나타났

〈표 4-67〉 성별에 따른 어머니-영유아 정서적 가용성 t 검증결과 (N=79)

범주		가능한 점수 범위	점수범위	남아(n=39)	여아(n=40)	t
				M(SD)	M(SD)	
어머니	민감성	1~9	1~9	6.49(2.03)	6.30(2.05)	.41
	구조화	1~5	1~5	3.92(1.20)	4.00(1.19)	-.29
	비침해	1~5	1~5	3.87(1.28)	3.90(1.36)	-.09
	비적대감	1~5	1~5	3.97(1.20)	4.20(1.27)	-.81
영유아	반응성	1~7	1~7	4.90(1.94)	5.30(1.79)	-.96
	어머니 참여시키기	1~5	1~5	4.59(1.73)	5.05(1.78)	-1.17

다. 그러나 이러한 차이는 통계적으로 유의하지 않았다.

영유아의 성에 따른 영유아의 정서적 가용성 평균점수를 비교해 보면, 반응성은 여아(M=5.30)가 남아(M=4.90)보다 높게 나타나서 여아가 남아보다 어머니에 더 반응적이었다. 놀이 활동에 어머니 참여시키기도 여아(M=5.05)가 남아(M=4.59)보다 더 높게 나타나 여아가 남아보다 어머니를 더 많이 활동에 참여시키는 것으로 나타났다. 그러나 이러한 차이는 통계적으로 유의하지 않았다.

어머니-영유아의 정서적 가용성은 어머니와 영유아의 관계에 대한 질을 분석하기 위해 긴밀한 정서적 교류를 알아보는 방법이므로 개인 지향적 접근(person-oriented approach)에 근거하여 성에 따른 차이를 분석하였다. 즉, K-means cluster analysis를 사용하여 남아/여아-어머니 정서적 가용성 군집분석을 실시하였고 그 결과는 〈표 4-68〉과 같다.

영유아 성별에 따라 어머니와의 정서적 가용성 군집분석 프로파일을 〈그림 4-4〉에 제시하였다. 남아-어머니 정서적 가용성과 여아-어머니 정서적 가용성 모두 4개의 유사한 유형으로 군집화됨을 알 수 있었다. 또한 4가지 군집 유형은 앞에서 제시한 어머니-영유아 정서적 가용성 전체 연구 대상 일반적 경향에서 나타난 4가지 군집 유형과 동일한 특성으로 나타났다. 따라서 남아-어머니 정서적 가용성과 여아-어머니 정서적 가용성은 모두 제한형, 구조적/반응형, 자율적/제한형, 공감형으로 군집화되었다.

성별에 따라 어머니-영유아 정서적 가용성 유형의 비율은 차이가 있었다. 남아의 경우 자율적/제한형(15명, 38%)이 가장 많았고 제한형(13명, 33%), 공감형(10명, 26%), 구조적/반응형(1명, 3%) 순이었다. 여

〈표 4-68〉 성별에 따른 K-means 군집분석 결과 (N=79)

프로파일 유형 / 차원	군집 1 (제한형)		군집 2 (구조적/제한형)		군집 3 (자율적/제한형)		군집 4 (공감형)	
	남아 n(%) 13(33)	여아 n(%) 10(25)	남아 n(%) 1(3)	여아 n(%) 5(12)	남아 n(%) 15(38)	여아 n(%) 7(18)	남아 n(%) 10(26)	여아 n(%) 18(45)
	M(SD)	M(SD)	M(SD)	M(SD)	M(SD)	M(SD)	M(SD)	M(SD)
모민감성	-.77 (.53)	-.90 (.82)	-2.15 (.69)	-1.67 (.00)	.07 (.43)	-.15 (.68)	1.05 (.43)	.76 (1.01)
모구조화	-.81 (.75)	-.99 (.56)	-1.65 (1.19)	-1.37 (.97)	.23 (.85)	.11 (.88)	.61 (.63)	.77 (.41)
모비침해	-.95 (.62)	-.85 (.51)	-1.44 (1.08)	-2.20 (.00)	.26 (.77)	.43 (.71)	.73 (.42)	.58 (.60)
모비적대감	-.88 (.00)	-.88 (.00)	-2.51 (.00)	-2.51 (.00)	.37 (.71)	.74 (.00)	.49 (.61)	.64 (.39)
영유아반응성	-1.13 (.68)	-.65 (.57)	-1.13 (.00)	-1.48 (.62)	-1.37 (.81)	-.15 (.75)	.94 (.30)	.96 (.26)
영유아 모참여시키기	-1.04 (.51)	-.66 (.80)	-1.60 (.80)	-1.41 (.65)	-.16 (.50)	-.21 (.53)	.89 (.55)	1.04 (1.01)

참고: 표준점수화했으므로 합 평균은 제시할 필요 없음

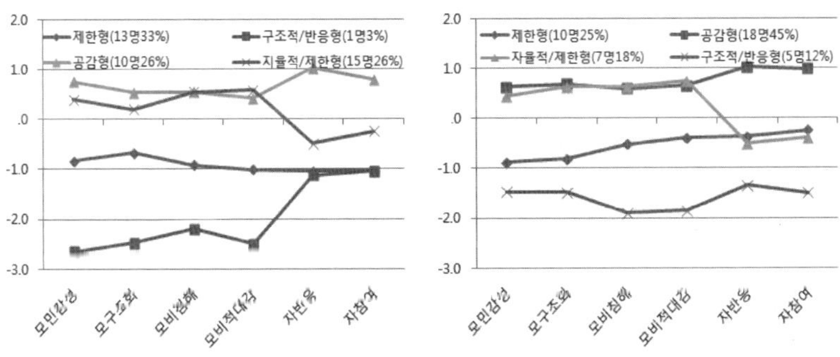

남아 어머니 여아-어머니

〈그림 4-4〉 영유아 성별에 따른 어머니와 정서적 가용성 프로파일 유형

아의 경우에는 공감형(18명, 45%)이 가장 많았고, 제한형(10명, 25%), 자율적/제한형(7명, 18%), 구조적/반응형(5명, 12%) 순으로 남아와 여아 모두 구조적/제한형이 가장 적은 비율로 나타났다. 반면에 상황과 맥락에 따라 긴밀한 정서적 교류를 하는 공감형은 여아-어머니 쌍(45%)이 남아-어머니 쌍(26%)보다 더 많이 나타나 영유아와 어머니의 정서적 교류는 여아가 좀 더 긴밀하다 할 수 있다.

③ 연령에 따른 어머니-영유아 정서적 가용성

영유아의 연령에 따라 어머니-영유아의 정서적 가용성에 차이가 있는지 알아보기 위해 먼저 연령에 따른 어머니-영유아 정서적 가용성 차이를 검증하였다.

〈표 4-69〉와 같이 영유아의 연령에 따라 어머니-영유아 정서적 가용성은 차이가 나타나지 않았다. 영유아의 연령에 따른 어머니 정서적 가용성 평균점수를 비교해 보면, 민감성은 2세 어머니(M=7.00)가 4세 어머니(M=6.16)보다 더 민감한 것으로 나타났고, 어머니 구조화

〈표 4-69〉 연령에 따른 어머니-영유아 정서적 가용성 t 검증결과 (N=79)

범주		가능한 점수 범위	점수범위	2세(n=22)	4세(n=57)	t
				M(SD)	M(SD)	
어머니	민감성	1~9	1~9	7.00(1.86)	6.16(2.07)	1.67
	구조화	1~5	1~5	4.18(1.18)	3.88(1.19)	1.02
	비침해	1~5	1~5	4.18(1.18)	3.77(1.35)	1.25
	비적대감	1~5	1~5	4.36(.93)	3.98(1.32)	1.24
영유아	반응성	1~7	1~7	5.36(1.81)	5.00(1.89)	.78
	어머니 참여시키기	1~5	1~5	4.91(1.69)	4.79(1.80)	.27

는 2세 어머니(M=4.18)가 4세 어머니(M=3.88)보다 높게 나타났다. 또한 비침해도 2세 어머니(M=4.18)가 4세 어머니(M=3.77)보다 더 높은 수준이었고, 비적대감도 2세 어머니(M=4.91)가 4세 어머니(M=4.79)보다 약간 높은 수준이었다. 즉 연령에 따른 어머니 정서적 가용성은 2세 어머니가 4세 어머니보다 전반적으로 더 높은 수준으로 나타났으나 이러한 결과는 통계적으로 유의하지 않았다.

영유아의 연령에 따른 영유아의 정서적 가용성 평균점수를 비교해 보면, 반응성은 2세아(M=5.36)가 4세아(M=5.00)보다 높게 나타났고, 놀이 활동에 어머니 참여시키기도 2세아(M=4.91)가 4세아(M=4.79)보다 더 높게 나타나 2세아가 4세아보다 어머니에게 더 반응적이었고 어머니를 더 많이 활동에 참여시키는 것으로 나타났다. 그러나 이러한 차이는 통계적으로 유의하지 않았다.

어머니-영유아의 정서적 가용성은 어머니와 영유아의 관계에 대한 질을 분석하기 위해 긴밀한 정서적 교류를 알아보는 방법이므로 개인지향적 접근(person-oriented approach)에 근거하여 연령에 따른 차이를 분석하였다. 즉, K-means cluster analysis를 사용하여 2세/4세-어머니 정서적 가용성 군집분석을 실시하였다.

먼저 2세-어머니 정서적 가용성 군집분석결과는 〈표 4-70〉과 같다.

만 2세 영유아와 어머니 정서적 가용성도 4개의 유형으로 군집되었다. 군집 1은 어머니와 영유아의 반응이 전반적으로 높은 수준이고 어머니의 민감성이 높고 영유아의 반응성과 놀이에 어머니를 참여시키는 수준이 높아서 어머니와 영유아의 정서적 교류 수준이 높은 특성을 보여서 '공감형'이라 명명하였다. 군집 2는 어머니의 구조화 수준이 높고 어머니에 대한 영유아의 반응성이 높은 유형이다. 즉, 어

〈표 4-70〉 어머니-2세 영유아 K-means 군집분석 결과

프로파일 유형 / 차원	군집 1 (공감형) n=10	군집 2 (구조적/반응형) n=3	군집 3 (구조적/위축형) n=5	군집 4 (제한형) n=4
	M(SD)	M(SD)	M(SD)	M(SD)
모민감성	.99(.47)	-.68(.00)	.49(.44)	-.93(.49)
모구조화	.54(.71)	-.25(.97)	.87(.00)	-1.23(.84)
모비침해	.70(.48)	-.68(.00)	.85(.00)	-1.06(.76)
모비적대감	.74(.00)	-.34(.94)	.42(.73)	-.88(.00)
영유아반응성	1.02(.00)	.30(.62)	-.69(.59)	-1.13(.00)
영유아 모참여시키기	.89(.55)	-.28(.66)	-.81(.51)	-.75(.57)

참고: 표준점수화했으므로 합 평균은 제시할 필요 없음

머니는 민감성, 비침해 수준이 낮아서 영유아의 놀이를 방해하는 수준이 높은데 영유아는 이런 어머니의 요구나 지시에 반응하는 높아서 '구조적/반응형'이라 명명하였다. 군집 3은 어머니가 영유아의 놀이를 구조화하는 수준이 높고 영유아의 놀이를 침해하는 수준은 낮은데, 영유아가 어머니에게 반응하고 어머니를 놀이에 참여시키는 수준이 낮았다. 즉 어머니는 영유아의 놀이를 방해하지 않고 영유아를 적대시하지 않으면서 적절한 구조화를 제공함에도 불구하고 영유아는 어머니에게 반응하지 않는 특성을 보여서 '구조적/위축형'이라 명명하였다. 군집 4는 어머니와 영유아 모두 반응 수준이 낮으며 모든 하위 반응 수준이 비슷한 경우이다. 즉, 어머니의 반응과 영유아의 반응이 비교적 간략하고 감정의 변화도 거의 없어서 '제한형'이라 명명하였다.

만 2세 영유아와 어머니의 정서적 가용성 군집 유형들 중 '공감형', '구조적/반응형', '제한형'은 앞에서 제시한 본 연구대상 전체 영

〈표 4-71〉 어머니-4세 영유아 K-means 군집분석 결과

프로파일 유형 / 차원	군집 1 (자율적/제한형) n(%) 19(33)	군집 2 (구조적/반응형) n(%) 4(7)	군집 3 (제한형) n(%) 14(25)	군집 4 (공감형) n(%) 20(35)
	M(SD)	M(SD)	M(SD)	M(SD)
모민감성	-.01(.57)	-1.91(.49)	-1.04(.62)	.79(.50)
모구조화	-.01(.86)	-1.65(.97)	-.81(.66)	.70(.52)
모비침해	.21(.77)	-2.20(.00)	-.89(.55)	.62(.56)
모비적대감	.48(.61)	-2.51(.00)	-1.00(.43)	.49(.59)
영유아반응성	-1.11(.67)	-1.40(.54)	-1.05(.66)	.96(.24)
영유아 모참여시키기	-.02(.36)	-1.32(.57)	-1.12(.70)	1.01(.47)

참고: 표준점수화했으므로 합 평균은 제시할 필요 없음

유아와 어머니 정서적 가용성 군집 유형과 유사한 특성을 나타내고 있고, '구조적/위축형'만 다른 특성을 나타내는 유형으로 군집화되었다. 즉, '구조적/위축형'은 만 2세 영유아와 어머니 정서적 가용성에서만 나타난 유형으로 어머니가 영유아의 놀이를 적절한 방법으로 구조화하는 수준이 높음에도 불구하고 영유아는 어머니에게 반응이 아주 낮아서 회피적인 특성을 보이는 유형이었다.

다음으로 만 4세-어머니 정서적 가용성 군집분석결과는 〈표 4-71〉과 같다.

만 4세 영유아와 어머니 정서적 가용성도 4개의 유형으로 군집되었다. 군집 1은 어머니가 영유아의 놀이를 침해하거나 적대적인 수준이 낮지만 영유아가 어머니에게 반응하고 어머니를 놀이에 참여시키는 수준도 낮아서 '자율적/제한형'이라 명명하였다. 군집 2는 어머니와 영유아의 반응이 모두 낮은 수준이고 어머니의 반응 중 영유아 놀이를 구조화하는 수준은 높지만 영유아는 어머니에 비해 어머니에게

반응하고 어머니를 놀이에 참여하는 수준이 높아서 '구조적/반응형'이라 명명하였다. 군집 3은 어머니와 영유아의 모든 반응이 낮고 모든 하위 반응 수준이 비교적 간략하고 감정의 교류도 거의 없어서 '제한형'이라 명명하였다. 군집 4는 어머니의 민감성이 높고 어머니에 대한 영유아의 반응성과 영유아가 놀이에 어머니를 참여시키는 수준이 높아서 어머니와 영유아의 정서적 교류 수준이 높은 특성을 보여서 '공감형'이라 명명하였다.

이와 같이 만 4세 영유아와 어머니의 정서적 가용성 군집 유형들은 앞에서 제시한 본 연구대상 전체 영유아와 어머니 정서적 가용성 군집 유형과 동일하게 '자율적/제한형', '구조적/반응형', '제한형', '공감형' 4가지 유형으로 군집화되었다.

만 2세 영유아와 어머니 정서적 가용성 군집 유형과 만 4세 영유아와 어머니 정서적 가용성 군집 유형을 비교한 프로파일은 〈그림 4-5〉와 같다.

〈그림 4-5〉에서 보는 바와 같이 만 2세와 만 4세 모두 공감형이

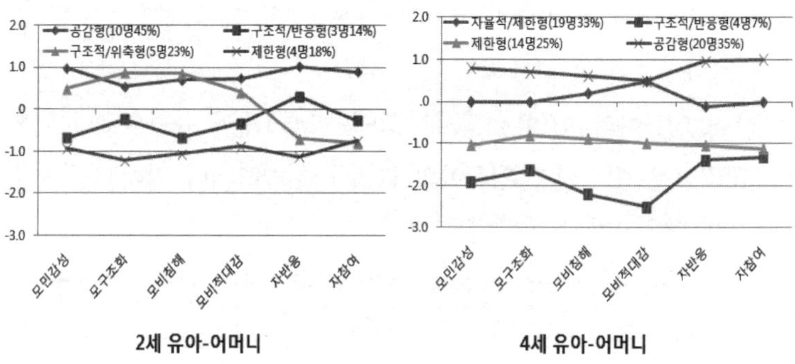

〈그림 4-5〉 만 2세/만 4세와 어머니 정서적 가용성 프로파일 유형

가장 많았고 구조적/반응형은 가장 적게 나타났다. 또한 만 2세와 만 4세 어머니 정서적 가용성 군집 유형 중 공감형, 구조적/반응형, 공감형 3가지 특성의 군집은 동일하게 나타났고 1가지 군집 유형은 차이가 있었다. 즉, 만 2세와 어머니 정서적 가용성 군집 유형 중 '구조적/위축형'은 만 4세와 어머니 정서적 가용성 군집 유형들과 다른 특성을 나타냈다.

④ 빈곤여부에 따른 어머니-영유아 정서적 가용성의 차이

빈곤여부에 따른 어머니-영유아 정서적 가용성의 차이가 있는지 살펴본 결과는 〈표 4-72〉와 같다.

〈표 4-72〉와 같이 빈곤여부에 따라 어머니-영유아의 정서적 가용성은 유의한 차이가 나타나지 않았다. 빈곤여부에 따른 어머니 정서적 가용성 평균점수를 비교해 보면, 민감성은 비빈곤 집단 어머니가(M=6.62)가 빈곤 집단 어머니(M=6.11)보다 더 민감한 것으로 나타났고, 어머니 구조화는 비빈곤 집단 어머니(M=4.19)가 빈곤 집단 어머

〈표 4-72〉 빈곤여부에 따른 어머니-영유아 정서적 가용성 t 검증결과 (N=79)

범주		가능한 점수 범위	점수범위	빈곤(n=36)	비빈곤(n=43)	t
				M(SD)	M(SD)	
어머니	민감성	1~9	1~9	6.11(1.88)	6.62(2.18)	2.28
	구조화	1~5	1~5	3.72(1.19)	4.19(1.17)	.08
	비침해	1~5	1~5	3.67(1.43)	4.05(1.19)	.20
	비적대감	1~5	1~5	3.94(1.22)	4.19(1.25)	.38
영유아	반응성	1~7	1~7	4.72(1.86)	5.38(1.83)	.12
	어머니 참여시키기	1~5	1~5	4.78(1.49)	4.81(1.97)	.94

니(M=3.72)보다 높게 나타났다. 또한 비침해도 비빈곤 집단 어머니(M=4.05)가 빈곤 집단 어머니(M=3.67)보다 더 높은 수준이었고, 비적대감도 비빈곤 집단 어머니(M=4.19)가 빈곤 집단 어머니(M=3.94)보다 약간 높은 수준이었다. 즉 비빈곤 집단 어머니 정서적 가용성은 빈곤 집단 어머니 가용성보다 전반적으로 더 높은 수준으로 나타났으나 이러한 결과는 통계적으로 유의하지 않았다.

빈곤여부에 따른 영유아의 정서적 가용성 평균점수를 비교해 보면, 반응성은 비빈곤 집단 영유아(M=5.38)가 빈곤 집단 영유아(M=4.72)보다 높게 나타났고, 놀이 활동에 어머니 참여시키기도 비빈곤 집단 영유아(M=4.81)가 빈곤 집단 영유아(M=4.78)보다 더 높게 나타나 비빈곤 집단 영유아가 어머니에게 더 반응적이었고 어머니를 더 많이 활동에 참여시키는 것으로 나타났다. 그러나 이러한 차이는 통계적으로 유의하지 않았다.

어머니-영유아의 정서적 가용성은 어머니와 영유아의 관계에 대한 질을 분석하기 위해 긴밀한 정서적 교류를 알아보는 방법이므로 개인지향적 접근(person-oriented approach)에 근거하여 빈곤여부에 따른 차이를 분석하였다. 즉, K-means cluster analysis를 사용하여 빈곤/비빈곤-어머니 정서적 가용성 군집분석을 실시하였다.

먼저 빈곤 집단 영유아-어머니 정서적 가용성 군집분석결과는 다음 〈표 4-73〉과 같다.

빈곤 집단 영유아와 어머니 정서적 가용성도 4개의 유형으로 군집되었다. 군집 1은 어머니 모든 반응은 −1점 이하로 아주 낮고 특히 비침해 수준이 아주 낮아서 어머니는 영유아에게 위협적이고 영유아를 거칠게 다루었다. 또한 영유아가 스스로 놀이하도록 하기보다는

〈표 4-73〉 빈곤 집단의 어머니-영유아 K-means 군집분석 결과 (N=36)

프로파일 유형 / 차원	군집 1 (침해/반응형) n(%) 3(8)	군집 2 (공감형) n(%) 9(25)	군집 3 (자율적/제한형) n(%) 10(28)	군집 4 (제한형) n(%) 14(39)
	M(SD)	M(SD)	M(SD)	M(SD)
모민감성	-1.67(.98)	.74(.49)	-1.04(.62)	.79(.50)
모구조화	-1.93(.97)	.31(.84)	.54(.71)	-.69(.45)
모비침해	-2.20(.00)	.68(.51)	.69(.48)	-.89(.55)
모비적대감	-1.97(.94)	.56(.54)	.57(.51)	-.65(.59)
영유아반응성	-1.48(.62)	1.01(.00)	-.38(.72)	-.59(.81)
영유아 모참여시키기	-1.04(.00)	1.11(.38)	-.13(.48)	-.47(.59)

참고: 표준점수화했으므로 합 평균은 제시할 필요 없음

어머니 자신이 과제를 수행하면서 영유아는 보조적인 역할을 하도록 하는 특성을 보였다. 이런 특성을 보여 '침해/반응형'이라 명명하였다. 군집 2는 어머니의 민감성이 높고 어머니에 대한 영유아의 반응성과 영유아가 놀이에 어머니를 참여시키는 수준이 높아서 어머니와 영유아의 정서적 교류 수준이 높은 특성을 보여서 '공감형'이라 명명하였다. 군집 3은 어머니가 영유아의 놀이를 침해하는 수준과 영유아에게 적대적인 수준은 낮고 영유아가 어머니에게 반응하고 어머니를 놀이에 참여시키는 수준도 낮아서 '자율적/제한형'이라 명명하였다. 군집 4는 어머니와 영유아의 모든 반응이 낮고 어머니와 영유아의 모든 하위 반응 수준이 비교적 산만하고 감정의 교류도 거의 없어서 '제한형'이라 명명하였다.

이와 같이 빈곤 집단 영유아와 어머니의 정서적 가용성은 4개 유형으로 군집되었고 이 유형들 중 '자율적/제한형', '제한형', '공감형' 3가지 유형은 앞에서 제시한 본 연구대상 전체 영유아와 어머니 정서적 가용성 군집 유형과 동일한 특성을 나타냈고, 나머지 1가지 유형은 '침해/반응형'이라는 독특한 특성으로 군집화되었다.

비빈곤 집단의 어머니-영유아 정서적 가용성 분석결과는 〈표 4-74〉와 같다.

비빈곤 집단 영유아와 어머니 정서적 가용성도 4개의 유형으로 군집되었다. 군집 1은 어머니와 영유아의 모든 반응이 낮고 어머니와 영유아의 모든 하위 반응 수준이 비교적 간략하고 감정의 교류도 거의 없어서 '제한형'이라 명명하였다. 군집 2는 어머니와 영유아의 반응이 모두 낮은 수준이고 어머니의 반응 중 영유아 놀이를 구조화하는 수준은 높지만 영유아는 어머니의 반응에 비해 어머니에게 반응하고 어머니를 놀이에 참여하는 수준이 높아서 '구조적/반응형'이라 명명하였다. 군집 3은 어머니가 영유아의 놀이를 침해하거나 영유아에게 적대적인 수준이 낮지만 영유아가 어머니에게 반응하고 어머니를 놀이에

〈표 4-74〉 비빈곤 집단의 어머니-영유아 K-means 군집분석 결과 (N=43)

프로파일 유형 / 차원	군집 1 (제한형) n(%) 6(14)	군집 2 (구조적/반응형) n(%) 9(21)	군집 3 (자율적/제한형) n(%) 6(14)	군집 4 (공감형) n(%) 22(51)
	M(SD)	M(SD)	M(SD)	M(SD)
모민감성	-.36(.80)	-1.45(.43)	.30(.00)	.86(.59)
모구조화	-.25(.87)	-1.18(.74)	.31(.87)	.87(.00)
모비침해	-.42(.62)	-1.02(.67)	.60(.62)	.63(.55)
모비적대감	-.07(.89)	-1.42(.81)	.74(.00)	.59(.49)
영유아반응성	.13(.44)	-1.25(.36)	-.59(.59)	.97(.24)
영유아 모참여시키기	-.09(.47)	-1.54(.60)	-.66(.59)	-.01(1.12)

참고: 표준점수화했으므로 합 평균은 제시할 필요 없음

참여시키는 수준도 낮아서 '자율적/제한형'이라 명명하였다. 군집 4는 어머니의 민감성이 높고 어머니에 대한 영유아의 반응성과 영유아가 놀이에 어머니를 참여시키는 수준이 높아서 어머니와 영유아의 정서적 교류 수준이 높은 특성을 보여서 '공감형'이라 명명하였다.

이와 같이 비빈곤 집단 영유아와 어머니의 정서적 가용성 군집 유형들은 앞에서 제시한 본 연구 대상 전체 영유아와 어머니 정서적 가용성 군집 유형과 동일하게 '자율적/제한형', '구조적/반응형', '제한형', '공감형' 4가지 유형으로 군집화되었다.

빈곤 집단 영유아와 어머니 정서적 가용성 군집 유형과 비빈곤 집단 영유아와 어머니 정서적 가용성 군집 유형을 비교한 프로파일은 〈그림 4-6〉과 같다.

〈그림 4-6〉에서 보는 바와 같이 빈곤 집단과 비빈곤 집단의 군집 유형을 비교해 보면, 첫째 어머니-영유아 정서적 가용성 군집 유형은 3가지는 동일한 특성이었고 1가지는 차이가 있었다. 즉, 공감형, 자율적/제한형, 제한형은 공통적으로 나타난 군집 유형이었고, 빈곤 집

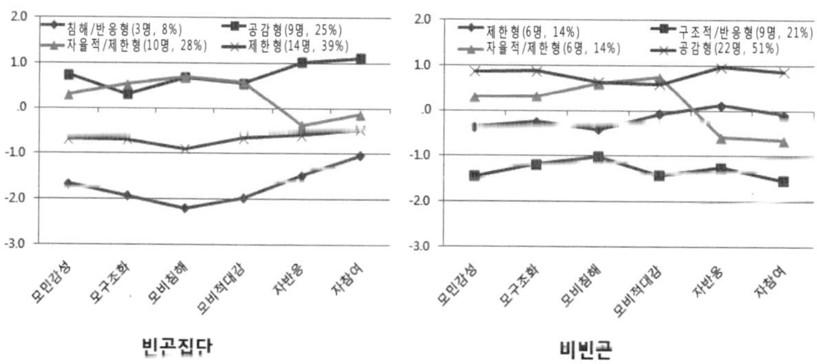

〈그림 4-6〉 빈곤/비빈곤 집단 어머니-영유아 정서적 가용성 프로파일

단 군집 유형 중 침해/반응형은 빈곤 집단에서만 나타난 독특한 유형이었다. 둘째, 빈곤 집단의 경우 제한형(39%)이 가장 많았고 그 다음으로 자율적/제한형(28%)이 많았고, 비빈곤 집단은 51%가 공감형으로 나타났다. 따라서 빈곤 집단은 어머니와 영유아가 상호 정서를 공유하고 상황과 맥락에 따라 상호작용하는 질적 수준이 낮은 반면, 비빈곤 집단은 상황과 맥락에 따라 어머니와 영유아가 긴밀한 정서를 공유하는 상호작용 수준이 높다고 할 수 있다.

(3) 어머니-영유아 정서적 가용성과 관련 변인과의 관계

빈곤여부에 따른 어머니-영유아 정서적 가용성은 차이가 나타나지 않았으므로 빈곤 집단과 비빈곤 집단 어머니-영유아 전체 쌍을 대상으로 어머니-영유아 정서적 가용성의 4가지 유형에 따른 어머니 자신의 애착의 차이를 살펴보았다.

〈표 4-75〉에 제시한 바와 같이 어머니 자신의 애착 하위 차원 중 의사소통은 자율적/제한형(M=3.64)이 가장 높았고, 신뢰감도 자율적/제한형(M=3.87)이 가장 높았으며, 소외감은 구조적/반응형(M=3.28)이

〈표 4-75〉 어머니-영유아 정서적 가용성 유형에 따른 어머니 애착 (N=79)

프로파일 유형 / 어머니 애착	군집 1 (제한형) n=20	군집 2 (구조적/반응형) n=5	군집 3 (자율적/제한형) n=24	군집 4 (공감형) n=30
	M(SD)	M(SD)	M(SD)	M(SD)
의사소통	3.33(.51)	2.92(.63)	3.64(.66)	3.43(.80)
신뢰감	3.40(.62)	3.42(.43)	3.87(.69)	3.64(.78)
소외감	2.45(.61)	3.28(.64)	2.48(.50)	2.38(.41)

〈표 4-76〉 어머니-영유아 정서적 가용성 유형에 따른 어머니 애착 일원변량분석표

(N=79)

	변량원	자승화	자유도	평균자승화	F
의사소통	집단 간 집단 내	2.19 30.78	3 78	.73 .44	1.63
신뢰감	집단 간 집단 내	2.52 34.47	3 78	.84 .50	1.68
소외감	집단 간 집단 내	2.87 18.35	3 78	.94 .26	3.54*

*P<.05

가장 높았다. 이러한 결과가 통계적으로 유의미한지 분석한 결과는 〈표 4-75〉에 제시하였다.

〈표 4-76〉에 제시한 바와 같이 어머니 자신의 애착 하위 차원 중 소외감에서만 유의미한 차이가 나타났다. 즉, 어머니-영유아 정서적 가용성 유형 중 구조적/제한형이 다른 유형보다 소외감 수준이 더 높다고 해석할 수 있다. 따라서 어머니가 자녀에게 놀이를 구조화하는 수준이 높고 자녀가 어머니에게 덜 반응적인 상호작용 수준인 경우 어머니는 자신의 부모로부터 소외감을 경험한 수준이 높았다.

(4) 어머니-영유아 정서적 가용성 유형에 따른 영유아 특성 비교

어머니-영유아 정서적 가용성 4가 유형에 따라 영유아의 내적 표상의 차이가 있는지 알아보았다. 어머니-영유아 정서적 가용성을 측정한 79쌍 중에서 만 4세 대상으로 실시된 영유아 내적 표상 검사에 참여한 45명의 영유아를 대상으로 분석하였다.

〈표 4-77〉에서 보는 바와 같이 어머니-영유아 정서적 가용성 유형

에 따라 영유아의 내적 표상 하위 차원 중 공감/온화, 불안, 회피/위축은 모든 유형이 비슷한 수준이었다. 다만, 비조절된 공격성은 구조적/반응형(M=1.80)이 다른 유형보다 좀 더 높은 수준이었고, 정서적 통합도 구조적/제한형(M=6.30)이 다른 유형보다 좀 더 높은 수준이었다.

이러한 차이가 통계적으로 유의미한지 분석한 결과 〈표 4-78〉과

〈표 4-77〉 어머니-영유아 정서적 가용성 유형에 따른 영유아 내적 표상 (N=45)

프로파일 유형 / 영유아 내적 표상	군집 1 (제한형) n=12	군집 2 (구조적/반응형) n=4	군집 3 (자율적/제한형) n=12	군집 4 (공감형) n=17
	M(SD)	M(SD)	M(SD)	M(SD)
공감/온화	.96(.76)	1.03(.31)	1.10(.46)	1.24(.36)
불안	.88(.62)	.85(.98)	1.16(.81)	1.07(.74)
회피/위축	.45(.42)	.85(.37)	.52(.57)	.64(.64)
비조절된 공격성	.73(.56)	1.80(1.45)	.62(.60)	.66(.53)
정서적 통합	4.30(.2.61)	6.30(1.92)	5.16(1.87)	5.92(2.48)

〈표 4-78〉 어머니-영유아 정서적 가용성 유형에 따른 영유아 내적 표상 일원변량분석표 (N=45)

	변량원	자승화	자유도	평균자승화	F
공감/온화	집단 간 집단 내	.68 11.29	3 44	.19 .27	.70
불안	집단 간 집단 내	.62 23.32	3 44	.21 .57	.37
회피/위축	집단 간 집단 내	.60 12.59	3 44	.20 .31	.66
비조절된 공격성	집단 간 집단 내	4.73 18.50	3 44	1.58 .45	3.50*
정서적 통합	집단 간 집단 내	22.69 223.62	3 44	7.57 5.45	1.39

*P<.05

같이 비조절된 공격성 차원에서도 유의미하였다. 즉 어머니-영유아 정서적 가용성 유형 중 구조적/제한형의 영유아가 다른 유형보다 어머니에 대한 비조절된 공격성 표상을 더 많이 가지고 있었다.

제5장

결 론

1. 빈곤영유아의 가정 관련 특성
2. 빈곤영유아의 발달 특성
3. 빈곤영유아의 모와 상호작용 특성
4. 기대효과

제5장 결 론

1. 빈곤영유아의 가정 관련 특성

연구 대상자 특성에서는 영유아의 빈곤여부, 성별, 연령, 영유아의 키, 몸무게, 어린이집에 있지 않는 시간 동안에 영유아가 주로 누구와 함께 있는지와 영유아가 가장 가깝게 느끼는(좋아하는) 사람은 누구인지에 대해 1, 2차로 나누어 살펴보았다. 그 결과 영유아 376명 중 비빈곤영유아가 204명(54.3%), 빈곤영유아가 172명(45.7%)으로 나타났으며 남자는 186명(49.5%), 여자 190명(50.5%), 그리고 연령은 2세 영유아는 165명(43.9%), 4세 영유아는 211명(56.1%)으로 나타났다. 영유아의 키와 몸무게를 출산 당시와 1차 및 2차로 구분하여 살펴본 결과, 출산 당시 키의 평균은 50.98cm, 1차 시 키의 평균 102.40cm, 2차의 키의 평균 112.49cm로 나타났다. 출산 당시 몸무게의 평균은 3.25kg, 1차 몸무게의 평균은 16.59kg, 2차 몸무게의 평균은 19.73kg 으로 나타났다. 영유아가 어린이집에 있지 않는 시간 동안에는 주로 1차에서는 어머니(133명, 35.4%)나 (외)조부모(39명, 10.4%)와 함께 있었으며, 2차에서는 어머니(187명, 49.7%)나 아버지(77

명, 20.5%)와 함께 있는 것으로 나타났다. 영유아가 가장 가깝게 느끼는(좋아하는) 사람은 1차에서는 어머니가 202명(53.7%), 아버지가 33명(58.8%), 2차에서는 어머니가 187명(49.7%), 아버지가 77명(20.5%)으로 나타났다.

영유아의 빈곤여부에 따른 가족 특성, 모 특성, 모자 특성에 대해 살펴본 결과 가족 특성에서 가족경험, 가족건강성, 경제, 빈곤 등 모든 부분에서 빈곤여부에 따라 통계적으로 유의미한 차이가 있는 것으로 나타났으며, 모 특성에서 모 우울과 결혼만족도, 자아존중감, 모자 특성에서는 모-자녀관계의 훈육 어려움에서 유의미한 차이가 있는 것으로 나타났다.

각 특성별로 자세히 살펴보면 가족 특성에서 가족경험은 1차 비빈곤 29.38, 빈곤 29.13, 2차 비빈곤 29.59, 빈곤 29.34로 1, 2차 모두 빈곤여부에 따라 통계적으로 유의미한 차이($p<.1$)를 보이며 시간이 흐를수록 영유아에게 부정적인 생활사건이 많이 발생한 것을 보여준다. 가족건강성의 경우 1차 비빈곤 25.94, 빈곤 24.99로 통계적으로 유의미한 차이($p<.01$)를 보여 비빈곤 가족이 더 건강한 것으로 나타났다. 경제는 1차 비빈곤 11.83, 빈곤 14.44, 2차 비빈곤 11.63, 빈곤 13.99로 1, 2차 모두 통계적으로 유의미한 차이($p<.01$)를 보이며 빈곤영유아 가정이 경제적으로 어려움을 경험하는 것으로 나타났다. 종교성은 비빈곤이 14.62, 빈곤이 17.00, 2차 비빈곤이 14.21, 빈곤이 17.11로 1, 2차 모두 통계적으로 유의미한 차이($p<.05$)인 것으로 나타나 비빈곤보다 빈곤이 종교성 수준이 높은 것으로 볼 수 있다.

모 특성에서 모 우울은 1차에서 비빈곤이 23.36, 빈곤이 26.33으로 비빈곤 모보다 빈곤 모의 우울이 더 높은 것으로 나타났고, 통계적으로도 유의미한 차이($p<.01$)인 것으로 나타났다. 그러나 1차 때

비빈곤과 빈곤의 모 우울은 큰 차이가 나타났으나 시간이 흐른 후 2차에서는 차이가 유의미하지 않았으며 오히려 비빈곤 가정의 모 우울이 평균적으로 약간 높은 값을 보였다. 결혼만족도는 1차 비빈곤 18.05, 빈곤 17.00으로 빈곤보다 비빈곤의 결혼만족도가 높았고, 통계적으로 유의미한 차이($p<0.1$)가 나타났으며 하위척도인 결혼만족도와 생활만족도 모두 비빈곤 가정의 모가 빈곤 가정 모보다 높은 만족도를 보이는 것으로 나타났다. 모 특성과 모의 조모에 대한 애착에서는 빈곤여부에 따른 차이가 없는 것으로 나타났다. 모의 자아존중감은 1차 비빈곤이 37.24, 빈곤이 34.75로 유의미한 차이($p<.1$)를 보였고, 2차 비빈곤이 37.71, 빈곤이 35.94로 통계적으로도 유의미한 차이($p<.05$)인 것으로 나타났다. 1, 2차 모두 비빈곤 가정의 모가 빈곤 가정 모의 자아존중감보다 높았으며, 1차 때보다 2차 시 두 집단 모두에서 자아존중감은 증가하였다. 모자 특성에서 모-자녀관계는 유의미한 차이를 보이지 않았으나 하위척도인 1차 훈육의 어려움에서는 유의미한 차이($p<.1$)가 있는 것으로 나타났다. 1차 훈육의 어려움은 비빈곤이 18.35, 빈곤이 17.69로 빈곤 가정에서 훈육의 어려움을 더 많이 느끼는 것으로 볼 수 있다. 전체적으로 비빈곤과 빈곤의 모-자녀관계가 통계적으로 유의미한 차이를 보이지는 않았으나 1차 때 비빈곤의 모-자녀관계가 높았던 것과는 다르게, 2차 때 빈곤 가정의 모-자녀관계가 높은 것으로 나타났다.

영유아의 성별에 따른 가족 특성, 모 특성, 모자 특성에 대해 살펴본 결과 통계적으로 유의미한 차이를 보이는 변수는 하나도 없었다.

영유아의 연령에 따른 가족 특성, 모 특성, 모자 특성에 대해 살펴본 결과 가족 특성이나 모 특성에서는 통계적으로 유의미한 차이가 나타나지 않았으며 모자 특성에서 모-자녀관계의 부모역할만족에서만

1차 2세가 10.69, 4세가 11.11, 2차 2세가 10.87, 4세가 11.43으로 나타나 1, 2차 모두 4세 모가 부모역할에 더 만족하는 것으로 나타났으며, 통계적으로 유의미한 차이($p<.1$)가 있는 것으로 나타났다.

이와 같은 결과를 통해, 영유아기에 성별이나 연령에 따라서는 가족 특성, 모 특성, 모자 특성에 거의 차이를 보이지 않으나 빈곤여부에 따라서는 다양한 변수에서 유의미한 차이를 보이는 것을 알 수 있다. 빈곤여부에 따라 영유아기에 차이를 보이는 것은 부모들의 빈곤에 대한 인식에 의해 나타나는 결과로 보이는데, 영유아들이 성장할수록 부모들의 빈곤에 대한 인식이 그대로 전달되어 영유아기의 발달에 영향을 미치게 되고 그로 인해 더 큰 차이를 보일 수 있다. 이미 그동안의 연구를 통해 빈곤여부에 따라 영유아의 발달에 사회 · 정서적으로나 신체 · 인지적으로 차이가 나타나는 것을 볼 수 있는데, 어렸을 때부터 개입을 통해 빈곤영유아와 비빈곤영유아의 차이를 줄일 수 있도록 이에 대한 노력이 필요함을 시사한다.

2. 빈곤영유아의 발달 특성

2009년 1월을 기준으로 만 2세와 만 4세이던 연구대상 영유아들은 기질 및 성격, 심리사회적 적응 등과 같은 발달 특성을 조사한 2011년 1월 기준으로 만 4세와 만 6세가 되었다. 147명이 조사되었으며, 조사 결과, 만 4세 영유아가 53명(36.1%), 만 6세 영유아가 94명(63.9%)이었고 빈곤 가정의 영유아가 66명(44.9%), 비빈곤 가정의 영유아가 81명(55.1%)이었다.

JTCI-영유아용 검사 결과 중 자극추구 기질은 평균이 17.92, 위험회피는 평균 23.00, 사회적 민감성은 평균 24.46, 인내력은 평균이 27.87이었다. 성격 검사는 자율성의 평균이 30.60, 연대감의 평균은 27.90, 자기초월의 평균은 12.18인 것으로 나타났다.

이와 같은 결과를 토대로 빈곤에 따른 차이가 있는지 살펴본 바, 기질에서는 인내력이 유의미한 차이를 보였는데, 빈곤 가정 영유아의 평균은 26.35로서 비빈곤 가정 영유아의 평균은 29.11보다 낮았다 (p<.05). 또한 성격에서는 자율성과 연대감에서 유의미한 차이가 나타났다. 자율성에서 빈곤하지 않은 가정 영유아의 평균은 31.36이었는데, 빈곤한 가정 영유아의 평균은 29.67이었고(p<.10), 연대감은 빈곤하지 않은 가정 영유아의 평균은 27.04였는데, 빈곤한 가정 영유아의 평균은 28.95로 빈곤한 가정 영유아의 평균이 높았다. 요약하면, 빈곤하지 않은 가정 영유아보다 빈곤 가정 영유아에게 인내심이 부족한 것으로 파악되었고, 성격 차원 중에는 자율성 역시 빈곤한 가정 영유아가 다소 낮은 것으로 나타났다. 하지만 연대감은 빈곤한 가정 영유아가 다소 높았다. 특히, 기질은 대체로 유전적이며 안정적인 특성을 갖는데, 빈곤에 따라 영유아의 인내력에 차이가 나타났다는 점은 주목할 만하다. 아직 JTCI를 활용한 연구들이 국내에서 활발하게 이루어지고 있지 않아서 선행연구를 통해 비교·확인하기는 어렵기 때문에 후속 연구가 필요하다.

연령별로는 자극추구의 평균이 4세는 19.70, 6세는 16.91로 4세 영유아의 평균이 유의하게 높았으며(p<.05), 사회적 민감성 역시 4세 영유아의 평균이 유의하게 높았는데, 4세 영유아의 사회적 민감성 평균은 25.83이었고 6세 영유아의 평균은 23.69였다(p<.10). 연대감의 평균은 4세는 26.49, 6세는 28.69로 6세 영유아가 높았으며(p<.05),

자기초월은 4세가 13.42, 6세가 11.48로 4세 영유아의 평균이 높았다(p<.10). 자극추구와 자기초월은 일부 선행연구에서 연령이 높을수록 높아진다고 보고된 바 있어서 이 역시 후속 연구가 필요한 것으로 보인다.

성별로는 기질에서는 위험회피와 사회적 민감성에서 여아가 유의하게 높았고(p<.05), 성격에서도 자기초월에서 여아가 높았다(p<.10). 이는 대체로 선행연구들과 일치하는데, 위험회피와 사회적 민감성, 자기초월 등에서의 성차는 다른 발달 영역에서의 성별 차이를 가져오는 요인으로 볼 수 있다.

심리사회적 적응 수준을 CBCL 1.5-5를 통해서 조사한 결과, 준임상군을 포함하면, 내재화 문제는 8.2%, 외현화 문제는 9.5%였다. 학령전 영유아기에서부터 임상군으로 분류되는 문제행동을 보이는 영유아가 10% 가까이 된다는 점은 우려할 만하며, 이들을 지속적으로 관찰하고 필요하다고 판단되면 향후 문제가 심화되지 않도록 조기에 개입해야 한다.

한편, 빈곤 가정의 영유아가 대체로 심리사회적 적응 수준이 낮은 것으로 파악되었는데, 특히 신체증상과 내재화는 통계적으로 유의하게 낮았다(p<.05). 외현화 문제와 그 밖의 하위 영역에서는 유의한 차이가 나타나지 않았는데, 이에 대해서는 빈곤에 따른 외현화 문제의 차이나 영향이 없다는 연구들(박진아, 2010; 허남순 외, 2005; 홍순혜·이숙영, 2009)도 있어서, 빈곤의 영향이 영유아기 초기에는 크지 않은 것인지, 어린이집에 재원 중인 영유아를 대상으로 하였기 때문인지, 혹은 실제로 빈곤에 따른 외현화 문제의 차이가 없는지, 추후 분석을 통하여 확인할 필요가 있다.

연령별로는 4세 영유아가 공격행동을 더 보이는 것으로 검증되었으며($p<.05$), 주의집중 문제와 공격행동을 포함하는 외현화 문제 역시 4세 영유아의 평균은 49.94, 6세 영유아의 평균은 45.90으로 4세 영유아가 외현화 문제를 더 보이는 것으로 나타났다($p<.05$). 본 연구결과 역시, 어린이집에 2년 이상을 다닌 영유아를 대상으로 한 결과이므로 조심스럽게 해석되어야 할 것이다.

성별 차이에 대한 분석 결과, 공격행동만이 유의미한 성차를 보였다($p<.05$). 남아가 여아보다 공격행동을 더 많이 하는 것으로 나타났는데, 대체로 성차에 대해서는 선행연구들에서 일치되지 않는 결과들이 보고되고 있어서 지속적인 연구를 통해서 확인할 필요가 있다. 예를 들면, 보호치료시설에서 생활하고 있는 아동에 대한 연구에서 여아는 불안/우울과 같은 내재화 문제, 남아는 비행과 같은 외현화 문제에서 고위험군 비율이 높다고 보고되기도 했으나(신혜령 · 박은미 · 박현선, 2010), 지역사회 아동을 대상으로 한 허남순 등(2005)의 연구에서는 사회적 위축만 성차가 있었고, 그 외 영역에서는 본 연구에서와 마찬가지로 차이가 유의미하지 않았다.

빈곤과 영유아의 기질 및 성격이 내재화 문제와 외현화 문제에 영향을 주는지 중다회귀분석을 통하여 검증한 결과, 영유아의 위험회피 기질과 자극추구 기질, 인내력, 빈곤이 내재화 문제에 영향을 주는 것으로 나타났다. 즉 영유아가 위험회피 기질과 자극추구 기질이 강할수록, 또 인내력이 부족하고 빈곤한 가정일수록 내재화 문제를 많이 경험하게 된다. 또한 외현화 문제에서는 빈곤은 영향력 있는 변수에서 제외되었고, 자극추구 기질과 성격 중 자율성이 영향력 있는 변수로 채택되었다. 영유아의 자극추구 기질이 강할수록, 또 자율성은 부족할수록 외현화 문제를 많이 경험하는 것으로 해석된다.

이와 같은 결과를 통해, 영유아기의 내재화 문제와 외현화 문제에 영향을 주는 기질과 성격의 하위 영역이 다르며, 빈곤의 영향 역시 내재화 문제에만 나타난다는 점이 확인되었다. 이는 주목할 만한 점인데, 그동안의 연구에서 영유아의 심리사회적 적응과 관련해서 환경의 영향에 대해서 대체로 강조되어 왔으나, 본 연구에서는 영유아의 기질과 같은 유전적인 특성 역시 영향을 주며, 상대적으로 영향력 있는 변인이라고 보고되어 왔던 빈곤은 외현화 문제에는 영향을 미치지 않았다. 내재화 문제와 외현화 문제는 각기 다른 기제에 의해 진행되는 것으로 파악해 볼 수 있으며, 유사한 문제를 보이는 빈곤영유아라도 문제를 완화하거나 해결하기 위해서는 다른 접근이 필요함이 시사된다.

3. 빈곤영유아의 모와 상호작용 특성

어머니-영유아의 정서적 가용성의 일반적인 경향성과 영유아의 성, 나이, 빈곤 집단과 비빈곤 집단에 따른 어머니-영유아의 정서적 가용성 차이를 살펴보았고 이에 대한 논의는 다음과 같다.

첫째, 본 연구 대상의 어머니-영유아 정서적 가용성의 일반적인 경향을 살펴보면 다음과 같다. 어머니의 반응 중 민감성 평균은 6.39로 6점 이하는 적절하지 않다는 Biringer 외(1998)가 제시한 기준에서 고려해 볼 때 적절한 수준이라 할 수 있다. 그리고 구조화 평균은 3.96, 비침해 평균은 3.89, 비적대감 평균은 4.09로 1~5점 점수 범위를 고려하였을 때 중간 수준보다 약간 높은 수준이었다. 한편, 우리나라 중산층 어머니-영유아의 정서적 가용성을 연구한 민현숙 연구

(2009)에서는 어머니의 민감성 평균은 5.38, 구조화 평균은 3.17, 비침해 평균은 3.20, 비적대감 평균은 3.68로 나타났다. 또한 우리나라 중산층을 대상으로 어머니 정서적 가용성을 측정한 문영경(2010)의 연구에서도 민감성 평균은 5.36, 구조화 평균은 3.39, 비침해 평균은 3.71, 비적대감 평균은 3.75 수준이었다. 즉 우리나라 중산층 어머니의 정서적 가용성은 중간보다 약간 낮은 수준이었고, 특히 어머니 민감성은 적절한 기준인 6점보다 약간 낮은 수준이었다. 이러한 결과는 본 연구 대상의 어머니 정서적 가용성보다 낮은 수준이었다. 따라서 저소득층이 포함된 본 연구대상의 어머니 정서적 가용성은 중산층 어머니보다 아주 조금 높다고 할 수 있다.

이는 중산층과 저소득층 어머니의 특성 차이로 설명될 수 있다. 우리나라 중산층을 대상으로 한 민현숙의 연구(2009)는 어머니들은 대부분이 정서적 가용성 실험이 평소 영유아와 놀이하듯이 해 달라는 요구에도 불구하고 자녀와 놀이를 하지 않고 자녀가 혼자 놀이하도록 둔다는 반응을 보이면서 자녀와의 놀이를 부담스러워 하거나 불편하다고 여기는 경향이 있고, 영유아의 놀이과정보다는 과제 수행에 더 관심을 보이고 영유아와의 정서적 교류에는 덜 집중하는 경향이 있다고 보고하고 있다. 반면에 본 연구 대상들은 평소 자녀의 학습지를 지도하는 것처럼 하면 되는지 질문하는 등 일상생활에서 영유아와 상호작용 하듯이 참여하는 경향이 있었다. 또는 본 연구 대상에 포함된 만 2세 영유아들의 특성으로 설명될 수 있다. 민현숙(2009)과 문영경(2010)은 만 4세만을 대상으로 하였으나 본 연구대상 중 절반 가량이 만 2세이다. 만 4세보다 조작 능력이나 언어 이해 능력 등이 부족한 만 2세를 대상으로 상호작용해야 하는 어머니는 당연히 영유아의 요구나 상황에 더 적절하게 대응할 수밖에 없기 때문이다.

둘째, 어머니-영유아 정서적 가용성이 어떻게 군집화되는지 알아보기 위해 어머니의 반응과 영유아의 반응에 대해 군집분석을 실시하였고, 그 결과 총 4개의 유형으로 군집화할 수 있었다. 본 연구와 같이 어머니-영유아 정서적 가용성을 군집 분석한 선행연구는 없기 때문에 동일한 선행연구와 비교할 수 없으므로 Marvin과 Britner(1995)가 영유아 낯선 상황 실험에서 나타난 어머니의 양육행동을 안정, 거부, 몰입, 비조직-포기, 비조직-기타 유형으로 분류하고, 영유아 애착 행동을 안정, 회피전, 의존적, 비조직-통제, 불안정-기타 유형으로 분류한 연구 결과들과 비교하고자 한다.

공감형의 어머니는 과제 수행 시 영유아의 반응을 살피고 영유아가 도움이 필요한 상황에서 적절한 제안을 하였으며 영유아의 놀이를 지지하는 반응이 많았다. 이는 낯선 상황 실험에서의 어머니 양육 행동 중 안정 유형과 유사하다. 즉, 안정 유형의 어머니 양육 행동은 영유아와 눈을 자주 맞추고 반응적이고 편안함을 제공하며 훈육이 필요한 상황에서는 짧고 효율적으로 훈육한 후 다른 상호작용으로 돌아가는 행동 특성을 보이기 때문이다. 공감형의 영유아는 어머니의 질문이나 요구에 반응적이었고 어머니를 자신의 놀이에 자연스럽게 참여시키는 행동이 많았는데 이는 영유아의 애착 행동 중 안정 유형의 경우와 유사하다. 즉, 안정 애착 유형의 영유아는 낯선 상황 실험에서 어머니와 대화를 즐거워하고 어머니에게 자신의 정서를 적절히 표현하며 어머니의 접촉이나 요구를 편안해 하는 특징을 보이기 때문이다. 따라서 어머니-영유아 정서적 가용성의 공감형은 낯선상황 실험에서 나타난 안정 유형과 유사하다.

자율적/제한형의 어머니는 영유아의 반응을 기다려주고 긍정적인 정서로 지지하고 반응하는 데 자연스럽지 못하고 약간 어색한 분위기가 나타났다. 즉, 어머니가 과장된 목소리나 표정으로 영유아를 지지하고 칭찬하는 경우가 많았고 영유아에게 민감하지 못하여 영유아의 놀이에 어머니가 끌려다니는 분위기가 나타났다. 이는 낯선상황실험에서의 어머니 양육 행동 중 몰입과 유사하다. 즉, 어머니가 영유아와 대화할 때 영유아처럼 말하거나 스스로 대화의 내용을 상기시키고 연기자 같은 억지 웃음과 억지 정서가 나타나기 때문이다. 자율적/제한형의 영유아의 반응은 어머니의 반응이나 요구를 무시하거나 자신만의 방법으로 놀이를 리드하고 어머니의 과장된 행동을 불편해 하는 경우가 종종 있었다. 이런 영유아의 반응은 낯선상황 실험에서 영유아의 애착 행동 중 안정-통제적 유형과 회피 유형의 특성과 유사하다. 영유아는 어머니의 요구나 시도에 모두 반응하기보다는 선택적으로 반응하고 어머니와의 관계를 중립적으로 유지하면서 영유아 자신이 상황을 리드하는 특성을 나타내기 때문이다.

제한형의 어머니는 전반적으로 반응이 적으며 과제 수행에 필요한 최소한의 지시나 행동을 하고 눈을 맞추는 등의 정서적 지지가 적다. 또한 영유아가 어머니 지시를 따르지 않으면 얼굴을 찡그리거나 작은 한숨을 쉬는 등의 반응을 하였다. 이는 낯선상황실험에서 어머니 양육 행동 중 거부와 유사하다. 어머니는 영유아의 눈맞춤을 최소화하고 활기 없는 표정으로 교훈적이고 과제 중심적인 대화를 하는 양육 행동을 하기 때문이다. 제한형의 영유아는 주로 어머니가 지시하는 것을 따르고 무표정으로 놀이에 참여하였고 종종 작은 한숨을 쉬며 어머니 눈치를 살피는 반응을 나타냈다. 이는 낯선상황실험에서 영유아 애착 행동 중 회피 유형과 유사하다. 양육자와의 관계가 중립적이거나 종종 어머니를 무시하는 경향이 있고 어머니와 친밀하기보다는 예의바르다는 느낌이 강하기 때문이다.

구조적/반응형의 어머니는 과제 완성에 주로 관심이 있어 영유아가 과제에 집중하지 않거나 실수하는 경우에 짜증을 내기도 하고 영유아가 놀이에 집중해 있는 동안에는 영유아를 주시하기보다는 지루해하고 귀찮아하는 반응을 보였다. 이는 낯선상황실험에서 어머니 양육행동 중 거부의 특성과 유사하다. 즉, 어머니는 영유아의 흥미에 관심을 두지 않고 과제 중심적이고 영유아를 놀리는 듯한 태도를 보이고 영유아와의 접촉을 최소화하기 때문이다. 구조적/반응형의 영유아 반응은 어머니의 요구를 못 들은 척하거나 장난으로 대응하다가 어머니가 다시 지시하면 어머니 눈치를 보면서 수행하는 경우가 많았다. 이는 낯선상황실험에서 영유아 애착 행동 중 의존적 유형과 유사하다. 어머니에게 저항하기도 하지만 어머니가 관심을 보이지 않으면 두려움과 분노, 슬픔 등을 나타내며 어머니에게 의존하는 특성을 보이기 때문이다.

이와 같이 본 연구에서 어머니-영유아 정서적 가용성의 질에 따라 분류된 4가지 유형은 어머니-영유아 관계의 질을 측정하는 양육행동과 애착 행동의 분류와 유사하게 분류되었다. 앞으로 어머니-영유아 관계의 질을 분석하는 데 본 연구에서 제시된 군집 유형을 활용할 수 있을 것이다.

셋째, 성별에 따른 어머니-영유아 정서적 가용성의 경향성을 비교해 보기 위해 개인지향적 접근(person-oriented approach)에 근거하여 K-means cluster analysis를 한 결과 남아와 여아 모두 제한형, 구조적/반응형, 자율적/제한형, 공감형의 4개 유형으로 군집화되었다. 다만, 상황과 맥락에 따라 긴밀한 정서적 교류를 하는 공감형은 여아-어머니 쌍(45%)이 남아-어머니 쌍(26%)보다 더 많이 나타나서 어머니들은 남아보다 여아와 더 민감하게 정서적 교류를 한다고 할 수 있다. 이와 같은 결과는 Bornstein 외(2008) 및 Lovas(2005)와 유사한 결과이다. 즉, 어머니들은 남아보다 여아와의 놀이에서 민감성과 구조화 수준이 높아서 영유아와 긴밀한 정서적 교류 수준이 높은 경향성이 있다. 그러나 우리나라 영유아를 대상으로 한 민현숙(2009)의 연구에서는 어머니들은 남아와의 놀이에서 더 민감하고 자율성을 부여하는 수준이 높다고 나타나 본 연구 결과와 일치하지 않는다. 이는 민현숙(2009)의 연구에서 정서적 가용성을 측정하기 위해 버튼을 돌려 그리는 판(Etch-A Sketch)과 '기사놀이 블록'과 장난감을 사용하였고, 본 연구에서는 선 긋기, 퍼즐맞추기, 블록 쌓기와 같은 놀이를 사용한 차이 때문이라 해석해 볼 수 있다. 버튼 돌리는 장난감이나 성 쌓기와 같이 남아들이 선호하는 장난감으로 제공되어 남아들이 놀이에 관심을 보이고 잘 참여하기 때문에 어머니들의 민감성과 구조화 수준이 높을 수밖에 없기 때문이다.

넷째, 연령에 따른 어머니-영유아 정서적 가용성의 경향성을 비교해 보기 위해 2세와 4세를 각각 군집분석한 결과, 모두 4가지 유형 중 공감형, 구조적/반응형, 제한형 3가지는 동일한 유형으로 군집화되었고 1가지 유형은 다른 특성을 나타냈다. 즉, 2세는 구조적/위축형으로 4세는 자율적/제한형으로 군집화되었는데 이 2가지 유형을 비교해 보면 다음과 같다. 4세의 자율적/제한형은 앞에서 제시한 본 연구대상 군집 유형 중 하나로 어머니의 반응 중 영유아에 대한 비저대감이 높아서 영유아의 반응을 기다려주고 긍정적인 정서로 지지하고 반응하는 데 자연스럽지 못하고 약간 어색한 분위기가 특징적이다. 따라서 어머니가 영유아에게 자율성을 배려함에도 불구하고 영유아는 어머니에게 반응하거나 어머니를 놀이에 참여시키기는 수준은 낮은 특성이 있다. 반면에 2세의 구조적/위축형은 어머니의 구조화와 비침해 수준이 높았고 특히 구조화 수준이 가장 높았다. 이는 영유아의 연령에 따른 어머니 반응의 차이로 해석해 볼 수 있다. 4세보다 여러 가지 발달적 능력이 부족한 2세이므로 어머니는 놀이를 도와주기 위해서 4세보다 더 많이 구조화하는 상호작용을 할 수 밖에 없기 때문이다. 2세 구조적/위축형의 영유아의 반응은 어머니의 개입에 반응을 보이지 않거나 어머니가 여러 번 불러야 반응을 보이기도 하였다. 어머니는 영유아에게 열중하려고 하고 반응을 받으려고 하지만 영유아는 관심도 없고 회피하려는 반응을 보였다. 따라서 구조적/위축형은 어머니의 과도한 구조화로 인해 영유아가 위축되어 어머니와 영유아의 정서적 교류가 부적절하게 이루어지는 유형이며 이는 어머니의 시도를 거부할 능력이 부족한 2세아에게서만 나타나는 것이라 볼 수 있다.

다섯째, 빈곤여부에 따른 어머니-영유아 정서적 가용성의 경향성을 비교해 보기 위해 빈곤/비빈곤 집단별로 각각 군집분석한 결과, 빈곤 집단과 비빈곤 집단 모두 4개 유형으로 군집화되었고 공감형, 자율적/제한형, 제한형 3가지는 동일한 유형으로 군집화되었으며 1가지 유형은 다른 특성을 나타냈다. 즉, 빈곤 집단은 침해/반응형으로 군집되었다. 빈곤 집단의 침해/반응형의 어머니의 모든 반응은 -1점 이하로 아주 낮고 특히 비침해 수준이 아주 낮아서 어머니는 영유아에게 위협적이고 영유아를 거칠게 다루었다. 또한 영유아가 스스로 놀이하도록 하기보다는 어머니 자신이 과제를 수행하면서 영유아는 보조적인 역할을 하도록 하는 특성을 보였다. 따라서 영유아는 어머니의 지시에 따를 뿐 놀이과정의 즐거움은 나타나지 않았다. 이런 결과는 빈곤 집단의 어머니는 중산층에 비해 부정적인 상호작용을 많이 하는 반면, 기능발달을 촉진시키는 질 높은 상호작용은 적게 한다는 이영 · 신은주 · 나종혜(1995)의 연구 결과와 유사한 결과이다. 경제적인 빈곤이나 가족 해체 등으로 부모는 불안정한 상태이고 장시간 노동으로 인해 자녀와 보내는 시간이 적기 때문에 부정적인 상호작용을 하게 되고 이로 인해 어머니-영유아 정서적 가용성의 질도 낮을 수밖에 없는 것이다.

여섯째, 빈곤 집단은 제한형(39%)이 가장 많은 반면, 비빈곤 집단은 공감형(51%)이 가장 많았다. 즉 빈곤 집단 어머니-영유아 정서적 가용성의 질은 낮은 수준이었고, 비빈곤 집단 어머니-영유아 정서적 가용성의 질은 높은 수준이었다. Evans(2004)에 의하면 빈곤 집단의 경우 부모가 자녀와 보내는 시간이 적고 영유아와 의사소통도 원활하지 않기 때문에(윤희정, 2008, 재인용) 자녀와의 상호작용의 질이 낮을 수 있다. 또한 스트레스가 많은 어머니일수록 거부 · 권위적인 양육행동을 하므로(안지영 · 박성연, 2002) 빈곤 집단 어머니와 영유아의 상호작용의 질인 정서적 가용성 수준이 낮을 것이라 사료된다.

일곱째, 어머니-영유아 관계의 질인 정서적 가용성 유형에 따라 어머니 자신의 애착 수준에 차이가 있는지 알아본 결과 구조적/반응형의 어머니가 다른 유형보다 소외감이 더 높았다. 어머니 애착 중 소외감이 높은 경우 어머니가 자신의 부모에 대해 신뢰로운 상을 가지지 못하고 자신을 포함한 현실을 부정적으로 보는 특성이 있다. 즉, 현실에 대한 정보를 입수하고 처리하는 방식이 부정적인 경향성을 갖는다(민성혜 · 신혜원, 2007). 따라서 소외감 수준이 높은 구조적/반응형 어머니는 주로 영유아를 신뢰하지 못하여 놀이 과정에서 주로 영유아에게 지시하는 경우가 많고, 영유아의 흥미나 관심이 집중하기보다는 어머니 자신의 놀이 방식을 요구하는 것이다. 또한 영유아가 어머니의 지시에 순응하지 않으면 직접적으로 짜증 섞인 말로 훈육하기도 하였다. 따라서 어머니 자신의 애착 수준은 어머니가 자녀와 상호작용하는 관계의 질인 정서적 가용성에 영향을 미친다고 할 수 있다.

여덟 번째, 어머니-영유아 관계의 질인 정서적 가용성 유형에 따라 영유아 내적 표상의 차이가 있는지 알아본 결과 구조적/제한형 영유아의 내적 표상 하위 범주 중 비조절된 공격성 수준이 다른 유형보다 더 높았다. 구조적/제한형 어머니는 영유아에게 무관심하며 주로 영유아의 놀이를 지시하는 등 권위적인 특성의 반응을 하였다. 그런데 이런 강압적인 양육행동은 자녀를 공격적이고 충동적인 성격을 갖게 한다(어주경, 1998). 따라서 어머니-영유아 정서적 가용성에서 이런 권위적인 특성의 나타낸 구조적/제한형 어머니의 자녀는 다른 유형의 자녀보다 공격적이고 충동적일 확률이 높다고 할 수 있다. 특히 영유아의 내적 표상 중 비조절 특성이 많았던 것은 사회경제적 지위가 낮은 집단이었기 때문에(민성혜, 2006) 빈곤 집단의 부모에게서 자란 영유아들은 갈등이 있는 이야기를 공격적이고 충동적인 내용으로 표상할 수 있다고 추측해 볼 수 있다.

4. 기대효과

연구진들의 예상과는 달리 빈곤여부에 따른 영유아의 차이가 극명하게 나타나지는 않았다. 이는 연령이 어린 경우 빈곤의 영향을 상대적으로 적게 받고 있으며, 특히 우리나라는 교육열이 높고 초등학교 시기부터 아동들의 빈곤에 대한 인식이 분명해지기 때문에 빈곤 영향이 상대적으로 늦게 나타나는 것이 아닌가 판단된다. 또한 대부분 만

1세부터 어린이집을 다니게 되면서 빈곤효과를 완충하는 것이 아닌가 하는 의구심이 든다. 따라서 아동들의 인식에 대한 질적 연구나 어린이집의 기관효과를 좀 더 심층적으로 탐색할 필요가 있다고 판단된다. 이러한 후속 연구의 과제에도 불구하고 본 연구는 다음과 같은 기대효과를 가지고 있다.

1) 한국 빈곤관련 기초 이론의 지평 확대

기존의 한국의 빈곤연구가 상대적으로 거시적인 맥락에서의 이론에만 치중해 온 것을 감안할 때, 본 연구에서 개발하고자 하는 빈곤과 영유아 발달 관련 기초이론 개발은 빈곤이론의 기존 논의를 질적으로 다양화하고, 확대하는 데 기여할 것이다. 또한 본 연구는 생태체계이론의 틀에서 기존의 다양한 이론들을 통합하여 빈곤이 영유아 발달에 미치는 영향을 설명하는 이론적 모형을 개발하고, 이를 다양한 자료의 분석을 통해 검증하는 것을 목적으로 한다. 따라서 본 연구는 빈곤·방임을 초점으로 하여 사회환경과 영유아 발달의 관계에 대한 이론적, 경험적 이해를 넓힘으로써 '환경 속의 인간'을 주된 관심으로 두는 사회복지학의 기초이론을 발전시키는 데에 기여할 것이다.

2) 빈곤영유아를 위한 생대체계적인 개입 방안 마련

빈곤·방임이 영유아에게 미치는 영향을 매개하는 다양한 변수로서 개인적 특성, 가정환경, 보육환경을 설정하여 빈곤·방임영유아를 둘러싼 다양한 환경체계의 상대적인 영향력을 비교, 분석할 수 있기 때문에 빈곤·방임영유아를 위한 다차원적인 개입 지침의 우선순위를 확인할 수 있고, 이는 개입이나 정책수립의 효율성을 증진시킬 수 있다.

3) 빈곤영유아를 위한 예방적인 개입의 필요성과 방향 제안

본 연구의 궁극적인 목적이라고 할 수 있는 빈곤·방임이 영유아 발달에 미치는 경로를 밝히는 작업을 통해 현재 문제를 보이고 있지 않은 다수의 고위험 빈곤 가정 자녀들의 잠재적인 문제 가능성을 확인하고, 이들에 대한 예방적 개입의 필요성과 방법을 제안하였다. 다양한 보호과정은 빈곤이라는 고위험 상황에서도 보호요소의 증진이라는 예방적 개입을 통해 건전한 발달을 도모할 수 있음을 보여줄 수 있기 때문이다.

4) 빈곤영유아 유형별로 차별적 개입의 필요성 제안

중산층의 실직과 같이 일시적이고 급성적인 형태의 경제적 압박과 결손가정의 지속적인 빈곤, 그리고 이 양자가 혼합되어 있는 경우 등 빈곤의 시기 및 지속기간 면에서 다양한 빈곤의 유형이 영유아의 장기적인 발달에 어떠한 영향을 미치는지 등을 분석함으로써 빈곤 가정의 빈곤력과 빈곤 양상에 따른 차별화된 개입전략의 필요성과 실천적인 지침을 제안하였다.

부록 1 건강한 영유아 발달 연구 질문지 I

안녕하십니까?

귀한 시간을 내주신 데 대하여 진심으로 감사드립니다.

본 연구팀에서는 영유아들의 발달에 대한 종단적 연구를 시행하고 있습니다. 영유아들의 건강한 발달을 위하여 하는 것이니 다소 질문에 일일이 응답하시기 어려운 점이 있더라도 **한 문항도 빠짐없이 꼼꼼하게 체크하여 주시기 바랍니다.**

기록하여 주신 질문지에 대한 결과는 해당 어린이집을 통하여 3개월 후에 받아보시게 됩니다.

이번 질문지는 두 가지 질문지입니다.

하나는 자녀의 기질을 알아보기 위한 것이며 다른 하나는 자녀의 행동특성을 알아보기 위한 것입니다. 정답은 없으니, **평소 자녀가 보인 행동 반응과 일치하는 정도 그리고 본인의 행동이나 경험과 가장 가깝다고 생각하시는 부분**에 ○표 해 주십시오.

어머님의 응답은 연구를 진행하는 데 꼭 필요한 자료가 될 것이니 정성껏 응답해 주시기 바랍니다. 질문지의 응답 내용은 본 연구 이외의 목적으로 사용하지 않을 것이며, **비밀이 보장**될 것입니다.

대단히 감사합니다.

2009년 4월

건강한 영유아 발달 연구팀(가나다 순)
민성길(연세대학교 의과대학 명예교수)
민성혜(남서울대학교 아동복지학과 교수)
박은미(서울장신대학교 사회복지학과 교수)
신혜원(서경대학교 아동학과 교수)
전혜성(연세대학교 아동가족학과 교수)
정익중(이화여자대학교 사회복지학과 교수)

■ 다음은 일반적인 사항에 대한 질문입니다. 사실에 근거하여 답변해 주시기 바랍니다.

1) 아동 나이: _____세(주민등록번호: -   )

2) 아동 이름: ____________________   아동 성별: 남 / 여

3) 다음은 가족 사항입니다. 현재 아동과 함께 살고 있는 사람들에 대해 모두 적어주시기 바랍니다.

이 름	관 계	나 이	학 력	종 교	직 업	만성질환	장 애

* 만성질환과 장애는 있으신 경우 기록하여 주십시오.

4) 다음은 자녀의 건강관련 사항입니다. 현재 대상이 되는 만 2세 아동에 대한 것으로 적어주시기 바랍니다.

	출산 당시	현 재
키와 몸무게	키 cm, 몸무게 kg	키 cm, 몸무게 kg
질병 여부		
장애 여부		
알레르기 여부		
출산상황	난산( ), 조기분만( ), 제왕절개( ), 정상분만( ), 기타( )	
원치 않는 임신 여부	계획된 출산이었음( ), 원치 않는 임신이었음( )	

5) 월 평균 수입: ________________만 원

■ 다음은 자녀의 기질에 대한 질문입니다. 평소 자녀의 행동을 가장 잘 나타낸다고 생각되는 칸에 ✓표 하여 주십시오. 빠지는 항목이 없이 체크하여 주십시오.

문 항	전혀 그렇지 않다	별로 그렇지 않다	보통이다	조금 그렇다	매우 그렇다
1. 수줍음을 잘 타는 편이다.					
2. 잘 운다.					
3. 다른 사람과 함께 있기를 좋아한다.					
4. 거의 항상 활동적이다.					
5. 혼자 노는 것보다 다른 아동과 노는 것을 더 좋아한다.					
6. 다소 감성적이다.					
7. 움직일 때 대개 느릿느릿 움직인다.					
8. 친구를 쉽게 사귄다.					
9. 아침에 일어나자마자 이리저리 움직이며 활동적인 모습을 보인다.					
10. 사물이나 장난감보다는 사람을 더 좋아한다.					
11. 잘 칭얼대고 운다.					
12. 매우 사교적이다.					
13. 힘이 넘쳐나는 듯이 보인다.					
14. 낯선 사람과 친해지는데 시간이 오래 걸린다.					
15. 쉽게 놀랜다.					
16. 종종 혼자 있고 싶어한다.					
17. 활동적인 것보다 조용하고 비활동적인 게임을 더 좋아한다.					
18. 혼자 있으면 심심해하고 외로워한다.					
19. 당황했을 때, 강하게 반응한다.					
20. 낯선 사람과 잘 친해진다.					

■ 다음은 자녀의 행동특성에 대한 질문입니다. 평소 자녀의 행동을 가장 잘 나타낸다고 생각되는 칸에 ✓표 하여 주십시오. 빠지는 항목이 없이 체크하여 주십시오.

문 항	전혀 아니다	그런 편이다	자주 그렇다
1. 외롭다고 불평한다.			
2. 잘 운다.			
3. 나쁜 생각이나 나쁜 행동을 할까 두려워한다.			
4. 스스로 완벽해야 된다고 생각한다.			
5. 아무도 나를 사랑하지 않는다고 불평하거나 생각한다.			
6. 남들이 나를 해치려 한다고 생각한다.			
7. 자기가 가치가 없거나 남보다 못하다고 생각한다.			
8. 신경이 날카롭고 신경질적이거나 긴장되어 있다.			
9. 지나치게 겁이 많거나 불안해한다.			
10. 지나치게 죄책감을 느낀다.			
11. 자의식이 지나치고 쉽게 무안해 한다.			
12. 불행하다고 생각하거나 슬퍼하고 우울해 한다.			
13. 걱정이 많다.			
14. 혼자 있는 것을 좋아한다.			
15. 말을 하지 않으려 한다.			
16. 숨기는 것이 많고 남에게 속을 털어 놓지 않는다.			
17. 수줍거나 소심하다.			
18. 멍하니 허공을 응시하곤 한다.			
19. 자주 뾰루퉁해진다.			
20. 비활동적이고 행동이 느리며 기운이 없다.			
21. 불행하다고 생각하거나 슬퍼하고 우울해 한다.			
22. 위축되어 남들과 어울리지 않으려고 한다.			
23. 말다툼을 자주 한다.			
24. 허풍치고 자랑을 많이 한다.			
25. 동물을 잔인하게 다룬다.			
26. 나에게 관심을 많이 가져주기를 요구한다.			
27. 내 물건을 부순다.			
28. 가족이나 다른 아이의 물건을 부순다.			
29. 집에서 말을 안 듣는다.			

문 항	전혀 아니다	그런 편이다	자주 그렇다
30. 학교에서 말을 안 듣는다.			
31. 샘을 잘 낸다.			
32. 자주 싸운다.			
33. 신체적으로 남을 공격한다.			
34. 고함을 지른다.			
35. 으스대거나 남을 웃기려고 싱거운 짓을 한다.			
36. 고집이 세고 시무룩해지거나 성질을 부린다.			
37. 감정이나 기분이 갑자기 변하곤 한다.			
38. 지나치게 수다스럽다.			
39. 남을 잘 놀린다.			
40. 성미가 급해 제 뜻대로 안되면 데굴데굴 구른다.			
41. 남을 위협한다.			

■ 다음 질문을 읽으시고 본인의 평소 모습과 가까운 곳에 아래 보기처럼 점수를 주시기 바랍니다.

문 항	전혀 그렇지 않다	그렇지 않은 편이다	그저 그렇다	그런 편이다	매우 그렇다
1. 나는 정기적인 종교모임(주일예배, 정기법회, 미사)에 꼭 참석한다.					
2. 나는 비정규적 종교모임에도 참여하여 활동한다.					
3. 나는 집에서 종교서적(성경, 불경)을 읽는다.					
4. 나는 기도가 생활화되어 있다.					
5. 나는 종교방송(TV, 라디오)이나 종교신문, 잡지를 보기도 한다.					
6. 나의 생활에서 종교는 중요한 역할을 한다.					
7. 힘든 일이 닥치면 종교에 의지한다.					

부록 2 건강한 영유아 발달 연구 질문지 Ⅱ

안녕하십니까?

지난번에 이어 다시 한 번 귀한 시간을 허락해 주셔서 진심으로 감사드립니다.

본 연구팀에서는 영유아들의 발달에 대한 종단적 연구를 시행하고 있습니다. 영유아들의 건강한 발달을 위하여 하는 것이니 다소 질문에 일일이 응답하시기 어려운 점이 있더라도 **한 문항도 빠짐없이 꼼꼼하게 체크하여 주시기 바랍니다.**

이번 질문지는 자녀와 부모님들에 대하여 행동이나 관계에 대한 다양한 특성을 살펴보고자 하는 것입니다. 정답은 없으니, **평소 자녀가 보인 행동 반응과 일치하는 정도 그리고 본인의 행동이나 경험과 가장 가깝다고 생각하시는 부분**에 표시하시면 됩니다.

어머님의 응답은 연구를 진행하는 데 꼭 필요한 자료가 될 것이니 정성껏 응답해 주시기 바랍니다. 질문지의 응답 내용은 본 연구 이외의 목적으로 사용하지 않을 것이며, **비밀이 보장**될 것입니다.

대단히 감사합니다.

2009년 7월

건강한 영유아 발달 연구팀(가나다 순)
민성길(서울특별시서북병원 원장)
민성혜(남서울대학교 아동복지학과 교수)
박은미(서울장신대학교 사회복지학과 교수)
신혜원(서경대학교 아동학과 교수)
전혜정(연세대학교 아동가족학과 교수)
정익중(이화여자대학교 사회복지전문대학원 교수)

아동 성명		아동 생년월일	
어머니(혹은 보호자) 성명			

1. 다음은 지난 한 달 동안 귀하가 가졌던 기분이나 느낌을 알아보고자 하는 것입니다. 귀하의 느낌과 가장 가깝다고 생각되는 칸에 ✓표 해 주십시오.

문 항	전혀 그렇지 않다	별로 그렇지 않다	보통이다	대체로 그렇다	매우 그렇다
1. 가족이나 친구들이 도와주는데도 기분이 울적했다.					
2. 평소에 성가시지 않던 일이 성가시게 느껴졌다.					
3. 외로움을 느꼈다.					
4. 슬픔을 느꼈다.					
5. 우울했다.					
6. 하는 일에 마음을 집중하기가 어려웠다.					
7. 별로 입맛이 없었다.					
8. 하는 일들이 모두 힘들게 느껴졌다.					
9. 두려움을 느꼈다.					
10. 잠을 설쳤다.					
11. 평소보다 말을 적게 했다.					
12. 하던 일을 제대로 해낼 수 없었다.					

2. 다음은 귀하가 평소 남편과의 관계나 삶에 대해 어떻게 생각을 하고 있는지 알아보기 위한 것입니다. 귀하에게 해당되는 정도를 잘 나타내 주는 칸에 각각 ✓표 해 주십시오.

문 항	전혀 만족하지 않는다	만족하지 않는다	보통이다	만족한다	매우 만족한다
1. 당신은 당신의 결혼생활에 대하여 어느 정도 만족하십니까?					
2. 당신은 배우자로서 남편에 대하여 어느 정도 만족하십니까?					
3. 당신은 남편과의 관계에 대하여 어느 정도 만족하십니까?					
4. 당신은 자신의 인생에 대해 어느 정도 만족하십니까?					
5. 당신은 어느 정도 행복하십니까?					

3. 다음은 귀하가 평소 자기 자신과 인생에 대해 어떻게 생각하고 있는지 알아보기 위한 것입니다. 귀하의 생각을 잘 나타내 주는 칸에 각각 ✓표 해 주십시오.

문 항	전혀 그렇지 않다	별로 그렇지 않다	보통이다	대체로 그렇다	매우 그렇다
1. 나는 적어도 내가 다른 사람들만큼 가치 있는 사람이라고 생각한다.					
2. 나는 내가 장점이 많다고 생각한다.					
3. 나는 대체로 내가 실패한 사람이라고 생각하는 경향이 있다.					
4. 나는 남들이 하는 만큼 일을 잘 할 수 있다.					

문 항	전혀 그렇지 않다	별로 그렇지 않다	보통이다	대체로 그렇다	매우 그렇다
5. 나는 내 자신이 자랑할 만한 것들이 별로 없다고 느낀다.					
6. 나는 내 자신에 대해 긍정적인 태도를 가지고 있다.					
7. 나는 내 자신에 대하여 대체로 만족한다.					
8. 나는 내 자신을 좀 더 존중할 수 있으면 좋겠다.					
9. 나는 가끔 내 자신이 쓸모없는 사람이라는 느낌이 든다.					
10. 나는 때때로 내가 무능하다고 생각한다.					

4. 다음은 가족이 가지고 있는 특성에 관한 것입니다. 귀하의 가족 특성과 가장 가깝다고 생각하는 곳에 ✓표 해 주십시오.

문 항	전혀 그렇지 않다	별로 그렇지 않다	보통이다	대체로 그렇다	매우 그렇다
1. 우리 가족은 다른 가족보다 행복한 것 같다.					
2. 우리 가족은 어떤 일을 결정하기 전에 서로 상의한다.					
3. 우리 가족은 서로 존중한다.					
4. 우리 가족은 서로에게 좋은 감정을 표현한다.					
5. 우리 가족은 계획을 세우면 잘 실행한다.					
6. 우리 가족은 서로에게 격려를 해 준다.					
7. 우리 가족은 어떤 일이 발생해도 밝은 면을 보려고 노력한다.					

5. 다음은 부모가 자녀에 대해 갖는 다양한 생각을 나타낸 것입니다. 각 항목을 읽고, 귀하의 생각과 가장 가까운 칸에 ✓표 해 주십시오.

문 항	전혀 그렇지 않다	별로 그렇지 않다	보통 이다	대체로 그렇다	매우 그렇다
1. 나는 내 아이를 훈육하는 것이 어렵다.					
2. 나는 내 아이를 납득시키기가 힘들다.					
3. 나는 내 아이와 많은 시간을 보낸다.					
4. 내 아이는 다른 아이들에 비해 돌보기가 어렵다.					
5. 부모가 되는 것은 나에게 자연스러운 일이다.					
6. 내 아이로부터 벗어나 자유로운 시간을 갖지 못한다면, 참기 어려울 때가 있다.					
7. 내 아이는 대부분 통제하기 어렵다.					
8. 부모가 되는 것은 내가 생각했던 것만큼 만족스럽지 않다.					
9. 나는 내 아이의 수준에 맞게 대화할 수 있다고 생각한다.					
10. 나는 내 아이와 매우 가깝다고 느낀다.					
11. 나는 아이가 하는 놀이나 활동에 적극 참여한다.					
12. 나는 내 아이에 대해 잘 알지 못한다고 느낀다.					
13. 내가 아이를 가진 것이 잘 한 일이었는지 의문이 든다.					
14. 나는 내 아이와 시간을 보내는 것보다, 다른 일들을 하는 게 더 낫다.					
15. 나는 나와 아이 사이에 거리감을 느낀다.					
16. 내가 만약 다시 할 수 있다면, 아마 아이를 갖지 않을 것이다.					
17. 어떤 사람들은 내 아이가 버릇없다고 할지 모른다.					
18. 나는 내 아이가 이해할 수 있게 잘 설명하기 어려울 때가 있다.					

6. 다음은 귀하에 대한 내용입니다. 귀하와 가장 일치하는 곳에 ✓표 해 주십시오.

문 항	전혀 그렇지 않다	별로 그렇지 않다	보통 이다	대체로 그렇다	매우 그렇다
1. 나는 사람들과 있는 것을 좋아한다.					
2. 나는 대개 서두르는 편이다.					
3. 나는 쉽게 놀란다.					
4. 나는 자주 고민에 빠진다.					
5. 내가 기분이 나쁘면, 다른 사람들이 쉽게 알 수 있도록 한다.					
6. 나는 다소 외로움을 타는 편이다.					
7. 나는 항상 바쁜 상태를 유지하는 걸 좋아한다.					
8. 나는 다혈질이고 성질이 급한 편으로 알려져 있다.					
9. 나는 종종 좌절감을 느낀다.					
10. 나의 생활은 전반적으로 급하게 이루어지고 있다.					
11. 매일 매일의 일들이 나를 곤란하게 만들며 짜증스럽게 한다.					
12. 나는 종종 불안함을 느낀다.					
13. 나를 화나게 하는 것들이 많다.					
14. 나는 겁에 질리면, 제 정신이 아니다.					
15. 나는 혼자 일하는 것보다 다른 사람과 함께 일하는 것이 좋다					
16. 나는 정서적으로 쉽게 화를 내는 편이다.					
17. 나는 종종 에너지가 넘쳐난다.					
18. 나는 쉽게 화를 잘 안 낸다.					
19. 나는 나이에 비해 무서움이 없는 편이다.					
20. 나에게는 사람들이 무엇보다도 가장 흥미롭고 중요하다.					

7. 다음은 귀하가 귀하의 어머니(자녀의 외할머니)에 대해서 어떤 생각을 가지고 계신지 알고자 하는 것입니다. 가장 일치하는 곳에 ✓표 해 주십시오.

문 항	전혀 그렇지 않다	별로 그렇지 않다	보통이다	대체로 그렇다	매우 그렇다
1. 어머니는 나의 감정을 존중하여 준다.					
2. 나는 어머니가 부모로서 훌륭한 분이라고 느낀다.					
3. 나는 현재 어머니가 아닌 다른 사람이 내 어머니였으면 하고 바란다.					
4. 어머니는 나를 있는 그대로 받아들여 주신다.					
5. 해결해야 할 문제가 있을 때 어머니를 믿고 의지할 수 있다.					
6. 걱정거리가 있을 때 어머니의 의견을 듣는 것을 좋아한다.					
7. 어머니는 내 감정을 드러내는 것은 쓸모없는 일이라고 생각한다.					
8. 어머니는 내가 무엇인가에 기분이 상해 있을 때 금방 알아채신다.					
9. 어머니와 내 문제들에 대해서 얘기하다 보면 내가 부끄럽게 느껴진다.					
10. 어머니는 내게 너무 많은 것을 기대하신다.					
11. 어머니와 집에 있으면 쉽게 기분이 상한다.					
12. 나는 어머니가 알고 있는 것보다 훨씬 더 혼란스럽다.					
13. 토론이나 대화할 때 어머니는 내 관점을 고려해 주신다.					
14. 어머니는 내 판단을 믿어주신다.					
15. 어머니도 당신 자신의 문제가 있기 때문에 내 문제로 귀찮게 하고 싶지 않다.					
16. 어머니는 내가 자신을 더 잘 이해할 수 있게 도와주신다.					

문 항	전혀 그렇지 않다	별로 그렇지 않다	보통 이다	대체로 그렇다	매우 그렇다
17. 나는 어머니에게 내 걱정거리나 문제에 대해 이야기한다.					
18. 나는 어머니에게 화가 난다.					
19. 나는 어머니에게 별 관심을 받지 못한다.					
20. 어머니는 내가 어려운 점을 이야기할 수 있도록 격려해 주신다.					
21. 어머니는 나를 이해해 주신다.					
22. 나는 요즘 누구를 믿고 의지해야 할지 모르겠다.					
23. 내가 어떤 일로 화가 났을 때, 어머니는 나를 이해하려고 노력한다.					
24. 나는 어머니를 신뢰한다.					
25. 어머니는 요즘 내가 어떤 경험을 하고 있는지 이해하지 못하신다.					
26. 털어놓고 싶은 문제가 있을 때 어머니에게 의지할 수 있다.					
27. 나를 이해하는 사람은 아무도 없다고 느낀다.					
28. 내게 고민거리가 있다는 것을 아시면 어머니는 그것에 대해 물어보신다.					

8. 지난 1년간 귀댁에서는 다음과 같은 생활영역에서 돈을 빌려서 지출하거나 돈이 없어서 지출하지 못한 경험이 있습니까? 가장 일치하는 곳에 ✓표 해 주십시오.

문 항	전혀 그렇지 않다	별로 그렇지 않다	가끔 그렇다	자주 그렇다
1. 전세 보증금 등 주거용 목돈 지출				
2. 수도세, 전기세, 관리비, 월세 등 정기적인 지불				

3. 식료품비 충당				
4. 의료비 충당				
5. 아동의 교육비 지불				
6. 가구 등 가재도구 마련을 위한 지출				
7. 여가, 문화 생활을 위한 지출				
8. 각종 빚의 원리금 상환				
9. 가족의 의류 마련				

9. 다음은 <u>귀하의 자녀나 귀하 부부가</u> 직접 경험한 사건에 대한 문항입니다. 해당되는 곳에 ✓표 하세요.

내 용	그렇다	그렇지 않다
1. 내 자녀는 부모와 떨어져서 다른 사람(예: 친척, 이웃 등)의 집에서 생활하였다.		
2. 내 자녀는 부모와 떨어져서 다른 사람(예: 친척, 이웃 등)의 집을 여기저기 옮겨 다니면서 생활하였다.		
3. 내 자녀는 친형제와 떨어져서 생활하였다.		
4. 나는 남편(아내)과의 사별을 경험하였다.		
5. 나는 남편(아내)과의 이혼(별거)을 경험하였다		
6. 부부 중 한 사람이 실직하였다.		
7. 부부 중 한 사람이 사업에 실패하였다.		
8. 부부 중 한 사람이 카드빚이 많았다.		
9. 부부 중 한 사람이 교도소에 수감되었다.		
10. 부부 중 한 사람이 알코올 중독이었다.		
11. 부부 중 한 사람이 약물 중독이었다.		
12. 부모 중 한 사람이 몸이 많이 아파서 병원(요양원, 기도원 등)에 오랫동안 계셨다.		
13. 부부 중 한 사람이 가출하고 집에 없었다.		
14. 부부 중 한 사람이 자녀를 심하게 때린 적이 있다.		
15. 우리 부부는 서로 심하게 맞거나 때린 적이 있었다.		

10. 현재 어린이집에 있지 않는 시간 동안에 아동은 주로 누구와 함께 있습니까?

① 어머니　② 아버지　③ (외)조부모　④ 형제자매　⑤ 혼자

⑥ 기타 (　　　　　　　　)

11. 현재 아동이 가장 가깝게 느끼는(좋아하는) 사람은 누구입니까?

① 어머니　② 아버지　③ (외)조부모　④ 형제자매　⑤ 아무도 없음

⑥ 기타 (　　　　　　　　)

12. 출생 이후 아동이 아버지나 어머니와 헤어져서 살았던 기간이 있었다면 모두 적어 주세요.

기간 : ______년 ___월부터 ______년 ___월까지

이유 : ____

강지현(2008). 유아기 외현화 및 내재화 문제행동의 발달경로: 유아의 기질과 부모 양육행동의 영향을 중심으로. 미출판 박사학위 논문. 연세대학교 대학원, 서울.

고미영(2004). 학대받은 아동에 대한 현상학적 연구. 한국사회복지학, 56(1), 71-102.

구인회 · 박현선 · 정익중(2006). 빈곤이 아동의 학업성취에 미치는 영향. 아동권리연구, 10(3), 269-296.

구인회 · 정익중 · 김광혁(2009). 경제위기가 아동에 미치는 영향. 2009년 한국가족복지학회 춘계학술대회자료집.

권연희(2002). 아동의 정서성과 대인간 문제해결 전략 및 어머니 행동이 아동의 사회적 유능성에 미치는 영향. 연세대학교 대학원 박사학위 논문.

김경희 · 황혜정(1998). 저소득층 아동의 정서 · 행동 문제와 부모자녀 양육태도에 관한 연구, 한국심리학회지: 발달, 11(1), 12-26.

김경호(1997). 아동보육문제와 빈곤. 『빈곤문제와 사회발전』, 부산여자대학교 사회과학연구소.

김광혁(2008). 가족의 경제적 결핍과 구조적 결손, 이웃환경이 청소년기 아동의 학업성적에 미치는 영향. 한국청소년연구, 50, 115-138.

김명순 · 김창복 · 이미화(2001). 저소득층 아동의 발달과 놀이에 대한 연구. 아동학회지, 23(1), 87-101.

김성이(1992). 청소년연구의 동향과 과제-사회복지학 분야에서의 청소년연구 동향과 과제. 청소년연구정보자료, 57-71.

김영희(1986). 저소득층 어머니의 자녀양육행동에 관한 연구. 연세대학교

대학원 석사학위논문.

김영희(2001). 저소득층 어머니의 자녀교육 참여와 자녀의 학교 적응. 대한가정학회지, 39(1), 179-190.

김오남(1998). 편모가족의 가족스트레스와 심리적 복지. 전남대학교 박사학위 논문.

김재엽 · 이익섭 · 박수경(1998). 저소득층 밀집지역의 가정환경이 청소년 비행에 미치는 영향. 한국사회복지정책학회, 6, 54-72.

김지영 · 이지현 · 성원영 · 명성민 · 강형원 · 김지원(2011). 유아의 기질 및 성격에 따른 어머니의 스트레스 우울 수준의 차이. 동의신경정신과 학회지. 22(3). 43-54.

김태현 · 조희선(1991). 모자 가족과 부부 가족 간의 가족 스트레스 관련 변인에 관한 비교 연구. 가족학논집. 3, 99-129.

김현아(2000). 빈곤아동의 자아개념과 학습습관이 학업적응에 미치는 영향에 관한 연구. 호남대학교 행정대학원 석사학위논문.

김혜란 · 박은미 · 오정수 · 정익중 · 허남순 · 홍순혜(2004). 가족형태에 따른 빈곤아동의 실태에 대한 연구. 한국복지재단 동광.

김희경(1983). 연령, 성, 지적발달 및 사회계층과 아동의 분류개념 발달과의 관계. 부산대학교 교육대학원 석사학위논문.

남영옥(2001). 부모의 양육행동에 따른 청소년 성격특성이 가출행동에 미치는 영향. 한국사회복지학, 45(5): 156-184.

노충래 · 김미영 · 박은미 · 강현아 · 신혜령(2008). 발달단계 및 위탁형태에 따른 가정위탁보호아동의 심리적 적응에 관한 연구: 자아존중감과 우울을 중심으로. 정신보건과 사회사업, 28, 238-264.

마음사랑 홈페이지. about TCI. http://www.maumsarang.kr/tci(검색일: 2012. 5. 31).

문영경(2010). 어머니의 정서적 가용성이 유아의 사회적 기술 및 문제행동에 미치는 영향: 유아의 의도적 통제의 매개효과를 중심으로. 연세대학교 박사학위논문.

민경화(2000). 빈곤 가족 아동의 심리사회적 특성에 관한 연구: 영구임대

아파트 지역과 일반 빈곤 지역 아동과의 비교를 중심으로. 강남대학교 사회복지대학원 석사학위논문.

민성혜(2006). 유아내적 표상과 행동억제. 연세대학교 박사학위논문.

민성혜 · 신혜원(2007). 완변주의 성향을 매개로 한 대학생의 부/모에 대한 애착이 주관적 안녕감에 미치는 영향. 대한가정학회지, 45(10), 83-95.

민성혜 · 신혜원(2006). 위탁아동과 일반아동의 이야기를 통한 내적 표상의 차이. 한국아동복지학, 22, 31-61.

민성혜 · 이영(2006). 이야기를 통한 유아 내적 표상과 행동억제. 아동학회지, 27(3), 81-100.

민성혜 · 임원신(2007). 유아교사의 성향 군집별 ADHD 성향 유아와 위축 성향 유아에 대한 인식 차이. 유아교육연구, 28(3), 5-22.

민현숙(2009). 유아의 나레이티브 반응 프로파일 유형별 어머니-유아의 정서적 가용성. 연세대학교 대학원 박사학위 논문.

박진아(2010). 한부모 모자가정의 가정환경변인, 유아변인 및 어머니 변인과 유아의 문제행동 간 관련성: 이혼가정을 중심으로. 놀이치료연구, 14(3), 19-33.

박현선(1998). 빈곤청소년의 학교적응유연성. 서울대학교 사회복지대학원 박사학위논문.

박현선(1999). "실직가정 청소년의 적응유연성 증진을 위한 프로그램 개발 및 효과성 평가". 한국아동복지학, 8, 35-58.

박혜원 · 곽금주 · 박광배(1998). 한국 웩슬러 유아 지능검사. 서울: 도서출판 특수교육.

백종화(2009). 우울 및 비우울 어머니의 양육행동과 아동의 행동문제: 어머니와 아동의 지각을 중심으로. 이화여자대학교 박사학위 논문.

보건복지부(2011). 2011년 보건복지통계연보.

보건복지부 · 중앙아동보호전문기관(2008). 『아동보호전문기관 업무수행지침』.

부스러기사랑나눔회(2003). 『빈곤, 결손가정 아동의 위기개입 사례 연구집』.
신승철 · 김만권 · 윤관수 · 김진학 · 이명선 · 문수재 · 이민준 · 이호영 · 유계준(1991). 한국에서의 the Center for Epidemiological Studies-Depression Scale(CES-D)의 사용—표준화 및 요인구조에 대한 횡문화적 검토. 신경정신의학, 30(4), 752-767.
신유정(2005). 가정의 소득 수준과 교실 문해 환경이 아동의 인쇄물 개념에 미치는 영향. 연세대학교 석사학위논문.
신혜령 · 박은미 · 박현선(2010). 『아동 · 청소년치료센터 효율적 설치 운영 방안 연구: 과제 2』. 보건복지가족부 정책연구보고서.
신혜영(2007). 『방과후 아동지도』. 서울: 창지사.
신혜원(2004). 3-4세 유아의 애착 행동과 애착 표상간의 관계. 연세대학교 박사학위논문.
신혜원 · 민성혜(2008). 가정위탁유아, 연장입양유아와 일반유아의 내적 표상에서의 차이. 아동학회지, 29(3), 157-174.
안지영 · 박성연(2002). 2~3세를 자녀를 둔 어머니의 양육 신념, 효능감 및 스트레스가 양육 행동에 미치는 영향. 대한가정학회지, 40(1), 53-68.
어주경(1998). 저소득층 가족의 경제적 어려움이 아동의 자존감에 미치는 영향. 연세대학교 박사학위논문.
오경자 · 김영아(2009). 유아행동평가척도 부모용 매뉴얼. 서울: (주)휴노컨설팅.
오승환(2006). 저소득층 청소년의 심리사회적 적응 결정요인: 적응유연성 요인의 탐색. 한국아동복지학, 21, 181-205.
오승환(2000). 소년소녀가장의 심리사회적 특성에 관한 비교 연구: 일반아동과의 비교를 중심으로. 한국아동복지학, 9, 99-126.
오정수 · 정익중(2013). 『아동복지론』 제2판. 서울: 학지사.
오현숙(2006). 유아의 기질 및 성격, 어머니의 만족도와 양육행동의 관계: 유아의 자율성과 연대감발달을 중심으로. 한국심리학회지: 여성. 11(2), 211-226.

오현숙·민병배·이주영(2007). 기질 및 성격검사 매뉴얼. 서울: (주)마음사랑.

유영미(2004). 어머니의 양육체계와 유아의 애착체계 간의 관계. 연세대학교 박사학위논문.

유희정(1996). 빈민지역 보육프로그램의 실효성 검토 및 모형개발. 영유아 보육프로그램의 실효성검토 및 모형개발 발표논문집 한국영유아보육학회 '96추계학술대회.

유희정(1998). 보육 서비스의 질적 수준 향상에 관한 연구. 한국 교육 개발원 98년도 연구 보고서.

윤정희(2008). 저소득가정 아동과 어머니의 상호작용 증진을 위한 가족집단치료놀이 효과. 아동학회지, 29(2), 89-108.

이경림(1998). 빈곤지역아동의 방과후 생활실태 및 욕구에 관한 연구: 부스러기 선교회 소속 공부방 아동 중심으로. 강남대학교 사회복지대학원 석사학위논문.

이미애(1995). 아동의 기질과 부모의 양육태도의 부조화가 아동의 문제행동에 미치는 영향. 미출판 석사학위 논문. 숙명여자대학교 대학원, 서울.

이병진(1996). 사회지원망이 소년소녀가장의 정서적 안정에 미치는 영향. 숭실대학교 박사학위논문.

이상균·박현선(2000). 소년소녀가장의 성인역 아동부담이 우울에 미치는 영향. 사회복지연구, 16(1), 143-164.

이소희·도미향·정익중·김민정·변미희(2005). 『청소년복지론』. 서울: 도서출판 나눔.

이순형·신양재·김영주(2001). 빈곤 가정 아동의 환경지각 연구. 아동학회지, 12(1), 113-128.

이영·신은주·나종혜(1995). 영유아 양육환경에 대한 생태학적 연구(2). 대한가정학회지. 33(3), 165-177.

이옥·양옥승(1991). 정치와 성역할의 사회화. 한국여성연구회, 『여성학강의』. 서울: 동녘.

이은주 · 이재연(1996). 빈곤층 아동의 또래역량. 아동학회지. 17(2), 195-206.

이정숙 · 문보경(2010). 유아의 기질이 문제행동에 미치는 영향: 어머니의 정서조절방략의 매개효과를 중심으로. 한국심리학회지: 발달. 23(4). 55-74.

이찬숙 · 현은자(2008). 유아의 기질, 사회적 유능감, 감성지능, 도덕성 및 부모양육태도와 유아의 문제행동간의 관계. 아동학회지, 29, 223-238.

이태수 · 김성경 · 박은미 · 이경림 · 이향란(2009). 지역아동센터 전국 실태조사. 아동복지교사 중앙지원센터.

이효숙(1999). 빈곤아동의 사회적 기능에 영향을 미치는 요인에 관한 연구. 강남대학교 대학원 석사학위논문.

이훈구 · 윤소연 · 정혜경(1998). "실직가정 아동과 비실직가정 아동의 정서문제 비교연구". 한국심리학회. 98 연차대회 학술발표논문집, 819-841.

이희원(2005). 유아의 나레이티브 표상과 문제행동간의 관계. 연세대학교 대학원 석사학위 논문.

장원석 · 홍성도 · 정유숙(2006). 주의력 결핍 과잉행동 장애 환아들의 기질 및 성격 특성. 한국신경정신의학회지. 45(1), 77-82.

정익중(2005). "아동방임의 현황 및 사회적 대책". 『한국아동학대예방협회 2005년 세미나: 한국의 아동방임: 부모의 방임인가? 사회의 방임인가?』.

정익중(2008). 아동학대 경험이 또래집단으로부터의 소외로 이어지는 발달경로. 아동학회지, 29(4), 79-95.

정익중(2011). 아동방임의 재조명: 방임의 사회적 방임을 넘어서. 동광. 107, 1-33.

정익중 · 김혜란 · 홍순혜 · 박은미 · 허남순 · 오정수(2005). 사회복지서비스 이용이 빈곤아동의 심리사회적 적응에 미치는 영향. 한국사회복지학, 57(3), 105-131.

정익중・박현선・구인회(2006). 피학대아동이 비행에 이르는 발달경로. 한국사회복지학, 58(3), 223-244.

정지나(2006). 어머니의 양육행동과 유아의 또래유능성: 유아 내적 표상의 매개효과 검증. 연세대학교 대학원 박사학위 논문.

정혜경(1999). 실직으로 인한 가정분위기. 부모양육태도 및 아동정서의 연관성 연구, 연세대학교 석사학위논문.

조성희(1999). "실직가장이 인식하는 가족해체 가능성에 영향을 미치는 요인". 사회복지연구, 13, 139-166.

최경숙(2006). 여성 결혼이민자의 사회적 지지와 결혼만족도에 관한 연구: 대구 경북지역을 중심으로. 계명대학교 석사학위 논문.

하지현・유희정・조인희・류인균・신재공・김지현・홍계현・최소혁(2005). 한국어판 소아청소년 기질성격검사의 신뢰도 및 타당도 연구. 정신병리학 14(1,2), 3-10.

한국보건사회연구원(2010). 빈곤통계연보.

허남순・오정수・홍순혜・김혜란・박은미・정익중(2005). 빈곤아동과 삶의 질. 서울: 학지사.

허인영(2004). 빈곤지역 아동방임의 현황 및 지역아동센터 역할 제고. 『빈곤지역 아동방임의 현황과 과제』. 서울: 부스러기사랑나눔회.

허인영(1999). 빈곤 결손가정 아동의 부적응행동에 관한 연구: 가출부모를 가진 아동에 대하여. 이화여자대학교 사회복지대학원 석사학위 논문.

허조은(2010). 부부의 사이상태의 인생태도 및 결혼만족도의 관계: TA 이론을 중심으로. 성균관대학교 석사학위 논문.

현성용 외(2008). 현대 심리학 입문. 서울: 학지사.

홍순혜・이숙영(2009). 주양육자의 양육스트레스가 빈곤 가족 아동의 심리사회적 적응에 미치는 영향: 아동방임과 부모-자녀 간 의사소통의 매개효과를 중심으로. 한국아동복지학, 28, 137-169.

황재성(2001). 빈곤지역의 아동방임에 관한 연구. 동아대학교 정책과학대학원 석사학위논문.

황현이(2005). 가정의 소득 수준과 아동의 언어능력 및 가정문해환경. 연세대학교 석사학위논문.

http://news.khan.co.kr/kh_news(2009). 아동 10% 절대빈곤 … 8년새 2.5배 증가.

Aber, J. L., Bennett, N. G., Conley, D. C., Li, J.(1997). The effects of poverty on child health and development. Annual Review of Public Health, 18, 463-483.

Ards, S., Chung, C., & Myers Jr, S. L.(1998). "The Effects of Sample Selection Bias on Racial Differences in Child Abuse Reporting". Child Abuse and Neglect, 22(2), 103-115.

Bane, M. J., & D. Ellwood.(1986). Slipping Into and Out of Poverty: the Dynamics of Spells. Journal of Human Resources 21, 1-23.

Bates, J. E.(1989). Concepts and measurement of temperament. In Kohnstamm G. A. Bates, J. E. Rothbart, M. K.(Eds.): Temrament in Childhood. Chichester Wiley & Sons: 3-26.

Bernstein, B. & Henderson, D.(1973). Social class differences in the relevance of language to socialization. In B. Bernstein(Ed.), Class, codes and control: Applied studies towards a sociology of language, Volume 2(pp. 4-47), Boston, MA: Routledge & Kegan Paul Ltd.

Bornstein, M. H., Putnick, D. L., Heslington, M., Gini, M., Suwalsky, J, T. D., Venuti, P., de Falco, S., Giusti, Z., de Galperin, C. Z.(2008). Mother-child emotional availability in ecological perspective: Three countries, two regions, two genrs. Developmental Psychology, 44, 660-680.

Bowlby, J.(1982). Attachment and Loss. Vol. I: Attachment. New York: Basic Books.

Bradley, R. H. & Corwyn, R.F.(2002). Socioeconomic status and child development, Annual Review of Psychology, 53, 371-399.

Bradley,R. H., Whiteside, L.,Mundfrom, D. J., Casey, P. H., Kelleher, K. J., & Pope, S. K.(1994). Early Indications of Resilience and Their Relation to Experiences in the Home Environments of Low Birthweight, Premature Children Living in Poverty. Child Development, 65, 346-360.

Bretherton, I., & Munholland, K. A.(1999). Internal working models in attachment relationships: A construct revisited. In J. Cassidy & P. R. Shaver(Eds.), Handbook of attachment: Theory, research, and clinical applications(pp. 89-111). New York: Guilford Press.

Bretherton, I., Oppenheim, D., Buchbaum, H., Emde, R. N., & MacArthur Narrative Group(1990). MacArthur Story-Stem Battery. Unpublished Manual.

Bretherton, I., & Oppenheim, D.(2003). The MacArthur story stem battery: Development, administration, reliability, validity, and reflections about meaning, In R. N. Emde, D. P. Wolf, & D. Oppenheim(Eds.), Revealing the inner worlds of young children(pp. 55-80). New York, NY: Oxford University Press.

Brinigen, A., Robinson, J., & Emde, R. N.(1998). The emotional Availability Scaleds(3rd ed). Unpublished manual, Colorado State University, Fort Collins, CO.

Brooks-Gunn, J., & G. J. Duncan.(1997). The Effects of Poverty on Children. The Future of Children 7, 55-71.

Brooks-Gunn, J., Duncan, G. J., & Aber, L.(1997). Neighborhood Poverty: Context and Consequences for Children. New York: Russell Sage Foundation.

Brooks-Gunn, J., Klebanov, P., Liaw, F., & Duncan, G.(1995).

Toward an Understanding of the Effects of Poverty upon Children. In Fitzgerald H. E., Lester, B. M. & Zuckerman B.(Eds.), Children of Poverty-Research, Health, and Policy Issues. New York: Garland Publishing Inc.

Buchsbaum, H. K., Toth, S. L., Clyman, R. B., Cicchetti, D., & Emde, R. N.(1993). The use of a narrative story stem technique with maltreated children: Implications for theory and practice. Developmental and Psychopathology, 4, 603-625.

Cairns, R. B., B. D. Cairns, & J. Neckerman.(1989). Early School Dropout: Configurations and Determinants. Child Development 60(2), 1437-1452.

Chung, I.-J.(2004). A conceptual framework for understanding the relationship between poverty and antisocial behavior: Focusing on psychosocial mediating mechanisms. Journal of Primary Prevention, 24, 355-380.

Chung, I.-J., Nagin, D. S., Hawkins, J. D., & Hill, K. G.(2001). A didactic example of mixture modeling applicable to the study of development in adolescent offending. Korean Journal of Social Welfare Studies, 17, 197-218.

Clark, R.(1999). The parent-child early relational assessment: A factorial validity study. Educational and Psychological Measurement, 59, 821-841.

Coie, J. D., Dodge, K. A., Terry, R., & Wright, V.(1991) The role of aggression in peer relations: An analysis of aggression episodes in boys' play groups. Child Development, 62(4), 812-826.

Cooper J. L., Masi, R., & Vick, J.(2009). Social-emotional Development in Early Childhood. National Center for Children in Poverty.

Crooks, D.(1995). American children at risk: Poverty and its consequences for children's health, growth, and school achievement. Yearbook of Physical Anthropology, 38, 57-86.

DePanfilis, D.(1996). Social isolation of neglectful families: A review of social support assessment and intervention models. Child Maltreatment, 1(1), 38-52.

Dubowitz, H.(1994). Neglecting the neglect of neglect. Journal of Interpersonal Violence, 9(4), 556-560.

Dumas, J. E. & LaFreniere, P. J.(1995). 'Balance of power': A transactional analysis of control in mother-child dyads involving socially competent, aggressive, and anxious children. Journal of Abnormal Child Psychology, 104(1), 104-113.

Duncan, G. J., J. Brooks-Gunn, & P. K. Klebnaov.(1994). Economic Deprivation and Early Childhood Development. Child Development 65, 296-318.

Elder, G.(1985). Families, kin, and the life course: A sociological perspective. In G. Elder(Ed.), Life Course Dynamics: From 1968 to the 1980s, Ithaca, NY: Cornell University Press.

Faraha, M. J., Sherab, D. M., Savagea, J. H., Betancourta, L., Giannettac, J. M.,Brodskyc, N. L.,Malmudc, E. K., & Hurtc, H.(2006). Childhood poverty: Specific associations with neurocognitive development. Brain Research, 1110(1), 166-174.

Goldsmith, H. H., Buss, A. H., Plomin, R., & MK, R.(1987). What is temperament? Four approaches. Child Development 58, 505-527.

Haveman, R., & Wolfe, B.(1995). The determinants of children's attainments: A review of methods and findings. Journal of Economic Literature 33(3), 1829-1878.

Johnston-Brooks, C. H., Lewis, M. A., Evans, G. W., & Whalen, C

K.(1998). Chronic stress and illness in children: the role of allostatic load. Psychosomatic Medicine, 60, 597-603.

Kempe, A.(1998). Abuse in the family: An introduction. Albany, NY: Brooks/Cole.

Korenman, S., Miller, J. E., & Sjaastad, J. E.(1995). Long-term poverty and child development in the United States: Results from the National Longitudinal Survey of Youth. Children and Youth Service Review 17(1), 127-151.

Lava, G.(2005). Gender and patterns of emotional availability in mother-toddler and father dayds. Infant Mental Health Journal, 26, 327-353.

Lindsey, D.(1994). The welfare of children. New York: Oxford University Press.

Linver, M. R., Brooks-Gunn, J., & Kohen, D. E.(2002). Family processes as pathways from income to young children's development. Developmental Psychology, 38, 719-734.

Luby, J. L., Svrakic, D. M., McCallum, K. et. al.(1999). The Junior Temperament and Character Inventory(JTCI): Preliminary validation of a child self-report measure. Psychological Reports, 84, 1127-1138.

Luthar, S. S.(1991). Vulnerability and resilience: A study of high-risk Adolescents. Child Development, 62, 600-616.

Marvin, R. S., & Britner, P.(1995). Classification system for parental caregiving patterns in the preschool strange situation. Unpublished classification manual. University of Virginia.

McLanahan, S.(1997). Parent Absence or poverty: Which matters more? In G. Duncan & J. Brooks-Gunn(Eds.). Consequences of growing up poor(pp. 35-48). New York: Russell Sage Foundation.

McLanahan, S., & Sandefir, G.(1994). Growing up with a single parent. Cambridge, MA: Harvard University Press.

Eamon, M. K.(2000). Structural model of the effects of poverty on externalizing and internalizing behaviors of four-to five-year-old children. Social Work Research, 24(3), 143-154.

McLeod, J. D., & Shanahan, M. J.(1993). Poverty, parenting and children's mental health. American Sociological Review 58(3), 351-366.

McLoyd, V. C.(1998). Socioeconomic Disadvantage and Child Development. American Psychologist 53(2): 185-204.

Moore, K., Glei, D., Driscoll, A., Zaslow, M, & Redd, Z.(2002). Poverty and welfare patterns: Implications for children. Journal of Social Policy, 31(2), 207-227.

Moore, K., Redd, Z., Burkhauser, M., Mbwana, K., Collins, A. (2009). Children in Poverty: Trends, Consequences, and Policy Options. Child Trends, Child Research Brief, #2009-11.

Nagin, D. S.(1999). Analyzing Developmental Trajectories: A Semi-parametric, Group-Based Approach. Psychological Methods 4(2), 139-157.

Nagin, D. S., & Land, K. C.(1993). Age, Criminal Careers, and Population Heterogeneity: Specification and Estimation of a Nonparametric, Mixed Poisson Model. Criminology 31(3), 327-362.

Najmana, J. M., Airda, R., Borb, W., O'Callaghanb, M., Williamsc, G. M., & Shuttlewooda, G. J.(2004). The Generational Transmission of Socioeconomic Inequalities in Child Cognitive Development and Emotional Health.Social Science and Medicine, 58 (6), 1147-1158.

OECD(2005). Income distribution questionnaire. www.oecd.org/els/work

Oppenheim, D., Emde, R. N. Hasson, M., & Warren, S.(1997).

Preschooler face moral dilemmas: A longitudinal study of acknowledging and resolving internal conflict. International Journal of Psychoanalysis, 78, 943-957.

Opprnheim, D., Nir, A., Warren, S., & Emde, R. N.(1997). Emotion regulation in mother-child narrative co-construction: Associations with children's narratives and adaptation. Develop- mental Psychology, 33(2), 284-294.

Osofsky, J. D. & Thompson, M. D.(2000). Adaptive and maladaptive parenting: Perspectives on risk and protective factors. In J. P. Shonkoff, & S. J. Meisels(Eds.), Handbook of early childhood intervention(pp. 54-75). Cambridge, UK: Cam- bridge University Press.

Page, T., & Bretherton, I.(2001). Mother-and father-child attachment themes as represented in the story completions of preschoolers in postdivorce families: Linkage with teacher rating of social competence. Attachment and Human Development, 3, 1-29.

Parker, S., Greer, S., & Zuckerman, B.(1988). Double jeopardy: The impact of poverty on early child development. Pediatric Clinics of North America, 35, 1227-1240.

Parisi, D. & Grannelli, W.(1979). Language and social environment at 2 years. Merrill-Palmer Quarterly, 25, 61-75.

Pelton, L. H.(1989). For reasons of poverty: A critical analysis of the public child welfare system in the United States. New York: Praeger.

Pollitt, E., Golul, M., & Gorman K., Grantharm McGregor, S., Levitsky, D., Schurch, B., Strupp, B., & Wachs, T.(1996). A reconceptualization of the effects of undernutrition on children's biological, psychosocial, and behavioral development. Social Policy Report of the Society for Research in Child Development, 10(5), 1-24.

Pulkkinen, L.(1990). "Adult life-styles and their precursors in the social behavior of children and adolescents". European Journal of Personality. 4(3), 237-251.

Rubin, K H., Maioni, T. L., & Hornung, M.(1976). Free play behaviors in middle and lower class preschoolers: Pattern and Paget revisited. Child Development, 47, 414-419.

Scandel, M., & Schrfstein, J.(1999). Not safe at home: how America's housing crisis threatens the health of its children. Boston: Boston Medical Center Children's Hospital, The Doc4Kids Project.

Seidman, E., LaRue, A., Aber, J. L., Mitchell, C., & Feinmann, J.(1994). "The impact of school transitions on the self-system and perceived social context of poor urban youth". Child Development 65(2): 507-522.

Shieds, A., Ryan, R. M., & Cicchetti, D.(2001). Narrative representations of caregivers and emotion dysregulation as predictors of maltreated children's rejection by peers. Developmental psychology, 37(3), 321-337.

Sigel, I. & Olmste, P.(1971). The development of classification and representational competence. Readings in research in Developmental Psychology, 197-203.

Solomom, J., & George, C.(1999). The measurement of attachment security in infancy and childhood. In J. Cassidy & P. R. Shaver(Eds.), Handbook of attachment: Theory, research, and clinical applications(pp. 287-316). New York, NY: Guildford Press.

Solomonica-Levi, D., Yirmiya, N., Erel, O., Samet, I., & Oppenheim, D.(2001). The associations among observed maternal behavior, children's narrative representations of mothers, and children's behavior problems, Journal of Social and Personal Relationships, 18(5), 673-690.

Sung, S. M., Kim, J. H., Yang, E., et al.(2002). Reliability and validity of the Korean version of the Temperament and Character Inventory. Comprehensive psychiatry, 43(3), 235-243.

Takeuchi, D., Williams, D., & Adair, R.(1991). Economic stress in the family and children's emotional and behavior problems. Journal of Marriage and the Family, 53, 1031-1041.

Toth, S. L., Cicchetti, D., Macfie, J., & Emde, R. N.(1997). Representations of self and other in narratives of neglected, physically abused, and sexually abused preschoolers. Development and Psychopathology, 9(4), 781-796.

Vandell, D. L. & Ramanan, J.(1991). Children of the national longitudinal survey of youth: Choices in after-school care and child development. Developmental Psychology, 27(4), 637-643.

Waldfogel, J.(1998). The future of child protection: How to break the cycle of abuse and neglect. Cambridge: Harvard University Press.

Warren, S. L., Oppenheim, D., & Emde, R. N.(1996). Can emotions and themes in children's play predict behavior problems? Journal of the American Academy of Child and Adolescent Psychiatry, 35(10), 1331-1337.

Weinberger, L. A. & Starkey, P.(1994). Pretend play by African American children in Head Start. Early Childhood Research Quarterly, 9(3), 327-343.

Wolock, I., & Horowitz, B.(1984). Child maltreatment as a social problem: The neglect of neglect. American Journal of Orthopsychiatry, 54(4), 530-543.

Yeung, W. J., Linver, M. R., & Brooks-Gunn, J.(2002). How money matters for young children's development: Parental investment and family processes. Child Development, 73, 1861-1879.

Zellman, G. L.(1992). The impact of case characteristics on child abuse reporting decisions. Child Abuse and Neglect, 16(1), 57-74.

Zimmermann, P.(1999). Structure and functions of internal working models of attachment and their role for emotion regulation. Attachment and Human Development, 1(3), 291-306.

| 찾아보기 |

ㅂ

ㅅ

ㅇ

저자 소개

책임연구

정익중(鄭益仲) 서울대학교 사회과학대학 사회복지학과 졸업
서울대학교 대학원 사회복지학과 석사 졸업
미국 University of Washington 사회사업학(아동청소년복지전공) 박사 졸업
현재 이화여자대학교 사회복지학과 부교수

공동연구

민성혜(閔成惠) 고려사이버대학교 아동보육학과 부교수
박은미(朴銀美) 서울장신대학교 사회복지학과 부교수
신혜원(申惠媛) 서경대학교 아동학과 조교수
전혜정(田惠程) 연세대학교 아동가족학과 부교수

아산재단 연구총서 제352집

빈곤영유아의 발달과 적응 값 11,000원

2013년 8월 20일 1판 1쇄

저 자 정익중 · 민성혜 · 박은미 · 신혜원 · 전혜정
발 행 인 임 동 규
발 행 처 **집 문 당**
주 소 110-360 서울특별시 종로구 돈화문로 82
등 록 1971. 3. 23. 제300-2012-69호
영 업 부 (02)743-3192~3 팩스(02)742-4657
전자우편 sale@jipmoon.co.kr
편 집 부 (02)743-3096~7 팩스(02)743-0227
전자우편 edit@jipmoon.co.kr
홈페이지 www.jipmoon.co.kr

ISBN 978-89-303-1615-6
978-89-303-1500-5(세트)

이 도서의 국립중앙도서관 출판시도서목록(CIP)은 e-CIP홈페이지(http://www.nl.go.kr/ecip)와 국가자료공동목록시스템(http://www.nl.go.kr/kolisnet)에서 이용하실 수 있습니다.
(CIP제어번호: CIP2013013176)

아 | 산 | 재 | 단 | 연 | 구 | 총 | 서

1 전환기의 중국경제
김윤환 외 | 단국대 경제학과

2 폴란드 경제의 변천 개혁과 그 전망
김광수 | 숭실대 경제학과

3 재소한인
이광규 외 | 서울대 인류학과

4 소련산림과 임업
홍성천 외 | 경북대 임학과

5 아세안의 정치경제
김국진 외 | 외교안보연구원

6 태국의 사회변동과 경제발전
최석만 외 | 전남대 사회학과

7 중국의 사회경제 통계분석
신한풍 외 | 고려대 통계학과

8 중국의 정치와 경제
박두복 외 | 외교안보연구원

9 동유럽의 개혁과 시장경제의 도입
허만 외 | 부산대 사범대학

10 동유럽의 개혁운동
박영신 | 연세대 사회학과

11 현대 러시아 연구
기연수 외 | 한국외대 노어과

12 전략적 선택과 기업의 국제경쟁력
이장호 | 서강대 경영대학

13 협동사회의 정착과 정부의 역할
이종범 외 | 고려대 행정학과

14 한국 제조기업 생산성의 동적 분석
노부호 외 | 중앙대 경영대학

15 분배의 정의
변형윤 외 | 서울대 경제학과

16 도덕적 행동의 강화
이훈구 외 | 연세대 심리학과

17 관료부패와 통제
김해동 외 | 서울대 행정대학원

18 한국경제의 내실 있는 성장
정창영 외 | 연세대 경제학과

19 한국국민정신운동의 역사와 발전방향
박수명 외 | 부산대 사범대학

20 한국대학생의 가치성향과 상담효과
이영희 외 | 숙명여대 교육학과

21 가출청소년과 학교관리체제
안창규 외 | 부산대 교육학과

22 동북아 정세변화와 한·일관계
한승조 외 | 고려대 정치외교학과

23 언론과 부정부패
정대철 외 | 한양대 신문방송학과

24 한국의 고등학교 교육
이원호 외 | 부산대 교육학과

25 가족과 방송
김학수 외 | 서강대 신문방송학과

26 재정개혁의 전망과 재산세제의 개편과제
오연천 | 서울대 행정대학원

27 청소년을 위한 전자게임 프로그램의 규제 및 평가체계 개발
박혜원 외 | 울산대 가정관리학과

28 정신장애자 가족의 사회심리적 특성
이근후 외 | 이화여대 의과대학

29 가족의 관계역동성과 문제인식
이광규 외 | 서울대 인류학과

30 현대인과 한국전통음식
승정자 | 숙명여대 식품영양학과

31 기업의 초고속정보통신망활용
안중호 | 서울대 경영학과

32 지역발전을 위한 교육자치제의 개선방안
김남순 | 조선대 사범대학

33 전환기의 공무원 가치관
조경호 | 울산대 행정학과

34 지방자치와 사회복지의 과제
김영모 | 중앙대 사회복지학과

35 WTO체제하의 지방중소기업 지원정책
최명주 외 | 계명대 통상학부

36 현대한국의 시민운동
이효선 | 중앙대 사회학과

37 기업 세계화의 단계 및 정도의 측정
허영도 외 | 울산대 경영학과

38 가족복지를 위한 가족주치의 시범사업의 효과
이혜리 외 | 연세대 가정의학교실

39 한국대학생의 삶의 만족도
김재은 외 | 이화여대 교육심리학과

40 지역경제와 지역산업구조의 개편방향
정기화 외 | 전남대 경제학부

41 중국기업의 소유형태별 경영특성
노철화 외 | 부산대 무역학과

42 남북한의 인성 · 사상교육
한승조 외 | 고려대 정치외교학과

43 연계적 뇌기능 조언을 위한 의료용 멀티미디어 시스템의 설계
유선국 | 연세대 의용공학교실

44 다민족국가의 민족문제와 한인사회
최협 외 | 전남대 인류학과

45 저소득층지역 청소년 여가문화와 소집단 활성화
박문수 외 | 서강대 사회학과

46 삶의 질의 국제비교와 지역간 비교분석
이재기 외 | 울산대 경제학과

47 21세기 지역주민의 삶의 질
양종회 외 | 성균관대 사회학과

48 삶의 질에 대한 국가간 비교
조명한 외 | 서울대 심리학과

49 외국인 노동자의 노사관계와 사회적 적응
석현호 외 | 성균관대 사회학과

50 한국의 사법제도와 발전 모델
정종섭 | 건국대 법학과

51 고령화사회와 중상층 노인의 사회활동
조성남 외 | 이화여대 사회학과

52 한국의 서비스 시장 개방정책
한홍렬 | 한양대 경제학부

53 한국과 AFTA간의 교역증진 및 경제 협력방안
손일태 외 | 경희대 경제통상학부

54 물류비 절감을 위한 무역업체의 정보화전략
이영수 외 | 경북대 경제통상학부

55 사회주의 체제전환과 사회정책
오정수 외 | 충남대 사회복지학과

56 남북통일 이후 농업생산체계 개편
홍성규 외 | 건국대 농업경제학과

57 국제화와 세계화
하영선 외 | 서울대 외교학과

58 IMF 개혁정책의 평가와 한국경제의 신(新) 패러다임
조동근 | 명지대 경제학과

59 구조개혁과 실업대책
박동운 | 단국대 경제무역학부

60 21세기 신노사관계
심윤종 외 | 성균관대 사회학과

61 학교에서의 집단 따돌림
이춘재 외 | 가톨릭대 심리학과

62 한국노인의 정신건강실태와 건강증진
조맹제 외 | 서울대 의과대학

63 혁명과 개혁 속의 중국 농민
김광억 | 서울대 인류학과

64 중국의 경제환경과 한국기업의 진출 전략
지용희 외 | 서강대 경영학과

65 김대중 대통령의 시스템 사고
김동환 | 중앙대 공공정책학부

66 실업과 가족해체
최일섭 외 | 서울대 사회복지학과

67 합리적 부채비율 조정방안
오상근 | 동아대 경제학과

68 한국 중산층의 생활문화
문숙재 외 | 이화여대 소비자 · 인간발달학과

69 계층간 갈등상태에서 최적소득세
김진욱 | 건국대 경상학부

70 글로벌 경쟁력 제고를 위한 기업전략과 조직구축
이만우 외 | 고려대 경영학과

71 의료보험과 국민연금의 관리효율화를 위한 통합방안
사공진 외 | 한양대 경제학부

72 정부개혁의 과제와 전략
박우서 외 | 연세대 행정학과

73 책임운영기관 제도에 관한 비교분석
김근세 | 가톨릭대 행정학과

74 새로운 패러다임하에서의 한국기업의 바람직한 지배구조
최운열 외 | 서강대 경영학과

75 현대 한국사회의 계층구조
양춘 외 | 고려대 사회학과

76 한국의 산업정책과 산업구조조정
강인수 | 숙명여대 경제학부

77 기업구조조정
김석진 | 경북대 경영학부

78 지식경영을 위한 인적자원 개발 및 관리체계
장영철 | 경희대 경영학부

79 뉴 비즈니스 모델
전성현 | 국민대 정보관리학부

80 중산층의 정체성과 소비문화
함인희 외 | 이화여대 사회학과

81 외국관광객 유치를 위한 마케팅 전략
박상규 | 강원대 경영학과

82 한국인의 세대별 문학의식
이동순 | 영남대 국문과

83 공공부문의 효율성 평가와 측정
김재홍 외 | 울산대 사회과학부

84 한국 청소년의 정치의식과 형성요인
김광웅 외 | 숙명여대 아동복지학과

85 한국 대학생의 정치의식
배한동 | 경북대 윤리교육과

86 산업의 정보화와 산업발전
이기동 | 계명대 통상학부

87 한국 제조업의 고용조정 분석
이종원 외 | 성균관대 경제학부

88 지식자산에 대한 경영전략적 평가모형 개발
배재학 외 | 울산대 컴퓨터 · 정보통신공학부

89 관광사업을 위한 한국적 이미지의 휴식복 개발
채금석 | 숙명여대 의류학과

90 한국 정치제도의 개혁
신정현 | 경희대 사회과학부

91 e비즈니스와 아웃소싱 전략
정승화 외 | 연세대 경영학과

92 집단 따돌림의 진단 및 치료방안
홍준표 | 중앙대 인간생활환경학과

93 16대 총선과 낙선운동
조기숙 | 이화여대 국제대학원

94 부동층 유권자 행태 분석
진영재 | 연세대 정치외교학과

95 사이버 공동체의 성공요인
이재관 | 숭실대 경영학부

96 온라인 소비자 행동의 이론과 실증
윤성준 | 경기대 경영학부

97 글로벌 시대 정약용 세계관의 가능성과 한계
차성환 | 한일장신대 역사사회학과

98 러시아의 체제전환 과정에서 나타난 국가의 역할과 그 전망
이상민 외 | 부산대 정치외교학과

99 남북한의 경제발전 수준과 산업구조 비교, 그리고 경제교류 협력방향
주성환 | 건국대 경제학과

100 집단따돌림과 교육해체
한준상 | 연세대 교육학과

101 공적연금제도의 효율성과 개선방안
유금록 | 군산대 행정복지학부

102 벤처기업-대기업의 성공적인 협력 모델
나중덕 | 경산대 경영학과

103 북한의 재외동포정책
조정남 외 | 고려대 정치외교학과

104 사이버 공동체 형성의 역동적 모형
장용호 | 서강대 신문방송학과

105 기업이론과 기업의 소유지배구조
김일태 외 | 전남대 경제학부

106 가축분뇨 자원화를 위한 공동이용조직에 대한 농가선호도 분석
유덕기 | 동국대 생명자원경제학과

107 개혁정책과 전문가 집단
이경원 외 | 제주대 행정학과

108 현대 한국사회의 이중가치체계
신수진 외 | 이화여대 가정관리학과

109 한국의 산업구조 변화와 기업집단 다각화 전략
김용학 외 | 연세대 사회학과

110 지식정보사회의 경제적 모형 설정 및 사례 연구
김범환 | 배제대 경영정보학부

111 변호사징계제도
오종근 | 한림대 법학부

112 인터넷 특허법
김순석 | 광주대 법학과

113 e-비즈니스 시대의 금융 및 재정정책의 새로운 패러다임
이종욱 | 서울여대 경제학과

114 청소년의 하위문화와 정체성
조성남 | 이화여대 사회학과

115 디지털금융시대의 금융구조변화와 정부규제 및 정책
이충열 | 고려대 경제학부

116 지식경영을 위한 기업의 조직설계방안
김경수 외 | 전남대 경영학과

117 전자금융의 발달과 경제정책의 새로운 패러다임
이명훈 | 명지대 경제학과

118 동아시아의 안보와 유엔체제
강성학 편저 | 고려대 정치외교학과

119 유료 치매노인 그룹홈의 개발과 관련 정책
최정신 외 | 가톨릭대 소비자 · 주거학과

120 소비자 지향적 문화산업 정책
홍영준 | 호남대 광고홍보학과

121 국제 · 국가 · 지방 환경규제의 연계
정준금 외 | 울산대 행정학과

122 현행 회사 합병 · 분할제도의 평가와 개선방안
옥무석 외 | 이화여대 법학과

123 배려지향적 도덕성과 정의지향적 도덕성
정옥분 외 | 고려대 사범대학

124 기업구조조정에 대한 채권금융기관 및 금융감독기관의 역할과 책임
이중기 | 한림대 법학과

125 실업대책으로서 한국의 법정기준근로 시간 단축
박영범 | 한성대 경제학과

126 프랑스어의 비분리성 소유개념 표현
노윤채 | 연세대 언어정보연구원

127 지방채의 효율적 관리방안
강태구 | 호원대 법행정학부

128 21세기 산업구조 변화와 과학기술정책
임채성 외 | 그리스도신학대 경영정보학부

129 인터넷 쇼핑몰 이용자의 불평행동
예종석 | 한양대 경영학부

130 한국기업의 성과급제도 현황, 효과 및 개선방안
김성수 | 서울대 경영학과

131 전자상거래와 소비자보호
서민교 외 | 경일대 인터넷국제통상학과

132 평생학습 사회에서의 인적자원개발을 위한 사회적 파트너십 구축
김영화 | 홍익대 교육학과

133 한국 공교육의 새로운 구상과 전략
권대봉 외 | 고려대 교육학과

134 한국의 정부개혁
김태룡 | 상지대 행정학과

135 지방정부 생산성 측정의 이론과 실제
이은국 외 | 연세대 행정학과

136 불가 시문학론
배규범 | 경희대 학술연구 교수

137 남북경제교류의 법적 문제
제성호 | 중앙대 법학과

138 경제위기와 청소년 발달
구인회 | 서울대 사회복지학과

139 생명과학기술의 응용과 기본권보호적 한계
정상기 외 | 한남대 법학과

140 경제발전과 정치환경의 한 · 일 비교분석
정갑영 외 | 연세대 동서문제연구원

141 한국 공교육의 진단
윤정일 외 | 서울대 교육학과

142 우리나라 지방자치 발전을 위한 자치 단체장의 역할
정성호 외 | 경기대 사회과학부

143 의료보험제도의 개혁방안
권순원 | 덕성여대 경제학과

144 중등 도덕교육의 현실과 문제
손동현 외 | 성균관대 철학과

145 사이버공동체 발전론
이명식 | 상명대 경영학과

146 남북경협 확대에 대비한 북한 담보 제도의 정비방안
박훤일 | 경희대 법과대학

147 한국 공무원 인사제도 개혁
김판석 | 연세대 행정학과

148 교사화법 교육
임칠성 외 | 전남대 국어교육과

149 세계화의 문화정치학
임혁백 외 | 고려대 정치외교학과

150 효과적인 e-SCM을 위한 의사결정 조정 시스템 모형
이원준 | 성균관대 경영학부

151 환경거버넌스
김종순 외 | 건국대 행정학과

152 자동차산업의 인적자원관리
이덕로 | 서원대 경영학부

153 한국과 영국 간 지식기반산업 비교
이명호 | 한국외대 경영학과

154 한국 벤처기업의 기술네트워킹 및 기술마케팅 전략
장영일 | 인제대 경영학부

155 회사변호사의 윤리
오승종 | 성균관대 법과대학

156 미디어교육론
이정춘 | 중앙대 신문방송학과

157 조선시대 서원과 양반
윤희면 | 전남대 역사교육과

158 환경문제와 철학
박찬국 | 서울대 철학과

159 노인보건복지 이론과 실제
김명 외 | 이화여대 보건교육학과

160 북한의 법체계
권재열 외 | 숭실대 법학과

161 생명공학기술의 안전성 확보에 관한 법적 고찰
이재협 | 경희대 법학부

162 청소년복지학
김성이 외 | 이화여대 사회복지학과

163 변화하는 세계, 변화하는 복지국가
조영훈 | 동의대 사회복지학과

164 의리의 윤리와 한국의 유교문화
김낙진 | 진주교대 도덕교육과

165 미국의 통상정책과 통상법
윤충원 | 전북대 무역학과

166 사회복지 프로그램 평가
김하주 | 경산대 사회복지학과

167 환경주의와 지속가능한 발전
정대연 | 제주대 사회학과

168 무역과 환경
김기흥 외 | 경기대 경제학부

169 산업계 유해폐기물의 위험과 관리
김금수 | 호서대 경상학부

170 백범 김구의 지적 계발과정 탐색
문용린 | 서울대 교육학과

171 태평양전쟁 발발 이후 일제의 인적 지배와 그리스도교계의 대응
윤선자 | 전남대 사학과

172 거버넌스 상황에서 갈등관리를 위한 대체적 분쟁해결제도
서순복 | 광주대 법정학부

173 시장경제의 유형과 민주주의
최배근 | 건국대 경상학부

174 일본고전소설 총론
김현정 | 국립한국전통문화학교

175 국어 교육을 위한 국어 문법론
이관규 | 홍익대 국어교육과

176 율곡의 군주론
전세영 | 부산교대 윤리교육과

177 동북아시아 환경협력
정서용 | 경시내 법학과

178 기후변화협약과 기후정책
신의순 외 | 연세대 경제학과

179 인터넷과 국제 학술정보 네트워크-하이퍼링크 분석
박한우 | 영남대 언론정보학과

180 국내 기업복지의 활성화 방안
최수찬 | 연세대 사회복지대학원

181 세계화와 인간안보
김우상 외 | 연세대 정치외교학과

182 세계문화유산 종묘 이야기
지두환 | 국민대 국사학과

183 한국 평생교육의 사회철학적 과제
곽삼근 | 이화여대 교육학과

184 강점모델
정순둘 | 이화여대 사회복지학과

185 글로벌시대의 계약법
박영복 | 한국외대 법과대학

186 배심제와 시민의 사법참여
안경환 | 서울대 법학과

187 동북아공동체
김재한 | 한림대 정치외교학과

188 정치 참여와 탈물질주의
김욱 | 배재대 정치외교학과

189 퍼지전문가히루망을 이용한 금융기관의 사이버 기업여신결정 지원시스템의 개발
권혁대 | 목원대 경영학과

190 환경정책과 환경법
송인성 | 전남대 지역개발학과

191 포스트모던 시대의 평생교육학
한숭희 | 서울대 교육학과

192 현대 한국인의 세대경험과 문화
박길성 외 | 고려대 사회학과

193 서구의 근로연계복지
김종일 | 건국대 사회복지학과

194 사회복지운동론
현외성 | 경남대 사회복지학과

195 외국의 역모기지 사례
유선종 | 건국대 부동산학과

196 옛이야기와 어린이문학
이지호 | 진주교대 국어교육학과

197 노인사회복지관광의 정책과제와 방안
김창수 | 경기대 관광학부

198 복지서비스의 민간위탁 시스템 분석
김순양 | 영남대 행정학부

199 새로운 빈곤층의 대두와 정부의 정책과제
김진욱 | 건국대 경제학과

200 문화행정론
김정수 | 한양대 행정학과

201 스칸디나비아 노인용 코하우징의 계획과 적용
최정신 외 | 가톨릭대 생활과학부

202 북한의 자연생태계
공우석 | 경희대 지리학과

203 통계로 이해하는 러시아
전홍찬 | 부산대 정치외교학과

204 사회복지법인의 경영과 회계
이동규 | 충남대 회계학과

205 의약분업 정책과정
차흥봉 | 한림대 사회복지학과

206 지역공동체와 평생교육
오혁진 | 동의대 평생교육학부

207 아동보호서비스의 실제
한미현 | 백석대 사회복지학부

208 그린마케팅
박재기 | 충남대 경영학부

209 아동권리와 아동복지
이혜원 | 성공회대 사회복지학과

210 국제 이주와 인도인 디아스포라
김경학 | 전남대 인류학과

211 질병과 의료의 사회학
조병희 | 서울대 보건대학원

212 북한이탈주민의 사회통합을 위한 지역복지실천의 모색
이기영 | 부산대 사회복지학과

213 치매노인케어론
조유향 | 초당대 간호학과

214 노인상담입문
서혜경 외 | 한림대 대학원 사회복지학과

215 '통일 이후 통일과정'으로서의 독일 통일영화
이준서 | 이화여대 독어독문학과

216 중국의 사회보장
오정수 | 충남대 사회복지학과

217 환경자원의 경제적 가치와 환경오염의 사회적 비용
김재홍 | 울산대 사회과학부

218 사회복지프로그램의 경제적 평가방법
박창제 외 | 상주대 사회복지학과

219 자유의지와 결정론
안건훈 | 강원대 철학과

220 심리학자들이 쓴 행복한 결혼의 심리학
채규만 외 | 성신여대 심리학과

221 현대 해석학 강의
양해림 | 충남대 철학과

222 한국인의 주거 빈곤과 공공주택
하성규 | 중앙대 도시 및 지역계획학과

223 IMF 경제위기와 한국 출산력의 변화
김두섭 | 한양대 사회학과

224 동아시아의 영토분쟁과 국제법
이석우 | 인하대 법학부

225 독일 복지국가와 사회복지서비스
정재훈 | 서울여대 사회사업학과

226 사회복지사를 위한 실용 비모수통계
엄명용 | 성균관대 사회복지학과

227 피해자학 연구
이윤호 | 동국대 경찰행정학과

228 광고언어창작론
박영준 외 | 부경대 국어국문학과

229 환경규제 패러다임의 전환
한철 | 한남대 법학과

230 고령사회의 노동환경변화와 고용시스템의 문제점 및 법적 대응
고준기 | 국립군산대 법학과

231 세계화와 소득불평등
이성균 외 | 울산대 사회과학부

232 유비쿼터스 사회의 이해
안중호 외 | 서울대 경영학과

233 국제환경책임법론
박병도 | 건국대 법학과

234 한국의 선거와 민주주의
윤종빈 | 명지대 정치외교학과

235 한국 시민운동의 구조와 동학
조대엽 외 | 고려대 사회학과

236 또래관계
송영혜 | 대구대 재활심리학과

237 해외 한국기업과 현지인 노동자
석현호 외 | 에스코이아학술문화재단

238 독일 국가복지에서 민간복지단체의 역할과 의미
차성환 외 | 한일장신대 사회복지학부

239 청정공학
조정호 | 동양대 생명화학공학과

240 한국전통연희론
심상교 | 부산교육대 국어교육학과

241 정신장애와 가족
서미경 | 경상대 사회복지학부

242 빈곤통계의 작성과 활용
김주환 | 동국대 정보통계학과

243 인터넷과 한국정치
강원택 | 숭실대 정치외교학과

244 북한의 시장경제이행
정영화 외 | 서경대 법학과

245 시스템사고로 본 지속가능한 도시
문대훈 | 홍익대 도시및지역계획학과

246 실버산업과 유비쿼터스 컴퓨팅
고일상 | 전남대 경영학부

247 재활상담과 사례관리
나운환 | 대구대 직업재활학과

248 영유아교육기관에서의 장애 이해 교육
유수옥 | 우석대 유아특수교육과

249 장애의 사회적 의미와 사회통합
박수경 | 대진대 사회복지학과

250 경제분석의 수리적 기초
조인성 | 공주대 경제통상학부

251 비영리부문의 비교연구
김승현 | 서울산업대 행정학과

252 고등교육경제학
반상진 | 전북대 교육학과

253 과학윤리교육의 이론과 방법
조희형 | 강원대 과학교육학부

254 결혼이민자가족의 이해
김오남 | 대불대 사회복지학과

255 동아시아 국가의 공공부조
신동면 | 경희대 사회과학부

256 특수아동 진단 및 평가
이나미 | 대불대 특수교육과

257 계약형 사회복지와 권리옹호시스템
이명현 | 경북대 상주캠퍼스 사회복지학과

258 실내공기질 및 위해성 관리
양원호 | 대구가톨릭대 산업보건학과

259 충남 방언 문법
한영목 | 충남대 국어국문학과

260 교육권론
노기호 | 군산대 법학과

261 도시경관계획론
임승빈 | 서울대 조경 · 지역시스템공학부

262 교통의 새로운 패러다임
김형철 | 경원대 도시계획 · 조경학부

263 노인의 삶의 질 향상을 위한 주거환경 디자인
천진희 | 상명대 디자인대학 실내디자인전공

264 사회복지와 문화
박병현 | 부산대 사회복지학과

265 장애인복지의 이론과 실제
이선우 | 인제대 사회복지학과

266 창의성 개발을 위한 디자인교육 콘텐츠
김선영 | 인천가톨릭대 조형예술대학 환경디자인학과

267 구성주의 사회복지 실천 기술론
고미영 | 서울신학대 사회복지학과

268 장애아교육학
김기흥 | 부산교육대 유아교육과

269 지역사회복지와 자원부문
한상진 외 | 울산대 사회학과

270 환경관리회계
육근효 | 부산외국어대 회계학부

271 인권 관점에서 보는 장애인복지
유동철 | 동의대 사회복지학과

272 정신증상
송지영 | 경희대 의과대학병원 신경정신과

273 사이버공간의 사회심리학
이성식 외 | 숭실대 정보사회학과

274 노인에 대한 사회적 돌봄과 돌봄 서비스의 질 보장
최희경 | 신라대 가족노인복지학과

275 아동 심리치료의 실제
신현균 | 전남대 심리학과

276 사회복지와 위험관리
노충래 | 이화여대 사회복지전문대학원

277 국제 탄소시장의 이해
양승룡 | 고려대 식품자원경제학과

278 타자의 초상
신문수 | 서울대 영어교육과

279 한국정치와 환경정치
나정원 | 강원대 정치외교학과

280 북한이주민
윤인진 | 고려대 사회학과

281 음주의 사회경제적 비용
정우진 외 | 연세대 보건대학원

282 지방정치와 동북아 도시거버넌스
박재욱 | 신라대 행정학과

283 노숙인 복지론
남기철 | 동덕여대 사회복지학과

284 유럽통합과정과 지역협력
이규영 | 서강대 국제대학원

285 사회복지재정 연구
지은구 | 계명대 사회과학대학 사회복지학과

286 지역사회 교육개혁을 위한 시민사회 조직의 참여
김영화 | 홍익대 교육학과

287 복지사회를 대비한 국민연금의 구조개혁
박영석 외 | 서강대 경영학부

288 한미 FTA 지재권 협상에 따른 의약품 분야 사회후생 변화
오근엽 | 충남대 무역학과

289 산업입지, 환경 그리고 지역경제
이기동 외 | 계명대 국제통상학과

290 감성지능 개발을 통한 삶의 질 향상
김경수 외 | 전남대 경영학부

291 교육복지론
이용교 외 | 광주대 사회복지학부

292 인간과 행복에 대한 철학적 성찰
박찬국 | 서울대 철학과

293 유럽연합의 사회통합 사례와 교훈
이무성 | 명지대 정치외교학과

294 민영화와 사회후생
이상호 | 전남대 경제학부

295 북한의 교육학 체계 연구
최영표 외 | 동신대 교육대학원

296 한국 지속가능발전의 구조와 변동
정대연 | 제주대 사회학과

297 우리나라의 공익 연계 마케팅에 관한 연구
임승희 | 전주대 경영학부

298 시각장애인복지론
김영일 | 조선대 특수교육과

299 그린에너지와 환경촉매
정석진 | 경희대 화학공학과

300 취약학교 초등학생을 위한 온라인 보건 교육 프로그램
박경옥 | 이화여대 보건관리학과

301 신탁제도를 통한 고령자의 보호와 지원
최수정 | 서강대 법학전문대학원

302 사회적 약자계층에 대한 실태분석 및 정책방안
이은우 외 | 울산대 경제학과

303 한류 문화와 동북아 공동체
최혜실 | 경희대 국어국문학과

304 노동유연화와 해고보호법
권혁 | 부산대 법학전문대학원

305 사회복지 위험관리의 이해
박미은 | 한남대 사회복지학과

306 의료기관의 회계와 세무
노준화 | 충남대 경영학부

307 여성인적자원의 전문성 확보를 위한 경력개발
백지연 | 이화여대 국제사무학과

308 정신병리
강선경 | 서강대 신학대학원

309 바다의 반란 적조
윤양호 | 전남대 해양기술학부

310 한국 장애인 복지 발달사
이성규 | 서울시립대 사회복지학과

311 서양예술 속의 동양 탐색
진상범 | 전북대 독어독문학과

312 한국인의 도덕성 발달 진단
문용린 | 서울대 교육학과

313 영국정치와 국가복지
고세훈 | 고려대 공공행정학부

314 인간학적 사유를 여는 중도·중복장애 교육학
이숙정 | 단국대 특수교육과

315 개별화 교육과정
이소현 | 이화여대 특수교육과

316 인간의 긍정적 성품
권석만 | 서울대 심리학과

317 지방자치와 지역여성의 전망
이혜숙 | 경상대 사회학과

318 한국 현대 노년소설 연구
전흥남 | 한려대 교양학부

319 정보격차 해소를 위한 창의적 정보교육 프로그램
이영준 외 | 한국교원대 컴퓨터교육과

320 한국 가족과 젠더
손승영 | 동덕여대 교양학부

321 한국의 복지혼합
김진욱 | 서강대 신학대학원

322 사회자본과 자원봉사
김태룡 외 | 상지대 행정학과

323 농촌교육복지연구
박삼철 | 단국대 교양학부

324 사회정체성 평가 차원에 대한 국제 비교조사
이명진 | 고려대 사회학과

325 캐나다 복지국가 연구
조영훈 | 동의대 사회복지학과

326 한국의 소수자운동과 인권정책
전영평 외 | 서울대 행정대학원

327 한국과 미국의 보육서비스 전달체계의 품질 비교분석
김근세 외 | 성균관대 국정관리대학원

328 한국사회의 소득불평등과 국민 의료이용
이용재 | 호서대 사회복지학과

329 정보시대의 인간안보
조화순 | 연세대 정치외교학과

330 가족의 사회경제적 특성과 아동발달
김광혁 | 전주대 사회복지학과

331 초·중·고등학생의 학업성취 진행과정 및 경로분석
이상민 | 고려대 교육학과

332 다문화사회의 사법통역
이지은 | 이화여대 통역번역대학원

333 동아시아 지역주의
유현석 | 경희대 정치외교학과

334 환경친화적 공공시설관리와 지역공동체의 삶의 질
이소영 | 중앙대 실내디자인·주거환경학과

335 의료보험의 법정책
김나경 | 성신여대 법과대학

336 양극화 시대 가족해체와 청소년의 적응에 관한 한국과 미국의 비교 연구
오승환 외 | 울산대 사회복지학과

337 기업의 사회적 책임과 지역경제사회발전 연구
허영도 외 | 울산대 경영학부

338 노인의 삶의 질 향상을 위한 온라인 소셜 네트워크 구축 방안
김진우 | 연세대 경영학과

339 청소년 생활역량
윤명희 외 | 동의대 평생교육학과

340 외국인 배우자의 다양성과 국제결혼의 안정성
김두섭 | 한양대 사회학과

341 정보인권의 규범구체화
이민영 | 가톨릭대 법학과

342 한국 사회복지실천의 고유성
최성재 외 | 서울대 사회복지학과

343 스웨덴의 환경책임 실천모형
최희경 | 경북대 행정학부

344 자율운동과 주거공동체
윤수종 | 전남대 사회학과

345 한국인의 공공봉사동기
김상묵 | 서울과학기술대 행정학과

346 한국 이혼가정 아동의 성장
김혜숙 | 경인교육대 교육학과

347 동양 사상과 노인 복지
홍승표 외 | 계명대 사회학과

348 노동과 사회보장의 연계
오문완 | 울산대 법학과

349 학습장애 위험군 아동의 조기선별을 위한 읽기검사 표준화 연구
김애화 외 | 단국대 특수교육학과

350 신·재생에너지에 기초한 녹색성장과 사회통합
김인호 | 이화여대 법학전문대학원

351 문화교류역량과 다문화 경영이 기업 경영성과에 미치는 영향
임병학 외 | 부산외대 경영학부

352 빈곤영유아의 발달과 적응
정익중 외 | 이화여대 사회복지학과

아 | 산 | 재 | 단 | 연 | 구 | 보 | 고 | 서

1 한국인의 도덕성 연구
배해수 | 고려대 국문학과

2 산업화와 청소년 진로
이원호 | 울산대 교육학과

3 공동체의식과 시민운동
김영섭 | 한양대 행정학과

4 한국청년의 삶의 의미 충족도와 만족적 태도
안정수 | 경희대 철학과

5 중국조선족의 사회발전과 한·중관계의 위상
손장권 | 고려대 사회학과

6 해송림 "솔껍질깍지벌레"의 천적 및 주요 종의 생태
김규진 | 전남대 농생물학과

7 사회정의와 실천윤리
박종대 | 서강대 철학과

8 동구개혁의 영향
김달중 | 연세대 정치외교학과

9 한국청소년의 의식세계
김문조 | 고려대 사회학과

10 고강도 철근 콘크리트 구조의 실용화
정헌수 | 중앙대 건축학과

11 신기술의 연관형태 및 출현예측의 구조모형
권철신 | 성균관대 산업공학과

12 민간기업의 연구개발을 위한 조세정책
권영훈 | 한양대 경제학부

13 기술개발 활성화방안
송승구 | 울산대 화학공학부

14 부패의 현상과 진단
이문조 | 영남대 정치외교학부

15 연구투자의 지역적 편중화와 부산지역의 기초과학연구 활성화방안
윤웅찬 | 부산대 화학과

16 GATT의 신구 덤핑방지협정과 그 대응방안
전창원 | 동국대 무역학과

17 한국사회의 도덕성 제고를 위한 진단과 처방
황경식 | 서울대 철학과

18 새로운 노사관계 방향
이진규 외 | 고려대 경영학과

19 21세기 동북아 정세예측과 한국의 전략적 대응방안
최평길 외 | 연세대 행정학과

20 소련의 한국에 대한 정책목표분석
신승권 | 한양대 정치외교학과

21 메모리 커패시터용 $Pb(Zr_xTi_{1-x})O_3$ 강유전체 박막의 제작과 특성
장지근 외 | 단국대 전자공학과

22 러시아 국제법학의 전통
김용구 | 서울대 외교학과

23 유럽연합의 현황과 전망
김동현 외 | 성균관대 행정학과

24 중국의 정치동원
송영우 외 | 건국대 정치외교학과

25 산업적 활용을 위한 이동로보트 시스템의 개발
박민용 외 | 연세대 전자공학과

26 중국조선족의 정치사회화과정과 동화적 국민통합의 방향
전인영 외 | 이화여대 사회생활학과

27 공적부조의 이론과 실제
최일섭 외 | 서울대 사회복지학과

28 대외통상환경의 변화와 법제개편
서헌제 | 중앙대 법학과

29 기업금융의 국제화
최생림 | 한양대 경영학부

30 자동차부품공업의 노사관계
김호진 외 | 고려대 행정학과

31 산업화 과정에서의 한국가족의 실태와 전망
정창수 외 | 성균관대 사회학과

32 공무원 가치관 실태와 정립방안
배병룡 외 | 경상대 행정학과

33 해외귀국청소년의 국내적응연구
이장영 | 국민대 사회학과

34 초고속정보통신망에서 LAN서비스 제공방안
이재용 | 연세대 전자공학과

35 WTO체제의 정책적 대응
김병진 외 | 경희대 행정학과

36 유럽의 통합정치
최수경 외 | 충남대 정치외교학과

37 유기질폐기물을 이용한 고단백사료원인 조류의 생산공정
최정우 외 | 서강대 화학공학과

38 초고속정보통신망의 수용성과 정책방향
박영상 외 | 한양대 신문방송학과

39 중국의 강남사회와 한중교섭
조영록 외 | 동국대 사학과

40 세계화시대의 사회 · 문화의식
신행철 외 | 제주대 사회학과

41 국내 외국인 노동자의 문제와 대책
성규탁 외 | 연세대 사회복지학과

42 노인인력 활용정책과 프로그램
김정후 외 | 강원대 법과대학

43 한일간 학술교류 현황과 활성화방안
정홍익 외 | 서울대 행정대학원

44 계량모형에 의한 한일 경제관계의 이해
김명직 외 | 한양대 경제학부

45 직장인의 음주행태와 삶의 질
진기남 외 | 연세대 보건행정학과

46 유통정보 시스템의 구조와 설계
정용길 | 충남대 경영학과

47 남북통일 이후 사회통합을 위한 교육의 역할
안기성 외 | 고려대 교육학과

48 대중음악에 심취한 청소년들의 심리적 특성
김인경 외 | 연세대 인간행동연구소

49 멀티미디어 시스템을 활용한 교육환경의 개선방안
김한일 | 제주대 컴퓨터교육학과

50 탈냉전기 한일관계의 쟁점
최상룡 | 고려대 정치외교학과

51 자치시대 새로운 '삶의 질' 지표의 모색
김형기 외 | 경북대 경제통상학부

52 유럽통합의 역내외 협력과 갈등
이호재 외 | 고려대 정치외교학과

53 21세기를 대비한 신노사관계
김재원 | 한양대 경제학부

54 대학의 시간제학생 등록제
안규철 외 | 전남대 교육학과

55 21세기에 대비한 방송통신정책
한진만 외 | 강원대 신문방송학과

56 주민참여를 통한 혐오시설 관리운영방안
박균성 외 | 경희대 법학부

57 여성의 정치적 권리인식과 정치참여
전경옥 외 | 숙명여대 정치외교학과

58 한국인 위장질환과 식생활 · 환경요인 및 *H. pylori* 감염과의 관계
이양자 외 | 연세대 식품영양학과

59 학생과 시민의 자원봉사활동
윤정일 외 | 서울대 교육학과

60 동북아 환경문제와 지역환경협력의 모색
신연재 외 | 울산대 정치외교학과

61 노인 자원봉사활동을 통한 사회통합 프로그램 개발
김동배 | 연세대 사회복지학과

62 물류정보 시스템
김태현 | 연세대 경영학과

63 전자식 문서교환을 이용한 항공화물 운송체계
민재형 | 서강대 경영학과

64 청소년과 성
이근후 | 이화여대 의과대학

65 민족통합과 무궁화호 위성의 남북한 공동활용방안
방정배 | 성균관대 신문방송학과

66 채식주의가 20대 여성의 영양상태와 에스트로겐 대사에 미치는 영향
성미경 | 숙명여대 식품영양학과

67 가상정보공간을 통한 지역개발 활성화 전략
유재천 외 | 한림대 언론정보학부

68 조산아 관리현황 및 정책수립 방안
박상기 외 | 조선대 의과대학

69 남북한관의 의식조사와 통일교육 개선 방안
김동규 외 | 고려대 북한학과

70 동양 전통 자연사상 탐구
장동순 | 충남대 환경공학과

71 초고속정보망의 시뮬레이터 구현
한기준 | 경북대 컴퓨터공학과

72 유통원가 시스템의 유효성
정다미 | 명지대 경영학과

73 국악과 문화관광의 만남
정익준 외 | 동아대 국제관광통상학부

74 기업의 지식경영 활용사례
김창은 | 명지대 산업공학과

75 선진국과 한국의 직업교육 · 훈련제도의 특성과 한계
정주영 | 고려대 경제학과

76 제주지역 성인 여성의 자원봉사활동
이상철 외 | 제주대 사회학과

77 M&A와 문화충돌 관리
박원우 | 서울대 경영학과

78 폐금속광산 인근 주민들의 중금속 오염실태
전종학 외 | 영남대 의학과

79 북한 농촌 · 농업실태와 인력자원개발 시스템을 통한 북한 농민의 구호방안
박성열 | 건국대 교육공학과

80 중소 소매점의 경쟁력과 소매성과
채명수 외 | 한국외대 무역학과